古典文獻研究輯刊

三四編

潘美月·杜潔祥 主編

第 36 冊

上海博物館藏戰國楚竹書(七)研究(上)

蔡 樹 才 著

國家圖書館出版品預行編目資料

上海博物館藏戰國楚竹書（七）研究（上）／蔡樹才 著 -- 初
版 -- 新北市：花木蘭文化事業有限公司，2022〔民 111〕
目 2+172 面；19×26 公分
（古典文獻研究輯刊 三四編；第 36 冊）
ISBN 978-986-518-891-7（精裝）
1.CST：簡牘文字 2.CST：研究考訂
011.08   11002268

ISBN-978-986-518-891-7

古典文獻研究輯刊
三四編 第三六冊   ISBN：978-986-518-891-7

上海博物館藏戰國楚竹書（七）研究（上）

作　者	蔡樹才
主　編	潘美月、杜潔祥
總編輯	杜潔祥
副總編輯	楊嘉樂
編輯主任	許郁翎
編　輯	張雅淋、潘玟靜、劉子瑄　美術編輯　陳逸婷
出　版	花木蘭文化事業有限公司
發行人	高小娟
聯絡地址	235 新北市中和區中安街七二號十三樓
	電話：02-2923-1455／傳真：02-2923-1452
網　址	http://www.huamulan.tw 信箱 service@huamulans.com
印　刷	普羅文化出版廣告事業
初　版	2022 年 3 月
定　價	三四編 51 冊（精裝）台幣 130,000 元

上海博物館藏戰國楚竹書(七)研究(上)

蔡樹才 著

作者簡介

蔡樹才，1976 年 7 月，江西鷹潭人，閩南師範大學文學院副教授。江西師範大學文學院文藝學古代文論方向碩士、華中師範大學文學院古典文獻學博士，主要研究方向為中國古典文學與思想，特別是出土簡帛與先秦思想、出土簡帛和先秦文學及詩學的關係。另有多部著作即將出版。先後在《史學理論研究》《周易研究》《江漢論壇》《中國文化研究》《華中學術》等刊物發表學術論二十餘篇。主持國家社科基金項目兩項、教育部基金項目一項，其他項目若干。

提　要

　　本書在對《上博七》五篇簡文的釋讀、編聯問題重新討論之後，通過史料考辨，集中探討版本、學術體例、思想淵源、作者、創製年代、傳承、文體等問題，並嘗試發掘簡文與先秦諸多學術思潮、傳世文獻之間的關係，以更好瞭解戰國早中期的學術與思想史發展脈絡。

　　緒論簡述研究進展，確定研究對象、範圍及重點，說明研究意義和方法。

　　第一章首先對竹書《武王踐阼》甲本做適當校釋，並比勘和對讀甲、乙和今本，判斷甲本屬於黃帝學大熱之前的作品，成篇時間相對較早。乙本作者尋求一種可行百世的「道」治，把太公望地位抬高，屬於齊學太公望、兵權謀與黃老道家系統的版本，同甲本、古「禮記」版本代表的儒家系統構成先秦時期《武王踐阼》的兩大創製與傳承系列。今本有依據多個版本合校雜糅的痕跡。在春秋以前即已存在與《武王踐阼》內容相關的器物銘文。

　　第二章先對《鄭子家喪》甲本進行校釋，然後比勘、對讀甲乙兩本，並著重對簡書所涉及子家弒其君鄭靈公、鄭子家喪、楚莊王率軍圍鄭、兩棠之戰等歷史事件進行了考證和辨析。簡文根據需要對史實重新處理，其重心不在記事而在說理。簡文可能是要為當代君王提供治國的借鑒和參考。我們推測作者可能是鐸椒，或即《鐸氏微》中的一篇。

　　第三章在釋讀簡文基礎上，稽考《左傳》《國語》等史籍材料，推斷《君人者何必安哉》中的軜（范）戍、軜（范）乘確是范無宇。然後依據范無宇年齡，楚王子嗣，簡書創製時代，楚平王、楚昭王生平經歷等，推斷簡書中的「君王」不是楚昭王，而應是楚平王。簡文中范戍以玉為喻，表面是稱美楚王有三大美德，其實是對君王提出嚴厲警告。范戍認為民眾是邦國的根本，君主是為了滿足百姓意願而置立的，而不是反過來讓百姓為君主的意志服務。最後，我們推測簡書創製應該在楚聲王以後。

　　第四章著重研究《凡物流形》，認為其中的「問物」並非孤立現象，是先秦「形名」哲學的重要部分。其貴「心」說也非認識論問題，其修身、心性論應同時繼承了早期儒、道兩家的思想。簡書貴「一」，是戰國早中期盛行的文化現象，在政治哲學上倡言「一」和「取天下」「治天下」，當與追求「道」治以及魏惠王等相繼「稱王」的政治運動有關聯。簡文可能創製於戰國中期偏早，作者為三晉名士，可能是受形名學思想影響，以儒道結合為主幹的作品。

　　第五章著重探討簡書《吳命》。我們提出兩種簡文編聯和理解可能。接著討論了簡文與《國語・吳語》的可能關係，以及先秦勞禮問題。就學術體例而言，《吳命》當屬先秦流行的「語」類史書。

目次

上　冊

緒　論 ……………………………………………………… 1

第一章　《武王踐祚》研究 ……………………………… 21

　第一節　《武王踐祚》甲本校釋 ……………………… 21

　第二節　簡本與今本的比勘與對讀 ………………… 28

　第三節　《武王踐祚》版本考 ………………………… 45

　第四節　《武王踐祚》的思想淵源及其年代問題 …… 49

第二章　《鄭子家喪》研究 ……………………………… 67

　第一節　《鄭子家喪》甲本校釋 ……………………… 67

　第二節　《鄭子家喪》甲乙本比勘與對讀 …………… 73

　第三節　《鄭子家喪》思想與相關史實考 …………… 76

　第四節　《鄭子家喪》作者考 ………………………… 90

第三章　《君人者何必安哉》研究 ……………………… 95

　第一節　《君人者何必安哉》甲本校釋 ……………… 95

　第二節　《君人者何必安哉》「靶（范）戉」考 … 103

　第三節　《君人者何必安哉》主旨及創製年代考 …… 109

　第四節　《君人者何必安哉》「君王」考 ………… 131

第四章 《凡物流形》研究 …………………………………… 147

　第一節 《凡物流形》甲本校釋 …………………… 147

　第二節 關於《凡物流形》的篇題 ……………… 164

　第三節 關於《凡物流形》簡序與編聯 ………… 168

下　冊

　第四節 《凡物流形》篇章結構與學術體例 …… 173

　第五節 《凡物流形》「物」論與先秦學術思潮 … 180

　第六節 《凡物流形》「君心」說和先秦認識論、
　　　　　心性論 ……………………………… 224

　第七節 《凡物流形》「執一」說與先秦貴「一」
　　　　　觀念 ……………………………… 252

　第八節 《凡物流形》作者與創製年代考 ……… 268

　第九節 《凡物流形》的學派問題 ……………… 272

第五章 《吳命》研究 ……………………………………… 283

　第一節 《吳命》校釋 ……………………………… 283

　第二節 《吳命》編聯與文本主旨 ……………… 293

　第三節 《吳命》與《國語・吳語》 …………… 312

　第四節 《吳命》與先秦「勞」禮 ……………… 313

　第五節 《吳命》文體試說 ……………………… 319

結　語 ……………………………………………………… 323

參考文獻 …………………………………………………… 325

緒　論

　　《上海博物館藏戰國楚竹書（七）》（以下簡稱《上博七》）於 2008 年
12 月由上海古籍出版社正式出版，其中包括了《武王踐阼》《鄭子家喪》《君
人者何必安哉》《凡物流形》《吳命》五篇竹書，而《鄭子家喪》《君人者何
必安哉》《凡物流形》都分別包含甲本和乙本，學者的研究表明，《武王踐
阼》其實也可分為甲、乙兩本。新文獻的出土是近年學術研究的重要熱點。

一、《上海博物館藏戰國楚竹書（七）》研究現狀述略

　　《武王踐阼》整理者陳佩芬、曹錦炎、濮茅左先生對《上博七》竹書
做了初步的研究，在簡序編排、文句釋讀、思想闡發等方面都取得了顯著
成績，也為學者們的後續研究工作提供了一個良好的文本和文獻依據。自
《上博七》公布、出版以來，立刻受到古文字學、考古文博學、歷史學、
文獻學等多方面學者的廣泛重視。拒不完全統計，研究《上博七》的論文
已達數百篇，大部分發表在復旦大學出土文獻與古文字研究中心網、武漢
大學簡帛網、清華大學簡帛研究網等相關學術網站上，同時，眾多學者彙
集到這些網站熱情參與討論；另有部分論文發表在紙質期刊上，而在讀碩
士、博士則是近年來研究出土簡帛文獻值得重視的一支生力軍。曹方向碩
士學位論文《上海博物館藏戰國楚竹書（七）之〈吳命〉和〈凡物流形〉
集釋》、劉靜碩士學位論文《上海博物館藏戰國楚竹書（七）之〈武王踐
阼〉等三篇集釋》則基於 2009 年 4 月份以前的學術研究成果，對《上博
七》簡文讀解作了一個彙編性的工作，並在某些有爭論的地方，作出了自
己的意見採納，個別地方提出了自己的見解。而各種形式的《文字編》和

《集釋》更是《上博七》研究當中的重要收穫。如：黃蓓之碩士論文《〈上海博物館藏戰國楚竹書（六、七）〉文字集釋評述》（華東師範大學 2010年）、雷金方之碩士論文《〈上海博物館藏戰國楚竹書（七）〉文字編》（安徽大學 2010 年）、張心怡之碩士論文《上海博物館藏戰國楚竹書（七）〈凡物流形〉研究》（臺灣師範大學 2010 年）、彭慧玉之碩士論文《〈上海博物館藏戰國楚竹書（七）〉疑難字研究》（臺灣師範大學 2011 年）、韓義剛之碩士論文《〈上海博物館藏戰國楚竹書（七）〉研究概況及文字編》（吉林大學 2011 年）、褚紅軒之碩士論文《上博七〈凡物流形〉文字釋讀研究》（西南大學 2011 年）、楊宋鋒之碩士論文《楚簡〈上博七·武王踐阼〉字詞研究》（安徽大學 2011 年）、劉中良《上博楚竹書〈凡物流形〉研究》（三峽大學 2011 年）、米雁《上博簡〈君人者何必安哉〉綜合研究》（安徽大學 2012 年）、劉子珍之碩士論文《上博簡〈武王踐阼〉研究》（煙臺大學 2017 年）等。另外，不少博碩論文在綜合研究楚簡或戰國文字中的異文、字符、字形、釋讀、句法以及出土簡帛文獻有關人名、地名、故事、孔子言論、學派思想等方面也取得不小成績。

從研究內容上看，學界的研究集中在對簡書的文字隸定、釋讀、編聯上，參與研究的人員也是以古文字學界的專家、學者為主。

但是，「任何一批時代較早的出土文獻，都會在原始資料公布之後有一個歷時較長、由較多相關學者參加的討論過程，才能在文本復原和內容闡釋上，達到較高的水平，取得大致的共識。」〔註1〕下面我們簡要介紹《上博七》自出版至今的研究進展和成就。

（一）《武王踐阼》研究現狀

《武王踐阼》由陳佩芬先生整理。原無篇題，整理者根據簡文內容、文字與《大戴禮記·武王踐阼》篇基本相合的特點，以同名命之。就編聯而言，整理者認為簡文內容首尾完整，儘管竹書本中間部分有缺失，但它卻是迄今為止所發現的最早的《武王踐阼》本；並對竹書本的形制、編聯、文字釋讀、文獻性質等提出了自己的看法〔註2〕。但復旦大學出土文獻與

〔註1〕陳偉：《文本復原是一項長期艱巨的工作》，《湖北大學學報（哲學社會科學版）》1999 年第 2 期。

〔註2〕馬承源主編：《上海博物館藏戰國楚竹書（七）》，上海古籍出版社，2008年 12 月，150 頁。

古文字研究中心讀書會（以下簡稱「復旦讀書會」）卻認為簡文應該分為甲、乙兩部分，簡 1 到簡 10 為第一部分，講的是師尚父以丹書之言告武王，武王因而作銘；這一部分後面有脫簡，並非全篇，其原貌當與今本《大戴禮記・武王踐阼》篇近似。第 11 簡到 15 簡為另一部分，可定為乙本，講太公望以丹書之言告武王，與今本《大戴禮記・武王踐阼》篇前半段頗相近，然主名不同，也無武王作銘的記載〔註 3〕。此後學界以接受讀書會意見者居多。如，劉秋瑞先生從用字、竹簡形制、敘述風格等方面對復旦讀書會的意見作了進一步的論證〔註 4〕；李松儒先生撰寫專文討論了十五支簡的字跡問題，發現其中存在三種字跡〔註 5〕。

　　我們知道，今傳本《武王踐阼》被收入《大戴禮記》中，後世學者對《大戴禮記》的研究較多，討論今傳本《武王踐阼》版本、文字校對等問題的學者就包括孔穎達、王應麟、戴震、王引之、孔廣森、王聘珍、王樹楠、俞樾等，今人黃懷信《大戴禮記匯校集注》、方向東《大戴禮記匯校集解》都做過對今傳本《武王踐阼》匯校、匯注工作。上博簡本《武王踐阼》出版以後，劉洪濤馬上寫出《用簡本校讀傳本〈武王踐阼〉》，專文討論了簡本對於校釋今傳本《武王踐阼》的意義，提出了不少有價值的意見〔註 6〕。

　　文字釋讀和思想闡釋方面，學者們在一些基本的認識上能相互一致，這也是進一步討論的前提，首先是原整理者陳佩芬依據今本對竹書和簡文作了初讀的整理和釋讀，此後復旦讀書會，以及陳偉、劉雲、劉信芳、侯乃峰、楊澤生等先生都作了進一步的研究。

　　但在許多地方，甚至是一些關鍵性字詞仍然存在較大的爭議。此擇其部分分述如下。

　　「敯」整理者讀為「微」，「微喪」即「喪亡」；復旦讀書會則釋為「幾」，讀為「豈」；陳偉先生卻認為此字與後字連讀為「微茫」〔註 7〕。

〔註 3〕復旦大學出土文獻與古文字研究中心研究生讀書會：《〈上博七・武王踐阼〉校讀》，復旦大學出土文獻與古文字研究中心網 2008 年 12 月 30 日。
〔註 4〕劉秋瑞：《再論〈武王踐阼〉是兩個版本》，復旦大學出土文獻與古文字研究中心網 2009 年 1 月 8 日。
〔註 5〕李松儒：《上博七〈武王踐阼〉的抄寫特徵及文本構成》，復旦網 2009 年 5 月 18 日。
〔註 6〕劉洪濤：《用簡本校讀傳本〈武王踐阼〉》，簡帛網 2009 年 3 月 3 日。
〔註 7〕分別見馬承源主編：《上海博物館藏戰國楚竹書（七）》，上海古籍出版社，

　　「民之反□，亦不可志」句，一般大家都釋讀為「民之反側，亦不可志」或「民之反覆，亦不可［不］志」，而胡長春先生則認為「民」讀為「眠」，「民（眠）之反作（側），亦不可［不］志。」意即睡在床席上一翻身一側身時，都不可以忘了這些「丹書」之戒。而今本作「一反一側，亦不可以忘」。

　　「皇皇佳堇」以下數句，原整理者斷讀為「皇皇佳（惟）堇（謹），怠生敬，口生唁」，但復旦讀書會的意見認為：「堇」字下也為「口」，「口」下有重文符號，故斷讀為「皇皇　（惟）堇（謹）口，口生敬」，但今本作「皇皇惟敬，口生唁，口戕口」，而注家如孫詒讓、孔廣森、俞樾、方向東等也莫衷一是。而且，學界多根據《孔子家語·觀周》所引《金人銘》解釋《武王踐阼》此處簡文為「慎言」之意，但現在看來還有討論的必要。

　　今本「杖之銘」之「杖」，原整理者讀為「枝」，復旦讀書會隸定為「枳」，認為與「枝」，而「枝」與「杖」為一字之分化或形近之訛，「枝」可以表示「杖」。劉雲先生亦隸定為「枳」，卻讀為「策」，認為「策」在古書中有「杖」的意思〔註8〕。劉宏濤先生則認為「枳」即酒器「卮」。而這種文字釋讀上的分歧又反映了對銘器與其銘文相互之間關聯的認識差異。

　　思想內容理解上學界也存在一些分歧。例如郝士宏先生、許文獻先生都認為本篇簡文同時表達了言與詞、言與意關係的重要思想，復旦讀書會、程燕等都認為簡文還表達了「慎言」的思想〔註9〕。而許多學者並不認可這種觀點，事實上即使簡文有「慎言」的思想，其真正的主旨和動機恐怕不

2008 年 12 月，152 頁；復旦讀書會：《〈上博七·武王踐阼〉校讀》，復旦大學出土文獻與古文字研究中心網 2008 年 12 月 30 日；陳偉：《讀〈武王踐阼〉小札》，簡帛網 2008 年 12 月 31 日。

〔註8〕分別見馬承源主編：《上海博物館藏戰國楚竹書（七）》，上海古籍出版社，2008 年 12 月，159 頁～160 頁；復旦讀書會：《〈上博七·武王踐阼〉校讀》，復旦大學出土文獻與古文字研究中心網 2008 年 12 月 30 日；劉雲：《上博七詞義五札》，簡帛網 2009 年 3 月 17 日；劉洪濤：《談上博竹書〈武王踐阼〉的器名「枳」》，簡帛網 2009 年 1 月 1 日。

〔註9〕分別見郝士宏：《再讀〈武王踐阼〉小記二則》，復旦大學出土文獻與古文字研究中心網 2009 年 1 月 6 日；許文獻：《上博七〈武王踐阼〉校讀札記二則》，復旦大學出土文獻與古文字研究中心網 2009 年 3 月 31 日；復旦讀書會：《〈上博七·武王踐阼〉校讀》，復旦大學出土文獻與古文字研究中心網 2008 年 12 月 30 日；程燕：《〈武王踐阼〉「戶機」考》，復旦大學出土文獻與古文字研究中心網 2009 年 1 月 6 日。

止於此。

總體來看，由於時間尚短，學界對《武王踐祚》的研究還主要集中在編聯和文字的考釋方面，其中爭論較大；對簡書《武王踐祚》的版本與流傳、思想主旨的變化以及其思想淵源、創製與流傳的年代等方面都還未涉及。

（二）《鄭子家喪》研究現狀

本篇共 14 簡，有甲、乙本，各 7 簡，內容相同。經整理者陳佩芬的辛勤工作，甲、乙兩本均整理完畢。原無篇題，整理者以首句名篇。甲本完整，竹簡設上下兩道編繩，契口位於竹簡右側。各簡上下端平齊，長 33.1 至 33.2 釐米，寬 0.6 釐米，厚 0.12 釐米，存 235 字，其中合文 3 字，各簡字數在 31 至 36 字之間。字體工整，字距緊密。乙本數簡殘損，簡長 34 至 47.5 釐米不等，設兩道編繩，存 214 字，合文三，字距疏朗。兩本書體風格不同，顯示為不同抄手所書。兩本可以對讀，皆文句相接，文意相連。甲本第七簡下留有墨釘為終止符，其下尚有一字之餘白，示本文結束，為一篇完整的史籍。

文字釋讀上，有幾個關鍵的問題存在爭論。如簡文「㠯（以）邦之慁（怲—病）㠯（以）急於含（今）而（或天）逡楚邦囟為者（諸）厌（矦／侯）正」，整理者讀作「㠯（以）邦之慁（怲），㠯（以）急於含（今），而後楚邦囟（思）為者（諸）侯正」〔註 10〕；復旦讀書會讀作「㠯（以）邦之慁（怲—病）㠯（以）急，於含（今）而逡（後），楚邦囟（思）為者（諸）侯正」〔註 11〕；陳偉先生與復旦讀書會略同〔註 12〕；侯乃峰讀作「㠯（以）邦之慁（怲—病）㠯（以）及於含（今），天後（厚）楚邦，囟（使）為者（諸）侯正」〔註 13〕；李天虹先生讀作「㠯（以）邦之慁，以伋（及）於含（今）。天後（厚）楚邦囟（思）為者（諸）侯正」〔註 14〕。

〔註 10〕馬承源主編：《上海博物館藏戰國楚竹書（七）》，上海古籍出版社，2008 年 12 月，173 頁～174 頁。

〔註 11〕復旦大學出土文獻與古文字研究中心研究生讀書會：《〈上博七．鄭子家喪〉校讀》，復旦大學出土文獻與古文字研究中心網 2008 年 12 月 31 日。

〔註 12〕陳偉：《〈鄭子家喪〉初讀》，武漢大學簡帛網 2008 年 12 月 31 日。

〔註 13〕侯乃峰：《〈上博（七）．鄭子家喪〉「天後（厚）楚邦」小考》，復旦大學出土文獻與古文字研究中心網 2009 年 1 月 6 日。

〔註 14〕李天虹：《〈鄭子家喪〉補釋》，武漢大學簡帛網 2009 年 1 月 12 日。

「懸炎」、「利木三眷」等都還存在釋讀上的分歧。

就文獻內容和性質而言，整理者認為本篇屬記敘體，記載了公元前605年，鄭國因靈公不予公子宋（子公）食黿，又欲殺子公，子公因此與子家共弒靈公，這是造成「鄭子家喪」的起因〔註15〕。復旦讀書會認為「鄭子家亡」即《左傳・宣公十年》（公元前599年）所載的「鄭子家卒」，非整理者所謂的《左傳・宣公四年》（公元前605年）子家弒靈公事。而本篇所述及的晉楚邲之戰發生在魯宣公十二年（公元前597年），本篇記載的故事是楚莊王得到「鄭子家亡」的消息後即發兵圍鄭，不可能歷時八年之久〔註16〕。葛亮的意見是簡文所見之楚王故事與史實有差異，乃是不同歷史事件「移花接木」的結果，可能與以下四個歷史事件都有關聯：1. 前599年冬，鄭子家卒。2. 前598年春，楚莊王伐鄭，鄭從楚。3. 前598年冬，楚莊王以夏徵舒弒君為由伐陳。4. 前597年春，楚莊王圍鄭三月而克之。晉發兵救鄭，與楚戰於邲而敗。簡文的目的並不是記錄史實，而重在說教，故所涉及時間、事件等多與史籍有出入，與《戰國策》中的許多故事非常相似〔註17〕。李天虹先生認為，子家弒君之事，據《左傳》記載，應該是子公的主意，子家乃是因懼子公之威而從之，因此子家在弒君一事上只是從犯。簡文所記與《春秋》經完全一致。顯然，「書」的記載影響了人們的認識。導致有本文故事〔註18〕。然而簡書為何要這麼處理則學界的意見仍嫌簡單了。

至於《鄭子家喪》的創製動機、作者、時代等問題學界尚沒有較詳細的研究。

（三）《君人者何必安哉》研究現狀

本篇由濮茅左先生整理。原無篇題，整理者以簡文「君人者何必安哉」為篇名。共存18簡，甲、乙本各9簡，皆完整可通讀，內容基本一致。其中甲本完整，篇末有墨節，示章節結束。簡長33.2至33.9釐米，寬0.6釐

〔註15〕馬承源主編：《上海博物館藏戰國楚竹書（七）》，上海古籍出版社，2008年12月，第171頁。

〔註16〕復旦大學出土文獻與古文字研究中心研究生讀書會：《〈上博七・鄭子家喪〉校讀》，復旦大學出土文獻與古文字研究中心網2008年12月31日。

〔註17〕葛亮：《〈上博七・鄭子家喪〉補說》，復旦大學出土文獻與古文字研究中心網2009年1月5日。

〔註18〕李天虹：《〈上博七・鄭子家喪〉補釋》，簡帛網2009年1月12日。

米，厚約 0.12 釐米。簡兩端平頭，設有兩道編繩，契口位於竹簡右側。甲本各簡字數在 24 至 31 字之間，共 241 字，其中合文 4。乙本完整，篇末墨節後有一黑底白文「乙」字。簡長 33.5 至 33.7 釐米之間，寬、厚與甲本同。竹簡兩端平頭，亦兩道編繩。滿簡書寫，各簡字數在 26 至 31 字之間，共 237 字，其中合文 3。甲本、乙本均書於竹黃面。

本篇文字釋讀和內涵解釋上分歧很大。此擇其要者分述如下。

「見日」，學術界存在「左尹」、「官名」、「青天」、「楚王」、「您」「他」代詞、「視日」等不同看法〔註19〕。

董珊認為簡文「州徒之樂」即是州里的一般徒眾的娛樂活動，當是表演一類的「娛樂」活動。復旦讀書會懷疑「州徒」即「俳優之輩」。凡國棟提出「州徒之樂」應該是春秋音樂家伶州鳩之徒所傳之樂。孟蓬生則認為「州徒」即「州土」，指境內之土地山川，「州徒之樂」指遊觀田獵之樂。林文華的意見是「州徒之樂」並非指那些耳目之樂，而是莊嚴隆重的周王朝雅、頌之樂。陳偉認「州徒」為楚國的一處名勝〔註20〕。

其他意見和分歧不一而足，幾乎每一句都存在著爭議，這就導致對全文難以形成一個較被認可的通讀性看法，其貫穿首尾的文獻思想也無法弄清楚。

整理者認為本篇簡文中的「君王」應當是楚昭王，而「軛（范）乘」、「范戊」即歷史上的「范無宇」，為楚國四朝老臣。學界的多數看法肯定「范戊」與後文對話中的「軛（范）乘」當為一人，但究竟是誰，未有定論。文中「君王」是否就是楚昭王，也仍屬疑問。

關於本篇的中心旨意學界的爭論很多，甚至存在根本的對立。整理者濮茅左先生認為本簡文記述的是叶（范）乘（范無宇）力諫楚昭王盡去耳目之欲，不貴異物，批評國君沉迷白玉是三違正道，政不治，民不愛，

〔註19〕劉靜碩士學位論文：《上海博物館藏戰國楚竹書（七）之〈武王踐祚〉等三篇集釋》，49 頁。武漢大學 2009 年。

〔註20〕分別見董珊：《讀〈上博七〉雜記（一）》，復旦網 2008 年 12 月 31 日；復旦讀書會：《〈上博七·君人者何必安哉〉校讀》，復旦網 2008 年 12 月 31 日；凡國棟：《〈上博七·君人者何必安哉〉簡 4「州徒之樂」小識》，簡帛網 2009 年 1 月 3 日；孟蓬生：《〈君人者何必安哉〉勝義》，復旦網 2009 年 1 月 4 日；林文華：《〈上博七·君人者何必安哉〉「州徒之樂」考》，簡帛網 2009 年 1 月 18 日；陳偉：《〈君人者何必安哉〉再讀》，簡帛網 2009 年 2 月 6 日。

子不教〔註 21〕。董珊先生認為本篇的思想，反對居上位者過分節儉，提倡有等級制度的耳目聲色娛樂，以此豐富生活，娛樂鬼神，拉動內需，唯此始合於先王安邦、利民的宗旨。蘇建洲也認為本文所述楚昭王聽鍾鼓之樂、御幸女色、極目遊觀是悖忤先王。劉信芳先生則認為楚王盡去耳目之欲、不圖享受，達官貴人們認為君王寒酸了，與泱泱楚國的大國風範不相符。陳偉先生釋「白玉三回」之「回」為「瑋」，而解釋范戊此處不是在進諫，而是在褒揚楚王，「如果說范戊有批評，那是在說楚王盡去耳目之欲，作得太過分」。劉信芳先生也認為范戊是讚揚「君王」美德。而圍繞「回」字，也有「塊」、「匱」、「一種表示周長的單位」、「表直徑的單位」、「『回』、『違』諧音雙關，『違』是指『君王白玉般美德與諸權貴的奢侈作風相違』」等多種意見〔註22〕。

我們認為本篇簡書中的「君王」、「范戊」到底是哪一個還需要更詳盡的考辨工作，至於簡書主旨問題更需要全面瞭解了相關史實之後才能回答。

（四）《凡物流形》研究現狀

《凡物流形》由曹錦炎先生整理，亦有甲、乙本兩種。原有篇題，見於甲本第三簡背面。經整理，甲本存簡 30 枚，大都完整，少數殘損文字，可據乙本補足。對照乙本，則甲本也存在抄漏、抄錯現象。甲本完簡長 33.6 釐米，各簡字數在 25 至 32 字之間，全篇 846 字。乙本殘損嚴重，存簡 21 枚，完簡長 40 釐米，各簡字數在 37 字左右，合 601 字。兩本書手當非一人。

關於《凡物流形》甲本編聯問題，主要有復旦讀書會、鄔可晶、淺野裕一、李銳、顧史考、王中江等多種看法，經過反覆討論，目前學界基本上接受這樣的簡序：1-11、12A、13B、14、16、26、18、28、15、24、25、

〔註21〕馬承源主編：《上海博物館藏戰國楚竹書（七）》，上海古籍出版社，2008年 12 月，191 頁～192 頁。

〔註22〕分別見董珊：《讀〈上博七〉雜記（一）》，復旦網 2008 年 12 月 31 日；蘇建洲：《也說〈君人者何必安哉〉「人以君王為所以戳」》，見張新俊：《「人以君王為所以戳」別釋》（復旦大學出土文獻與古文字研究中心網 2009 年 1 月 8 日）後所附海天（即蘇建洲）發言；陳偉：《〈君人者何必安哉〉初讀》，簡帛網 2008 年 12 月 31 日；陳偉：《〈君人者何必安哉〉再讀》，簡帛網 2009 年 2 月 6 日；劉信芳《〈君人者何必安哉〉試說（之二）》，復旦網 2009 年 1 月 6 日。

21、13A、12B、22、23、17、19、20、29、30……。

　　就其性質來說，原整理者的看法是，「《凡物流形》是一篇有層次、有結構的長詩，體裁、性質與之最為相似，幾乎可以稱之為姊妹篇的，當屬我國古代偉大詩人屈原的不朽之作——《楚辭・天問》」，「清代學者王夫之指出：『《天問》篇內事雖雜舉，而自天地山川，次及人事；追述往古，終之以楚先，未嘗無次序存焉。』用王夫之的『自天地山川，次及人事』來概括楚竹書《凡物流形》篇，也是十分妥帖的。」從文章體裁、內容、文字地域特色等方面，整理者將之歸入楚辭類作品〔註23〕。

　　李銳提出了自己的看法。他把整理者隸定為「豸」、讀為「貌」的「![字]」釋讀為「一」，把簡21釋讀為「聞之曰：一生兩，兩生三」，認為是闡發《老子》之旨，「草木奚得而生，鳥獸奚得而鳴」乃是由於有「一」。這和帛書《道原》極為相近。因此本篇開頭的發問，並非如《天問》，而是為後半部分論「道」、論「一」張本。故此篇簡文性質，當重新考慮〔註24〕。

　　淺野裕一先生在《〈凡物流形〉的結構新解》一文則認為，《凡物流形》是由本來完全不同的兩個文獻連接起來的。前一個文獻，可以暫且命名為《問物》，它也由兩個部分組成，即簡1「凡物流形」開始到簡8中間「先王之智奚備」為止的部分，簡9「日之有」開始經簡10、簡11、簡12A、簡13B，到簡14中間「而屏之」為止的部分。剩下的部分，除簡27外，均可以歸入後一個文獻，可以暫且命名為《識一》。淺野裕一先生還認為，《問物》部分類似於《楚辭・天問》，全篇為採取「有問無答」形式的楚賦，《楚辭・天問》收錄174個發問，《凡物流形》則收錄了43個發問。《識一》的部分則不同，它是道家系統的思想文獻，這兩種性質不同的文獻，之所以會抄接在一起，是因為《問物》的末尾和《識一》的開頭都有與草木、禽獸相關的記述。兩個冊子在反覆轉抄的過程中，發生了混亂而被連接到了一起。因此，《凡物流形》不應該當作一個單一的文獻來對待，而應將其分成《問物》和《識一》的兩篇來進行研究。他認為《問物》是文學性質的楚賦，《識一》則是道家系統的文獻，兩者之所以會抄在一起，

〔註23〕馬承源主編：《上海博物館藏戰國楚竹書（七）》，上海古籍出版社2008年，第222頁。

〔註24〕李銳：《〈凡物流形〉釋讀札記》，清華大學簡帛研究網2008年12月31日。

完全是一種偶然〔註 25〕。

曹峰通過對比《逸周書·周祝解》和《凡物流形》，認為二者都從「世界根本性問題的提出，帶出『執道』（或『識道』），『執一』（或『識一』）、『得一』、『有一』的重要性，並最終落實到『知天下』、『治邦』（《凡物流形》簡 30，《逸周書·周祝解》則是『為之君』、『為天子』），這樣一種論述框架以及道用一體的政治哲學，《逸周書·周祝解》和《凡物流形》之間有相似性和可比性」，「《問物》和《識一》兩者間不是割裂的關係，而是有機的整體。通過《逸周書·周祝解》，我們可以更好地理解《凡物流形》的思想結構」。曹峰又推測簡 21 的意思是，「一生兩，兩生三，三生四，四成結」是用數字表示以水火木金土為代表的天下事物，「四成結」代表五行中以「一」統「四」的基本結構，「是故」以後那些話，表示唯有「執一」者能夠超越、把握五行，達到無所不為的境地〔註 26〕。

王中江認為《凡物流形》作為一篇哲學性很強的佚文，為認識古代中國的宇宙觀、自然觀和政治哲學又提供了一個彌足珍貴的新文本；這一文本不像整理者所說是屬於屈原的楚辭類作品，而是屬於戰國中早期黃老學作品，文本用「一」而不是用「道」建立了一個類似於老子又別於老子的宇宙觀，用「一」從根本上回答了所追問的一些自然現象的原因，也用「一」並以「心」為媒介建立了一個政治哲學〔註 27〕。

在具體的文字隸定、考釋上，學者們的分歧隨處可見，此不一一列出。

就《凡物流形》與其他文獻的關係言，目前學者都認識到簡文中許多語句與《老子》、《管子》（《內業》、《白心》、《心術》上下諸篇）、《文子》、《莊子》、馬王堆帛書《黃帝四經》、《淮南子》、《逸周書·周祝解》等文獻中的內容多有接近，但多數學者都沒有詳細論述。至於《凡物流形》與《易傳》、簡帛《五行》等的關係則鮮有人提及；當然，《凡物流形》所涉及的思想學派並不僅僅是道家、黃老之學，簡書與早期儒家心性之學、與形名之學的關係也非常密切，但學界都沒有人論述到。

〔註 25〕淺野裕一：《凡物流形結構新解》，武漢大學簡帛網 2009 年 2 月 2 日。
〔註 26〕曹峰：《從〈逸周書·周祝解〉看〈凡物流形〉的思想結構》，簡帛研究網
　　　　2009 年 3 月 9 日。
〔註 27〕王中江：《〈凡物流形〉的宇宙觀、自然觀和政治哲學——圍繞「一」而展
　　　　開的探究並兼及學派歸屬》，《哲學研究》2009 年第 6 期。

　　同時，對於簡文前後兩部分的關係目前學界也沒有能夠給出很好的解釋，以致於只好把簡書《凡物流形》看作是一個結構鬆散、沒有什麼原創性的作品。其實簡文前後是有內在的邏輯關係的。

　　當然，簡文公布出版時間還不長，學界對《凡物流形》的研究還主要以字詞釋讀和考辨為重心，對於簡文中所涉及到的思想因子和先秦學術思潮都尚未來得及作充分思考，這就為我們作深入研究留下了很好的空間。

（五）《吳命》研究現狀

　　《吳命》亦由曹錦炎先生整理。原篇題書於第三簡背。現存簡 11 枚，皆殘斷，篇首、尾皆殘。由此，編聯復原存在極大的困難。設有編繩三道，簡上端距第一契口約 10.6 釐米，第一和第二契口之間約 16.5 釐米，第二與第三契口間約 16.7 釐米。各簡字數在 64 至 66 字之間，總計 375 字。書法工整秀麗，結體嚴密。

　　整理者作了初步排序和文獻性質考慮。將其內容分為兩章。一章記述吳王親率大軍北上，到達陳國境內，引起晉國恐慌，晉國派三位大夫為使臣與吳交涉。吳王以關心陳國為藉口，反而質問晉國何以派師徒前來，晉使則以指責楚人無道，並轉述周天子告讓之辭，與吳臣周旋，終使吳軍離開陳國。第二章為吳王派臣下告勞於周天子之辭，文句大致與今本《國語·吳語》相同。從內容上分析，篇中吳王為夫差，事件發生時間約在魯哀公十三年吳晉黃池爭霸期間。所記雖不見於傳世典籍，但卻可補史籍之缺。最後，整理者認為，從內容到體例，本篇可能是《國語·吳語》佚篇〔註28〕。

　　關於編聯，復旦讀書會認為，5 號簡的上、下段之間並無緊密聯繫，8 號簡的下段也未必緊接上段，當暫分開〔註29〕。陳偉先生則將 3 號簡置於文首而緊接 1 號簡，將 5 號簡上段與 8 號簡下段相連〔註30〕。李銳又提出，4 號簡和 5 號簡下段可以連接〔註31〕。張崇禮認為 7 號簡可以與 9 號簡連讀〔註32〕。

〔註28〕馬承源主編：《上海博物館藏戰國楚竹書（七）》，上海古籍出版社 2008 年，第 303 頁。

〔註29〕復旦讀書會：《〈上博七·吳命〉校讀》，復旦大學出土文獻與古文字研究中心網 2008 年 12 月 31 日。

〔註30〕陳偉：《讀〈吳命〉小札》，簡帛網 2009 年 1 月 2 日。

〔註31〕李銳：《讀〈吳命〉札記》，清華大學簡帛研究網 2009 年 1 月 11 日。

〔註32〕張崇禮：《釋上博七〈吳命〉中的「度日」》，復旦大學出土文獻與古文字研

目前大多數學人都認為《吳命》簡 5 上半段不應歸入《吳命》篇。《吳命》篇與上博《緇衣》、《彭祖》應為同一書手所寫。在未公布的上博簡中屬於此一書手所寫的篇目可能也是存在的。也許當上博簡全部公布後，我們會弄清楚《吳命》簡 5 上的歸屬問題。

不少學者認為，整理者公布的這 11 枚簡並不屬於一篇完整的文獻，其中可能部分簡屬於至今尚未公布的它篇。

因此，就其性質而言，除了整理者所解釋的那種意見外，單育辰認為「『吳命』猶言『吳國的辭令』」〔註33〕；王連成認為是「檄文」，其「文風有似於《尚書》中有關『誓』的篇章」〔註34〕；還有人認為是「外交辭令之匯抄」，等等。

文句釋讀上，學界的爭論體現在多處，此不一一例舉。

當然，對《吳命》的研究還很不夠。甚至還無法完全通讀，對於其所涉及的歷史事件也難以形成較好的統一意見。

總之，《上博七》一經出版、公布，眾多學者就對簡文展開了更為細緻、深入的研究，討論熱烈，在較短時間內，復旦大學出土文獻與古文字研究中心網站、武漢大學簡帛研究中心簡帛網、清華大學簡帛研究網、簡帛研究網等學術網站和期刊上匯聚和湧現了大量的相關研究文章和討論意見，取得了豐碩的成果。但是，其中仍存在不少的爭議和問題；目前學界的研討主要集中在簡序編聯、文字考釋方面，往往以一兩個文字釋讀問題為中心，以較短的篇幅展開討論，而對簡文的版本、主旨、文化與學術淵源、成篇時代、創制與流傳、作者等問題研究不夠，都有進一步深入研究的必要；無論是就《上博七》竹書本身，還是就其相關的問題而言，都還存在著大量的問題有待研究。而且，當前學者們的研究主要集中在《上博七》竹書本身，而要將《上博七》極其相關思想史、學術史、文學史等問題的研究推向深入，都需要我們將之納入一個更為廣闊的大視野中來；然而相對集中而全面的研究尚未出現。

究中心網 2009 年 1 月 14 日。

〔註33〕單育辰：《佔畢隨錄之八》，復旦大學出土文獻與古文字研究中心網 2009 年 1 月 3 日。

〔註34〕王連成：《上博〈吳命〉釋知四則》，簡帛研究網 2009 年 1 月 8 日。

二、課題研究的價值和意義

　　作為二十世紀以來出土文獻和戰國出土竹、帛書的一部分，《上博七》的出土和公布也必將持久地影響著對先秦思想史、學術史和文學史的研究。《武王踐阼》篇以問答形式，記述了師尚父告武王以丹書，武王鑄銘以自戒之事，可與今本《大戴禮記・武王踐阼》對讀；《君人者何必安哉》則記述的是范乘以白玉設喻勸諫楚王之事，都在研究春秋時期的政治思想方面有著重要的價值；《吳命》部分內容與《國語・吳語》、《史記・吳世家》等密切相關，竹書整理者認為可能是《國語・吳語》的佚篇；《鄭子家喪》則同《左傳》宣公年間的眾多歷史事件緊密關聯。《凡物流形》若能與《老子》、《莊子》、《恒先》、《太一生水》等文獻綜合研究，對於推動我國先秦哲學、特別是先秦道家思想以及戰國早中期儒道關係的研究將會裨益良多。

　　具體來講，通過版本的比勘，我們可以發現今本《武王踐阼》存在的錯訛以及各種對《武王踐阼》校勘與注釋的對錯優劣。例如今本「黃帝顓頊之道存乎意亦忽不可得見與」，孔穎達、王聘珍認為「意」為「意念」，而在「意」字下斷句，方向東肯定孔、王之說，但汪照、汪中、戴震、孔廣森、王樹楠皆於「乎」字下斷句。對照新出簡本《武王踐阼》，可知戴震、孔廣森等的意見是對的。再比如，簡本《武王踐阼》出土以後，我們就清楚地知道今本是在多個本子的基礎上整合而成的，而且知道在戰國中期以後還增添了其他本子的內容，甚至是武王問師尚父故事之外的內容。對《武王踐阼》思想淵源的深入研究，我們還可以發掘其流傳中所存在的儒家與黃老、太公兵權謀兩大系統。對簡書《鄭子家喪》的研究則讓我們更多地瞭解到在《春秋》學在先秦的發展情況，甚至可能瞭解《鐸氏微》的部分內容；解讀簡書還可以明白楚莊王時期的楚、鄭、晉外交關係和鬥爭策略。研究《君人者何必安哉》等楚國文獻，不僅使我們對春秋時期楚國的歷史有了更多的認識，而且可以窺見春秋時期的政治思想的某些側面。至於《吳命》，則使我們對先秦「語」類史書有了一個比較直觀的看法，對瞭解今本《國語・吳語》的形成也不無裨益。《凡物流形》則廣泛涉及到先秦大量的思想史和學術史文獻，對於我們進一步瞭解先秦形名之學的發展和主要內容、先秦心性論與認識論，以及儒、道在早期發展中的相互關係都有著巨大的作用。

總而言之，及時對《上博七》展開較為深入的綜合研究，不僅對推動《上博七》本身的研究非常必要，而且帶動著對先秦史相關問題的深入研究，所以，對《凡物流形》等五篇簡書的集中研究，具有一定的開拓性和很強的學術價值。

三、研究的範圍、重點與方法

（一）本文研究範圍與重點

在彙集、梳理目前學界已有研究成果的基礎上，本文將結合相關材料，綜合運用古文字學、簡牘學、文獻學、歷史學等研究方法，考論結合，對《上海博物館藏戰國楚竹書（七）》五篇簡文進行切實的分析、考證，以期在編聯、句讀、釋讀、版本、創製年代、主旨等方面推進對簡書的研究，並在先秦思想史、學術史、文學史等的文化大背景下，對《上海七》五篇簡文的思想內容進行較為全面、深入的剖析，同時努力探討《上海七》簡書同其他先秦典籍的淵源關係，以推動對先秦思想史、學術史的更細緻梳理。

具體來講，第一章首先結合學界已有成果，將簡文《武王踐阼》甲乙本和今本進行詳細的比勘和對讀。對簡文中部分文字作出考釋，提出自己的看法，並給出有說服力的論證和解釋。並在這種對讀與比勘的基礎上，找出幾個版本之間在用詞、語句、主題、思想內容、文化淵源、學派等方面存在的差異，為下文進一步的研究提供基礎。然而要盡可能弄清楚《武王踐阼》在先秦的版本、流傳等情況，還必須將更多有關武王問師尚父故事、武王作銘的故事納入到研究視野中來。因此，接下來我們把《太公金匱》、《六韜》、《禮記·學記》鄭玄注等文獻中對相關故事和論題的記載進行比較，我們將發現，《武王踐阼》存在不止於我們今天能見到的簡書甲乙本和今傳本三個本子。

不同的寫本或傳本是在歷史流傳過程中形成的，在此過程中，又會有不同的思想成分和文化因子被加入到這個故事中來，從而形成了思想各異、年代有別的不同《武王踐阼》傳本，因此，我們將進一步討論《中山王𰯼鼎》、先秦器物銘文如《金人銘》、《孔子家語》等文獻，探討幾個本子所涉及的思想文化淵源，以及這些內容和文化成分所關涉的時代，進而努力瞭解甲本和乙本的思想學派特徵和撰作年代。至於今本，它可能是多個

版本內容合編的結果，同時簡本的出土也為探討先秦「禮記」與《武王踐祚》的流傳問題提供了一絲線索。以此，我們將會梳理出《武王踐祚》在先秦存在的齊地黃老、太公望兵權謀派和儒家學派兩大傳承與演變系統。

第二章以楚竹書《鄭子家喪》為研究對象。《鄭子家喪》同樣存在甲乙兩個本子，我們首先對兩個本子進行比勘，把它們的差異一一列舉出來。由於學界對簡書中不少字詞的釋讀存在較大分歧，故在對簡書思想主旨和史實考證之前，我們在陳佩芬先生整理本和復旦讀書會《〈上博七·鄭子家喪〉校讀》基礎上，結合其他學者的意見，先對竹書《鄭子家喪》作進一步的釋讀和文意疏通，努力對某些字詞的釋讀提出合理意見或更詳細的論證，如「㠯（以）邦之㥞（怲—病）㠯（以）急於含（今）而（天）逡楚邦」、「利木三𡜏」等都還有再討論的餘地。因為簡書涉及鄭國子家弒其君鄭靈公、鄭子家喪、楚莊王率軍圍鄭、晉楚兩棠之戰等多個歷史事件，故對簡文《鄭子家喪》所涉相關歷史事件進行考證就成了進一步解讀簡書的重要步驟，因此，本章的第三部分就是結合史籍將相關史實的關係弄明白，這樣我們才可以理解簡書將數個史實糅合在一篇簡文中的動機和原因，當然，楚莊王的個人思想、鄭子家的主要活動和晉楚爭霸等歷史文獻都是該部分需要重點研究的材料，我們將會對晉楚爭霸中的「禮」、鄭子家生平事蹟、「春秋」筆法等都作一番考證或辨析。本章的最後一部分我們將討論竹書《鄭子家喪》的作者問題，我們推測《鄭子家喪》可能是楚威王時的鐸椒所作，甚至可能就是《鐸氏微》中的一篇。然後簡略討論《鄭子家喪》對於弄清楚先秦《左傳》學的意義及《鄭子家喪》創作動機。

本文的第三章集中研究簡書《君人者何必安哉》。學者已經指出，簡書中的「軋（范）戊」即歷史上的范無宇、申無宇，但還只是一個猜測，沒有給出必要的論證。本文將結合《左傳》、《國語》、《史記》等史書上記載的有關申無宇生平事蹟、言行，瞭解其思想、性格，以作為考證簡文「軋（范）戊」是否即申無宇的憑據。由於學界對本篇簡書的主旨和范無宇建言動機的理解存在較大分歧，故關於簡書的釋讀、理解和主旨探討也是本書所希望解決的關鍵問題之一，當然，在此過程中，我們也會結合學界已有研究成果，對簡文的關鍵字詞句釋讀、理解提出恰當的意見，並給出相應論證，以期形成一個能夠貫通全部簡文的理解。我們認為，簡文中的范戊意在闡明，作為老百姓的君主，僅僅不求個人物慾、聲色享受是不夠的，

為國治邦的關鍵是真正做百姓利益和意願的代言人，順應人性人心；君主如果抱持過多的個人野心，讓百姓犧牲自身利益而為君王的野心服務，那麼，君王也會和歷史上那些追求物慾享受以及野心膨脹、暴虐待民的君主一樣，死於非命；君主是為了滿足百姓的意願而立的，如果要獲得鬼神的幫助，就應該尊重、順應人性，應合天地鬼神，不應廢棄百姓在日常生活中所習用的自然之禮樂、禮俗。在此基礎上，我們順便推測簡書《君人者何必安哉》成書時間。為對前述簡書的理解和釋讀有一個更好的檢驗，還需要對簡書中的「君王」加以考辨，我們提出，該簡書中的君王不會是楚昭王，而可能是楚平王。我們將從出土和傳世文獻對楚昭王、楚平王的記載中瞭解其思想與性格，並從即位時年齡、子嗣等方面加以論證。楚平王自律勤勉，但致力於對外擴張，野心勃勃，其在位期間不斷築城挑釁他國，也符合簡書中君王的性格與思想；「一人土（杜）門而不出」可能是委婉批評楚平王聽信讒言而導致了平王與太子建的緊張關係。

本文第四章集中研究《凡物流形》。我們將從以下八個方面對簡書展開討論。

一是《凡物流形》的篇題問題。整理者曹錦炎先生認為「凡物流形」指「萬物運動變化其形體」。高亨先生在注《周易·乾·象》「雲行雨施，品物流形」時也提出：「流形謂運動其形體。」但本篇簡文稱「流形成體」，「形」與「體」是有區別的，故上述說法並不妥當。「體」指生長成一個整體的事物本身，是從一種實體論的觀念來說的，「形」只是事物在生成、演變過程中表現出來的情態，說的是事物的澄明和開顯，篇題即說明了作者是要弄清楚事物顯現出來的「形」變，然後通過這個「形」變來把握事物生長、變化的全部過程。

二是簡書的簡序和編聯問題。我們首先對學界提出的七種編聯意見展開討論，在綜合已有合理意見的基礎上，對為學界多數意見共同接受的那種編聯給予適當論述。

三是《凡物流形》的篇章結構與學術體例問題。簡書由九個「聞（或問）之曰」所領起，後面又有「是故」作為對該問題的回答或發揮，故簡書是一篇結構清晰而層次分明的作品。同時，簡文多收入一些簡練的格言、諺語，以及早已形成甚至在當時已經流傳開來的經典內容，然後通過「是故」來加以引申和發揮。這種著述習慣和體例類似於《管子·心術下》、《韓

非子·解老》，又與《文子》有些相似，仔細解析這種著述體例也有助於理解簡書在學術史上的地位。

　　四、《凡物流形》中的「問物」和先秦諸多學術思潮都存在密切的聯繫。先秦時期對萬物存在原因的思考和追問並不是一個孤立的現象，在帛書《十問》、《逸周書·周祝解》等典籍中都有類似記載。但是這種「問物」乃至「物論」思潮，並不是簡單的科學與理性思維的表現，而是同中國先秦時期的「形名」學哲學有內在的關聯，將萬物生成、流變的疑問和思索同「形」與「名」或「名言」聯繫起來是中國哲學的特色之一。到後來道家、黃老學的進一步發展，這種「物論」又發展為一種對宇宙的起源、發生以及人類歷史最初源頭的追溯。本章將深入探討戰國時期的論「物」思潮、形名之學、宇宙發生論以及道家古史闡釋和簡書《凡物流形》的相互關係，一方面為理解簡書思想內涵展示一個更深廣的學術背景與思想資源，另一方面也是為更好地瞭解簡書同其他典籍的內在淵源，從而也更切實地理解簡書的性質和在學術史上的價值。

　　五、我們討論《凡物流形》的貴「心」之論與先秦的認識論和心性論。這個方面的思想其實在先秦儒、道兩家都有論述。簡帛《五行》、《大學》、《中庸》以及《黃帝四經》、《文子》、《管子》四篇、《荀子·正名》、《荀子·解蔽》等都有相近的思想。因此，我們將在梳理這種認識論和心性論發展的過程中闡釋《凡物流形》貴「心」章的深層思想內涵。

　　六、《凡物流形》「執一」說和先秦貴「一」觀念。《凡物流形》中的「一」既是「心」、精神乃至生命所應該保守、尊循的合道境界，又是養心育知、修身養性的基本原理；既是知「形」立名、見小明微、把握萬物的重要哲學基礎，也是治國的重要理念。簡書中反映了戰國早中期就開始盛行的貴「一」文化現象，是早期黃老道家思想的發展和深化。因此，本文將通過剖析《老子》、《黃帝四經》、《文子》等典籍中的尚「一」、「執一」思想，以此作為理解簡書的學術背景。《凡物流形》如此大力提倡「一」，把原屬於養心、修身和聞「道」的「一」發展為政治哲學上的「一」，並倡言「取天下」、「治天下」，可見有一定的時代與政治原因。本文還將梳理出戰國中期前後的「王」道政治理念和魏惠王以後諸侯相繼稱王的政治運動，以此發掘《凡物流形》除了道家、黃老學派的「道」、「一」理論影響的原因外，還存在的歷史與政治淵源。

　　七、我們對《凡物流形》的作者和創製年代提出一種推測。在這一節中，我們將綜合《凡物流形》所涉及的形名學、「物」論和「王天下」思潮以及《莊子‧天下》所記錄的惠施與黃繚之辯發生的時間去推斷簡文創製的時代，可能是在戰國中期偏早，其作者為三晉名士。另外，我們將考察《凡物流形》與《管子》、《孟子》、《莊子》、《列子》等較多使用「奚」字為疑問詞的情況，進一步推測簡書的創製時代。比較合理的可能是《凡物流形》成篇最早不會早於戰國早、中期之交，最晚也當在上博簡墓葬埋葬的公元前 300 年左右。

　　八、最後我們討論簡書《凡物流形》的學派問題。學界通常認為簡書與道家、黃老學派的關係更加緊密，有的學者乾脆認為《凡物流形》就是黃老派作品。但是，本節將著重發掘簡書所論的「一」、「心」等問題與早期儒家心性論、修身與內聖外王等學說的關係，《凡物流形》似乎是用新「道」論來豐富和發展由子思學派、公孫尼子等所建立和發展的內聖外王以及修身治國平天下之學。我們認為，《凡物流形》是受形名學思想影響，以儒道結合為主幹，以儒學思想為最後歸依的一部著作。本文將進一步比較《凡物流形》、《文子》中所欣賞的能察無形、見小的「聖智」與思孟學派的《五行》等文獻所提倡的「聖智」說，並爬梳保留在古代文獻中的公孫尼子等儒家學者的隻言片語，從而進一步弄明白《凡物流形》所具有的儒家思想淵源。

　　本文第五章以竹書《吳命》作為研究對象。由於竹簡斷殘比較嚴重，所以目前學界對《吳命》的編聯還主要是依據文字釋讀以及在此基礎上的字句間的表面聯繫，未能給出一個可以基本通讀的相對完整文本，甚至有學者乾脆把它看作是一種相互之間沒有太多緊密關係的辭令彙編。但這和我們今天看到的《國語‧吳語》還有差距，盡可能地把各枝簡的內在關係發掘出來還需要進一步努力。因此，我們試著把文字釋讀、史實分析和文本思想解析等方面結合起來考慮，在綜合學界已有學術成果和意見的基礎上，給出一個相對更為全面和合理的編聯方案，我們提出兩種可能。一是簡 8 下段＋7＋2＋3＋1＋簡 9 前段＋簡 9 後段＋6＋8 上段＋4＋5 下段；簡文圍繞魯哀公十年楚軍伐陳而吳派延州來季子救陳的歷史事件，分作兩部分，一部分是吳、楚使者的對話，另一部分是吳國派使者告勞於周王。另一種可能的編聯是簡 8 下段＋7＋2＋3＋1＋9 前段，也是魯哀公十年楚軍伐

陳、吳延州來季子救陳中的吳楚使者的外交談判；簡9後段＋6＋8上段＋4＋5下段則屬於另一個事件，屬於《國語・吳語》王孫苟與周王之間談話辭令的另一個版本。簡5上段不屬於《吳命》。兩種編聯方案簡序一致，只是理解不同。然後我們就第一種編聯方案，結合相關史實，具體理解《吳命》簡文。接著我們討論《吳命》與先秦勞禮，從先秦勞禮這個角度來理解簡文的歷史文化內涵。最後，我們研究《吳命》的文體問題，即簡書《吳命》屬於先秦非常流行的「語」類史書，並探討其一般特點和涉及到的相關作品。

（二）研究方法

1. 古文字學與歷史文獻學

《上博七》屬於新出土、新發現的先秦資料，因此，古文字學的方法必不可少。本文首先涉及到的就是整理者以及諸多專家所提出的各種釋讀文本，我們需要有一個鑑別、取捨以及重新論證的工作，故在論文寫作中，我們堅持結合古音韻、戰國文字及楚簡文字學等相關知識，利用《楚系簡帛文字編》等工具書，對各種文字隸定、釋讀意見仔細比對，可能的情況下提出點個人意見。其次，《上博七》關乎大量先秦文獻，所以必須重視對史料的搜集、考證、輯佚、比勘和解讀，然後以此為基石，進一步瞭解簡文同其他文獻、典籍之間的關係。例如《武王踐阼》簡本和今本的對校和考釋，乃是進一步研究《武王踐阼》思想、文化內涵及其版本、流傳等情況的前提。

文獻資料的採用上將出土文獻與傳世文獻相結合。《上博七》是新出土文獻，但卻與此前出土的《恒先》、《黃帝四經》、《太一生水》、《五行》等簡帛文獻以及《尚書》、《左傳》、《管子》、《國語》、《禮記》等傳世文獻有密切的關聯。將傳世文獻與出土文獻結合、互證，對推動《上博七》和相關問題的研究，無疑是必要而十分有效的。

2. 比較研究

例如，對幾篇簡文甲乙本之間的比較、《武王踐阼》簡本和今本的比較、《凡物流形》與《恒先》《太一生水》《老子》《莊子》《道原》等典籍的比較、《凡物流形》和《天問》的比較，等等，都是弄清有關問題的良好思路。

第一章 《武王踐阼》研究

第一節 《武王踐阼》甲本校釋

《武王踐阼》甲本〔1〕

[武]王 [2] 顝（問）於帀（師）上（尚）父 [3] 曰：「不誓（知）
黃帝、耑（顓）笆（頊頊）、堯、龚（舜）之道才（在）虍（乎）[4]？
奮（意）[5] 散（幾）亡 [6] 不可尋（得）而訨（睹）虍（虖乎）[7]？」
帀（師）上（尚）父曰【1】「才（在）丹箸（書）[8]，王女（如）
谷（欲）雚（觀）之，盍齍（祈）[9] 虍（乎）？牕（將）已（以）
書見（視）[10]。」武王齍（祈）三日，耑（端）備（服）冕（冕）
[11]，愈（踰）堂（堂）散（階）[12]，南面而立 [13]，帀（師）上
（尚）父【2】[曰]：「夫先王之箸（書），不异（與）北面 [14]。」
武王西面而行，柚（曲）折而南，東面而立 [15]。帀（師）上（尚）
父弄（奉）箸（書），道箸（書）之言曰：「怠【3】剩（勝）義則喪，
義剩（勝）怠則長，義剩（勝）谷（欲）則從，谷（欲）剩（勝）
義則兇（凶）[16]。怠（仁）已（以）尋（得）之，怠（仁）已（以）
獸（守）之，元（其）箮（運）百 [殜（世）]；【4】不怠（仁）已
（以）尋（得）之，怠（仁）已（以）獸（守）之，元（其）箮（運）
十殜（世）；不怠（仁）已（以）尋（得）之，不怠（仁）已（以）

獸（守）之，及於身 [17]。」武王宷（聞）之志（恐）㥍（懼）[18]，為【5】口名（銘）於笘（席）之四耑（端），［席前左端］曰：「安樂必戒。」[19] 右耑（端）曰：「毋行可悬（悔）。」席遂（後）左耑（端）曰：「民之反仄（昃—側？），亦不可［不］志。」遂（後）右耑（端）曰：【6】「口（所）諫不遠，見（視）而（邇）所弋（代）。」[20] 為機（幾）曰：「皇皇（惶惶）惟堇（謹）口［=］（口，口）生敬，口生㫚〈听—詬〉，龡（慎）之口=（口口）[21]。」檻（鑒）名（銘）曰：「見亓（其）前，必慮亓（其）遂（後）。」【7】口鑑（盤，鑑—盥？）銘曰：「與亓（其）溺於人，（寧）溺=於=宋（淵）［=］（溺於淵，溺於淵）猶可遊，溺於人不可救。」[22] 桯（楹）銘唯［曰］：「毋曰可（何）惕（傷），祧（禍）牁（將）長。【8】毋曰亞（惡—胡）害，祧（禍）牁（將）大。毋曰可（何）戔（殘），祧（禍）牁（將）言（然）[23]。」枳（杖）[24] 名（銘）唯曰：「亞（惡）至（危）=（危？危）於忿連（戾）[25]。亞（惡）迲=（失？失）道於脂（嗜）谷（欲）。亞（惡）【9】［忘？忘］於貴富 [26]。」卣（牖）名（銘）唯曰：「立（位）難㝵（得）而惕（易）迲（失），士難㝵（得）而惕（易）窐（外）：無（毋）堇（謹、勤）弗志，曰余（余）智（知）之 [27]。毋【10】

【校釋】

[1] 本篇竹書現存竹簡十五枚，有甲、乙本，內容完全相同，但個別文字稍有差異。甲本完整，各簡上下端平齊，竹簡長 41.6 釐米至 43.7 釐米不等，設有上、中、下三道編繩，竹簡右側可見有較淺契口。各簡自上契口往上皆殘，中契口距頂端為 18.1 釐米到 20.3 釐米，中契口下距下契口長約 20.4 釐米至 21.3 釐米，下契口距離尾端約 2.5 釐米至 2.7 釐米。各簡字數從二十八字到三十八字不等，總存四百九十一字，重文八字。字皆書於竹黃面，字體工整，字距稍寬。篇末有墨鉤，示本文結束。篇題是整理者據今本所加。

整理者陳佩芬先生認為簡文首尾完整，均可連讀，唯第十簡與第十一簡之間簡字殘失。而復旦讀書會認為簡文應該區分為甲、乙兩部分，第一

簡至第十簡為第一部分，講的是師尚父以丹書之言告武王，武王因而作銘。這部分後面有脫簡，並不完整，其原貌當與今本《大戴禮記·武王踐阼》全篇近似。第十一簡至第十五簡簡書為另一部分，是講太公望以丹書之言告武王，與今本《大戴禮記·武王踐阼》的前半段近似，但也有些不同，如沒有武王以此作銘的記載。而且，這兩部分的抄寫風格不同，應為不同抄手所抄寫，因此可以視為甲乙本（《校讀》）。劉秋瑞先生進一步從用字、竹簡形制、敘述風格等方面作了論證（《再論〈武王踐阼〉是兩個版本》）。李松儒先生專文提出十五支簡存在三種字跡（《構成》）。復旦讀書會區分甲乙兩個版本的意見目前為學界所普遍接受。仔細審視圖版，簡文實際確實應該存在多種不同風格的字跡。而且，甲乙兩本雖然確實存在一些內容基本相同的地方，但兩部分之間的差異卻不能忽視，這不僅表現在對姜尚的稱謂有不同，而且在敘說相同內容的情況下兩部分在用詞、句式、用意上都不相同。因此，這種甲乙兩個本子的區分和其他簡書如《鄭子家喪》一類內容基本相同或可以對應的兩篇文獻分有兩個抄本不同，後者區分甲乙本，其實是一個本子，而可能微有差異。而本篇的兩個本子其實應該是大致相同思想或情節的不同流傳版本，甚至是分屬兩個不同思想流派的不同版本。

簡文是迄今為止所發現的最早的《武王踐阼》本子，故對於校勘今本和訂正相關文獻與史實都有其獨特價值。

[2] 武王，即周武王，姬發，文王子，遵文王遺志，率諸侯師伐紂，牧野大勝而滅商，建立西周，都鎬。滅商後二年卒，在位十九年。

[3] 顅，即「問」，楚簡多見。帀（師）上（尚）父，即呂尚、姜尚、太公望，字子牙，為太師，「師」為職，「尚」為名，「父」為敬稱。本姜姓，先封於呂，而以之為姓，故又稱呂尚。佐文王、武王，出謀夥矣，有大功。武王時尊位師尚父，封於齊營丘。

[4] 才，讀為「在」。不過今本《大戴禮記·武王踐阼》作「存」。復旦讀書會故據之改。按：從《武王踐阼》存在多個不同版本來看，我們不應輕易據今本而改簡本，而應視為不同的傳本或寫本。另外，五帝傳說與記載很多，也有不同說法。此近於《史記》，相關記載可看《大戴禮記·五帝德》、《史記·五帝本紀》等。

[5] 啻，整理者指同「嗇」，《字彙》謂：「嗇，古文意字。」復旦讀

書會釋「或者」意。「意」的這種用法典籍多有，亦可解釋為通「抑」。《莊子・盜跖》：「知不足邪，意知而力不能行邪？」《墨子・明鬼下》：「豈女為之與，意鮑為之與？」孫詒讓《墨子閒詁》引王引之曰：「意，與『抑』同。」孔廣森也認為：「意，古通以為『抑』。」然孔穎達疏《學記》曰：「武王言黃帝、顓頊之道，恒在於意，言意恒念之，但其道超忽已遠，亦恍惚不可得見與。」王聘珍亦引孔氏《學記》之《疏》訓「意」為意念，斷讀為「恒在於意」。方向東《匯校集解》云「汪照、汪中、戴震、孔廣森、王樹楠皆於『乎』下為句，不若王聘珍引孔氏說為切」（第620頁）。孔廣森：「意，古通以為『抑』字，熹平石經《論語》曰：『意與之與。』」而斷句為「乎」下。劉洪濤先生引《說苑・善說》：「不識世無明君乎，意先生之道固不通乎？」謂「不識」與「意」組成選擇疑問詞。參之簡本，「不知」正與「意」對應，知孔廣森等所讀為是，知「意」當下讀。

[6] 幾亡，整理者釋「散喪」，讀為「微喪」，指衰亡。復旦讀書會將前字釋為「幾」，讀為「豈」。古書「意豈」多見。季旭昇釋字為「機」，贊同讀為「豈」。陳偉讀作「微茫」，意為隱約暗昧。高祐仁讀為「微亡」，式微散亡。宋華強將後字隸作「嵩」，「嵩」字省體，皆「亡」之異體，而讀為「微忽」。按：前字寫作，對比簡7「機」（）字，二字甚似，而散字，楚簡中多見，其左下較本字多一斜筆，右旁也與本字筆劃明顯不同。故復旦讀書會所釋甚是。是否要讀為「豈」則尚可討論。後字作，與一般讀為「喪」（）之字有不同，讀為「亡」、「茫」、「忽」都有一定道理。

[7] 訨，通「睹」。本句乙本作：武王商（問）於大（太）公腥（腥—望）曰：亦又（有）不涅（盈）於十言而百殜（世）不遊（失）之道，又（有）之虘（乎）？大（太）公腥（腥—望）會（答）曰：「又（有）。」武王曰：「兀（其）道可夐（得）以聑（聞）虘（乎）？」今本作：武王踐祚，三日，召士大夫而問焉，曰：「惡有藏之約，行之行，萬世可以為子孫恒者乎？」諸大夫對曰：「未得聞也。」然後召師尚父而問焉。曰：黃帝、顓頊之道存乎，意亦忽不可得見與？《太公金匱》：「武王問師尚父曰：『五帝之戒，可得聞乎？』師尚父曰：……可參。

[8] 丹箸（書），陳佩芬釋「天子之詔」。復旦讀書會引《呂氏春秋・應同》認為係指傳說中赤雀所銜瑞書。

[9] 醓，整理者讀為「齋」，張振謙贊同之。復旦讀書會提出字從「祈」

得聲,當讀為「祈」,簡 12 有「君齋,將道之;君不祈,則弗道」,祈、齋有區別,大概是一類活動。不過侯乃峰認為簡 12 正是「祈」當讀為「齋」的證據。宋華強聲訓讀為「禋」。此暫從「祈」說。

[10] 見,復旦讀書會釋為「視」,讀為「示」,給某某看。蘇建洲認為後不接賓語,而主張仍是「見」之誤寫(《「恩」字說》)。按:讀為「視」即可。乙本作:大(太)公䠶(䞆—望)會(答)曰:「身則君之臣,道則聖人之道。君齋,牁(將)道之;君不祈,則弗道。」今本:師尚父曰:「在丹書。王欲聞之,則齋矣。」

[11] 曼,陳佩芬釋託,讀為「冕」,解釋為大夫以上,行朝儀、祭禮時所戴之冠。劉雲認為字右旁是「屯」字形之演變,與《上博六·天子建州》甲本簡 7 之「肩」近(《說上博簡中的從「屯」之字》)。趙平安釋為「曼」,其中字右「毛」形是「又」的訛變,讀作「冕」(《「曼」字補說》)。趙說甚有道理,但乙本字█,從「毛」明顯,而整理者所釋也更能見出戰國文字特徵。

[12] 盦,陳佩芬釋讀為「踰」,《說文·足部》「越也」。侯乃峰以為當讀為「降」,「降堂」即今本「下堂」意。堂,陳佩芬讀為「堂」,訓釋為高大建築物。散,陳佩芬讀為「微」,廖名春認為「微」與「機」義同,「機」又與「階」通,故讀為「階」(《上海博物館藏楚簡〈武王踐阼〉篇管窺》)。復旦讀書會釋為「幾」,讀為「階」,何有祖釋「微」讀作「楣」,房屋的次梁,並把「堂」讀為「當」,簡文斷讀作「踰,堂(當)楣南面而立」(《釋「當楣」》)。後楊華亦申其「當楣」說(《上博簡〈武王踐阼〉集釋(上)》)。季旭昇直接讀作「階」,並指出何說中「踰」字將缺少受詞(《上博七芻議》)。劉信芳讀為「豈」,登意(《〈上博藏(七)〉試說(之三)》)。按:讀為「踰堂階」,文意相諧。

[13] 面向南,古人君聽治之位居北而面南。《論語·雍也》「雍可以使南面」。

[14] 不與,即不為、不可以。師尚父認為傳授先王之丹書不可以位於北面之賓位、臣位。

[15] 柚,陳佩芬讀作「曲」。句意為:武王向西面走,轉至南面,到東面而立。劉雲認為字可能是「磬」字,「磬折」是指拐了個像磬的形體一樣的彎向南走(《說上博簡中的從「屯」之字》)。張崇禮釋「櫃」讀為「矩」

（《釋〈武王踐阼〉的「矩折」》）。侯乃峰釋「柜」，讀為「頤」，「頤折」形
容武王頭前傾而頤曲（《雜記六則》）。許文獻讀為「柩」。按：整理者意見
可從，而張崇禮所釋從「巨」與從「曲」實可相通。蘇建洲也從璽印文字
加以補說（《說〈武王踐阼〉簡3「曲（從木）」字》）。乙本作：武王齋七日，
大（太）【12】[公] 眰（瞠—望）弄（奉）丹箸（書）以朝。大（太）公南
面，武王北面而遝（復）醖（問）。今本作：三日，王端冕，師尚父亦端冕，
奉書而入，負屏而立。王下堂，南面而立。師尚父曰：「先王之道，不北面。」
王行西，折而南，東面而立。

　　[16] 復旦讀書會根據今本、乙本、《六韜》等文獻而提出簡文中「義」
字或為「敬」之誤抄。草野友子也贊同此說（《關於上博楚簡〈武王踐阼〉
中誤寫的可能性》）。許文獻則認為「忐」是「詞」之訛誤或異文（《札記二
則》）。凶，蘇建洲釋「悤」，讀為「凶」。可備一說。

　　[17] 筆，陳佩芬讀為「運」，傳世本作「量」，復旦讀書會指出係「運」
之誤。按：乙本作：大（太）公會（答）曰：「丹箸（書）之言又（有）之
曰：志勅（勝）欲則【13】利，欲勅（勝）志則喪；志勅（勝）欲則從，欲勅
（勝）志則凶。敬勅（勝）怠則吉，怠勅（勝）敬則威（滅）。不敬則不定，
弗【14】[強] 則枉＝（枉。枉）者敗，而敬者萬殜（世）。今本作：師尚父
西面道書之言曰：敬勝怠者吉，怠勝敬者滅，義勝欲者從，欲勝義者凶。
凡是不強則枉，弗敬則不正，枉者滅廢，敬者萬世。藏之約，行之行，可
以為子孫恒者，此言之謂也。且臣聞之，以仁得之，以仁守之，其量百世；
以不仁得之，以仁守之，其量十世；以不仁得之，以不仁守之，必及其世。
乙本沒有有關「仁」的論述。

　　[18] 偲，整理者隸作「覞」，讀為「懼」，復旦讀書會改隸作「偲」。

　　[19] 復旦讀書會指出漏抄「席前左端」四字。今本作「安樂必敬」，
俞樾校改為「苟」，孫詒讓曰：「丁校云：敬，當作戒。」戴禮云：「嵇康《幽
憤詩》引此『敬』作『戒』。」今按：簡本作「戒」，則孫、戴等所校是。
本句乙本無。今本作：王聞書之言，惕若恐懼，退而為戒書，於席之四端
為銘焉，於機為銘焉，於鑒為銘焉，於盥盤為銘焉，於楹為銘焉，於杖為
銘焉，於帶為銘焉，於履屨為銘焉，於觴豆為銘焉，於戶為銘焉，於牖為
銘焉，於劍為銘焉，於弓為銘焉，於矛為銘焉。席前左端之銘曰「安樂必
敬。」

[20] ⿰亻宿，整理者釋「宿」，讀為「側」。字如何隸定，存在較大爭論，如劉信芳認為字上部乃是「人」，右下是「日」之訛誤，釋「昃」，讀為「側」（《「反昃」試說》）。程燕隸作下部從北聲，讀為「側」（《上博七讀後記》）。復旦讀書會認為「民之反側」是指百姓的疾苦。乙本：吏民不逆而訓（順）城（成），百姓之為經（經？）。丹箸（書）之言又（有）之。」今本：前右端之銘曰：「無行可悔。」後左端之銘曰：「一反一側，亦不可以忘。」後右端之銘曰：「所監不遠，視邇所代。」

[21] 為，整理者所釋，程燕認為該字為「戶」字繁體，「戶機」指門戶之樞機，即門的轉軸，古人常將語言與門戶之樞機相聯繫（《〈武王踐阼〉「戶機」考》）。劉洪濤指出「機」不是憑几，當讀如字，指弩機。按：「機」，王應麟注本作「幾」，《漢魏叢書》本作「機」。諸家多以「幾」為是。今簡本出土，則當以「機」為是。程燕「樞機」說可從，但將前一字釋「戶」，恐不可從。旮，整理者讀為「詬」。縼，慎。簡文乙本無，今本作：機之銘曰：「皇皇惟敬，□生㖃，□戕□。」

[22] 簡8首字缺，福田哲之認為可設想為「盥」（《〈上博七・武王踐阼〉簡6、簡8簡首缺字說》）。鑑，陳佩芬隸如是，讀為「盤」，合於今本。復旦讀書會隸作「鎰」，讀為「盥」。何有祖隸字作「安」得聲，仍讀作「盥」（《「盥」字補釋》）。張振謙隸定為從凡之「⿰金盤」，讀作「盤」（《札記四則》）。按：今本作：鑑之銘曰：「見爾前，慮爾後。」盥盤之銘曰：「與其溺於人，寧溺於淵，溺於淵猶可遊也，溺於人不可救也。」

[23]「曰」前一字，整理者釋「毋」，讀為「誨」。復旦讀書會改讀為「唯」。亦趨（陳偉）釋「雁」，讀為「應」，許文獻則讀「雁」為「言」（《札記二則》）。熊立章主張為「誃」之假借（《合論》）。惕，整理者讀為「傷」。祂，復旦讀書會釋字從化從示，讀為「禍」，整理者誤釋作「祟」，讀為「懲」。「然」，此從復旦讀書會改，整理者原釋「言」讀為「延」。今本作：楹之銘曰：「毋曰胡殘，其禍將然；毋曰胡害，其禍將大；毋曰胡傷，其禍將長。」

[24] 陳佩芬讀為「杖」，復旦讀書會釋為「枳」，通「杖」。劉洪濤提出「卮」說（《談上博竹書〈武王踐阼〉的器名「枳」》），劉雲則認為「枳」當讀為「策」（《上博七詞義五札》）。此從讀書會意見。

[25] 連，復旦讀書會認為「連」與「列」、「厲」聲字相通，而「厲」

可與「戾」通。

［26］按：今本作：杖之銘曰：「惡乎危？於忿懥。惡乎失道？於嗜欲。惡乎相忘？於富貴。」

［27］牖，復旦讀書會認為，此銘於「戶牖」之上的可能性要比銘於酒器「卣」上的可能性要大。逄，整理者讀為「外」，復旦讀書會理解為疏遠。陳偉、何有祖認為此字與《容成氏》簡6之「間」字所從相同，可讀為「間」，離間。其說亦有道理。今本對應作：戶之銘曰：「夫名難得而易失、無勤弗志，而曰我知之乎？無勤弗及，而曰我杖之乎？擾阻以泥之，若風將至，必先搖搖，雖有聖人，不能為謀也。」

《武王踐阼》乙本

武王畱（問）於大（太）公覭朢（鼪—朢）曰：「亦又（有）不涅（盈）於十言而百殜（世）不遊（失）之道，又（有）之虐（乎）？」大（太）公覭朢（鼪—朢）會（答）曰：「又（有）。」武王曰：「丌（其）道可旻（得）【11】已（以）畱（聞）虐（乎）？」大（太）公覭朢（鼪—朢）會（答）曰：「身則君之臣，道則聖人之道。君齋，牉（將）道之；君不祈（齋），則弗道。」武王齋七日，大（太）【12】［公］覭朢（鼪—朢）弄（奉）丹箸（書）已（以）朝。大（太）公南面，武王北面而逴（復）畱（問）。大（太）公會（答）曰：「丹箸（書）之言又（有）之曰：志勅（勝）欲則【13】利，欲勅（勝）志則喪；志勅（勝）欲則從，欲勅（勝）志則兇（凶）。敬勅（勝）悆（怠）則吉，悆（怠）勅（勝）敬則威（滅）。不敬則不定，弗【14】［強］則桎=（枉。枉）者敗，而敬者萬殜（世）。吏（使）民不逆而訓（順）城（成），百眚（姓）之為緹（經、聽？）。丹箸（書）之言又（有）之■。」【15】

第二節　簡本與今本的比勘與對讀

本篇竹書現存竹簡十五枚，竹簡長 41.6 釐米至 43.7 釐米不等，設有上、中、下三道編繩，竹簡右側可見有較淺契口。各簡自上契口往上皆殘，

中契口距頂端為 18.1 釐米到 20.3 釐米，中契口下距下契口長約 20.4 釐米至 21.3 釐米，下契口距離尾端約 2.5 釐米至 2.7 釐米。各簡字數從二十八字到三十八字不等，總存四百九十一字，重文八字。字皆書於竹黃面，字體工整，字距稍寬。篇末有墨鉤，示本文結束。

整理者陳佩芬先生認為簡文首尾完整，自第一簡至第十簡、自第十一簡至第十五簡均可連讀，唯第十簡與第十一簡之間簡字殘失。儘管竹書中間部分有缺失，但它卻是迄今為止所發現的最早的《武王踐阼》本子〔註1〕。而復旦讀書會認為簡文應該區分為甲、乙兩部分，第一簡至第十簡為第一部分，講的是師尚父以丹書之言告武王，武王因而作銘。這部分後面有脫簡，並不完整，其原貌當與今本《大戴禮記·武王踐阼》全篇近似。第十一簡至第十五簡簡書為另一部分，是講太公望以丹書之言告武王，與今本《大戴禮記·武王踐阼》的前半段近似，但也有些不同，如沒有武王以此作銘的記載。而且，這兩部分的抄寫風格不同，應為不同抄手所抄寫，因此可以視為甲乙本〔註2〕。

劉秋瑞先生贊同復旦讀書會的意見，並從用字、竹簡形制、敘述風格等方面作了進一步的論證〔註3〕。仔細審視圖版，簡文實際確實應該存在多種不同風格的字跡。李松儒先生撰寫專文，認為十五支簡存在三種字跡〔註4〕。復旦讀書會區分甲乙兩個版本的意見目前為學界所普遍接受。復旦讀書會、劉秋瑞先生主要是根據竹簡的內容而把十五枚簡書分為兩部分的。兩部分之間是確實存在一些內容基本相同、但用字或句式稍有不同的地方，如前一部分中簡 3、簡 4 的部分：「怠【3】勝義則喪，義勝怠則長，義勝欲則從，欲勝義則凶。」而後一部分的簡 13 與簡 14 部分內容作：「志勝欲則【13】昌，欲勝志則喪；志勝欲則從，欲勝志則凶。」非常近似。但是，兩部分之間的差異卻更多，這不僅表現在對姜尚的稱謂有不同，而且在敘

〔註1〕馬承源主編：《上海博物館藏戰國楚竹書（七）》，上海古籍出版社，2008年12月，150頁。

〔註2〕復旦大學出土文獻與古文字研究中心研究生讀書會：《〈上博七·武王踐阼〉校讀》，復旦大學出土文獻與古文字研究中心網 2008 年 12 月 30 日。

〔註3〕劉秋瑞：《再論〈武王踐阼〉是兩個版本》，復旦大學出土文獻與古文字研究中心網 2009 年 1 月 8 日。

〔註4〕李松儒：《上博七〈武王踐阼〉的抄寫特徵及文本構成》，復旦大學出土文獻與古文字研究中心網 2009 年 5 月 18 日。

說相同內容和意思的情況下兩部分在用詞和句式上都不相同。因此，我們有必要特別提醒的是，因為兩部分屬於大致相同的思想內容，我們可以姑且稱之為甲乙兩個本子，但應該知道，這種甲乙本的區分和後面的《鄭子家喪》一類基本可以對應的兩篇文獻不同。後者區分甲乙本，其實是一個本子，只是同時發掘出了兩篇，即使微有差異，也是因為抄寫不同的緣故。而本篇《武王踐祚》的兩個本子其實應該是相同思想或情節的不同流傳版本，甚至可能是分屬兩個不同思想流派的不同版本。因此，我們有必要首先對甲乙兩個簡本和今本一起做一個基本的文獻比勘和對讀。

今本《武王踐祚》存於《大戴禮記》，有黃懷信先生的《大戴禮記匯校集注》，以及方向東的《大戴禮記匯校集解》〔註5〕，對之作了較好的匯釋匯校工作。而上博簡《武王踐祚》兩個本子的出土，作為今天能見到的最早傳本，則為我們進一步對讀、校釋《武王踐祚》、判斷諸校注家的得失對錯提供了新材料。下面，我們首先在參照黃懷信、方向東等先賢的意見和成果，把簡本和今本《武王踐祚》作一對校對讀工作。

甲本：武王餌（問）帀（師）上（尚）父曰：

乙本：武王餌（問）於大（太）公朢（朢—望）曰：

今本：武王踐祚，三日，召士大夫而問焉，曰：「惡有藏之約，行之行，萬世可以為子孫恒者乎？」諸大夫對曰：「未得聞也。」然後召師尚父而問焉。曰：

今對照簡本，可知今本有許多增文，如，今本在問師尚父之前有「武王踐祚，三日，召士大夫而問焉」等內容。大概在先秦尚有許多其他本子在流傳，而今本乃合校多個版本而成。今所見到的這三個本子，加上鄭玄在注《學記》時所見到的那個本子，相互之間都有不少差異，如乙本稱姜尚為「太公望」，而甲本、今本皆為「師尚父」。

甲本：不智（知）黃帝、端（顓）珆（頊）、堯、羍（蠡—舜）之道在（存）乎？音（意）幾（豈）喪不可得而訨（睹）虖（乎）？

乙本：亦又（有）不淫（盈）於十言而百殜（世）不遊（失）之道，

〔註5〕以下所引戴震、孔廣森等清以前人考釋意見，均出自黃《匯校集注》或方《匯校集解》，出處不一一詳列。黃懷信《大戴禮記匯校集注》三秦出版社，2005 年；方向東：《大戴禮記匯校集解》，中華書局，2008 年。

又（有）之膚（乎）？大（太）公腥（腥—望）會（答）曰：「又（有）。」武王曰：「亓（其）道可叒（得）【11】以皕（聞）膚（乎）？」

今本：黃帝、顓頊之道存乎，意亦忽不可得見與？

乙本簡11：「亦又（有）不涅（盈）於十言而百殜（世）不遊（失）之道，又（有）之膚（乎）？」和今本「惡有藏之約行之行萬世可以為子孫恒者乎？」可以對校。戴震曰：「案『恒』各本因避諱作『常』，今從《儀禮經傳通解》本又王應麟注本。」按：戴校是。王應麟曰：「《通鑒外紀》作『行之恒可以為子孫常』。」王樹楠曰：「下『行』字衍。此涉注文二『行』字而妄增者。言藏之於身甚約，而行之萬世可以為子孫常守之道也。《太平御覽》五百九十九文部正引作『行之萬世』，據正。」簡本「不盈於十言」，與今本「藏之約」對應；簡本「百世不失」，即今本中的「行之萬世」。今本中的「藏之約」與「行之萬世」在語法結構上是一致的〔註6〕，故「行之」下一「行」字當為衍文。王樹楠校是〔註7〕。

甲本簡1：「不智（知）黃帝、端（顓）琂（頊）、堯、垒（薹—舜）之道在（存）乎？」可與今本「黃帝、顓頊之道存乎意，亦忽不可得見與？」對讀。

「善」，通「意」，復旦讀書會認為此字可釋為「或者」。不過，這種用法文獻多有，如《墨子·明鬼下》：「豈女為之與，意鮑為之與？」《莊子·盜跖》：「知不足邪，意知而力不能行邪？」孫詒讓《墨子閒詁》引王引之曰：「意，與『抑』同。」孔廣森也認為：「意，古通以為『抑』。」然孔穎達疏《學記》曰：「武王言黃帝、顓頊之道，恒在於意，言意恒念之，但其道超忽已遠，亦恍惚不可得見與。」王聘珍亦引孔氏《學記》之《疏》訓「意」為意念，斷讀為「恒在於意」。方向東《匯校集解》云「汪照、汪中、戴震、孔廣森、王樹楠皆於『乎』下為句，不若王聘珍引孔氏說為切」〔註8〕。孔廣森：「意，古通以為『抑』字，熹平石經《論語》曰：『意與之與。』」而斷句為「乎」下。劉洪濤先生引《說苑·善說》：「不識世無明君乎，意先生之道固不通乎？」謂「不識」與「意」組成選擇疑

〔註6〕劉洪濤：《用簡本校讀傳本〈武王踐阼〉》，簡帛網2009年3月3日。
〔註7〕方向東：《匯校集解》以王樹楠說為非。見620頁。方先生集校時未見簡本。
〔註8〕方向東：《大戴禮記匯校集解》，中華書局，2008年，620頁。

問詞〔註9〕。參之簡本，「不知」正與「意」對應，知孔廣森等所讀為是，「意」當下讀。

王應麟曰：「《學記》注『黃帝』上有『昔』字。《正義》曰：『《大戴禮》惟云「帝顓頊之道」，無「黃」字，或鄭見古本不與今同。或後人足「黃」字。』」戴震曰：「『昔帝顓頊之道存乎』，案『昔』各本作『黃』，鄭注《學記》云『昔黃帝、顓頊之道』，《疏》云：『今檢《大戴禮》惟云「帝顓頊之道」，無「黃」字。』」王樹楠曰：「『昔黃帝、顓頊之道存乎』，王應麟本無『昔』字，盧本同。戴、汪校本無『黃』字，蓋從孔《疏》所據本也。」孔廣森曰：「宋本脫『昔』字，從《學記》注引此文增。按《正義》唐本有『昔』字無『黃』字。」汪喜孫曰：「盧刻本作『黃』，戴校聚珍本作『昔』。孔本作『昔黃帝顓頊之道』」。檢《大戴禮記》本無「黃」字，今按：簡本確為有「黃」字而無「昔」字，可證作「黃帝、顓頊」者是；而鄭玄所見或即簡本也未必不可能。「昔」當為「黃」字之訛。

今本「忽」與簡本「喪」正相合。孔穎達《學記》之《疏》：「其道超忽已遠，亦恍惚不可得見與。」盧辯注：「言忽然不可得見。」俞樾曰：「《爾雅·釋詁》：『忽、滅，盡也。』是忽與滅同義，故《詩·皇矣》篇『是絕是忽』毛傳曰：『忽，滅也。』『忽不可得見』，言滅沒不可得見，非忽然之謂。」戴禮注：「《釋詁》：『忽，盡也。』恐盡不得見也。」皆是。

《太公金匱》曰：「武王問師尚父曰：『五帝之戒，可得聞乎？』師尚父曰：『黃帝居民上，惴惴若臨深淵；舜居民上，矜矜如履薄冰；禹居民上，慓慓如不滿日；湯居民上，翼翼乎懼不敢息。』」有五帝之統稱，但所舉惟黃帝、舜、禹、湯四人，少一人。顯然，關於武王問師尚父的文獻記載，先秦當形成許多種傳本。

甲本中在黃帝、顓頊之後，還出現堯、舜，乙本則將這些上古之王完全省略，而用自己的話加以概括和闡釋為「不盈於十言而百世不失之道」，顯然，這裡是不同人的理解問題了。古聖王之道，未必就是乙本所言的「百世不失之道」。因此，乙本和甲本、今本所突出的中心意圖是有差別的，而甲本把堯、舜和黃帝等同，顯然也不是先秦思想家都願意接受的。而從來源看，它們應該屬於不同思想傾向所出的不同傳本了。

〔註9〕劉洪濤：《用簡本校讀傳本〈武王踐阼〉》，簡帛網2009年3月3日。

甲本：币（師）上（尚）父曰：【1】「才（在）丹箸（書），王女（如）
　　　谷（欲）雚（觀）之，盍齍（祈）乎？牆（將）以書視（示）。」

乙本：大（太）公朢（朢─望）谷（答）曰：「身則君之臣，道則聖人
　　　之道。君齋，牆（將）道之；君不祈，則弗道。」

今本：師尚父曰：「在丹書。王欲聞之，則齋矣。」

　　甲本與今本於此皆提及丹書，而乙本為避免重複，此處省去。則乙本
不僅對姜尚的稱呼上獨具一格，且行文也更為簡潔。說話簡要，也少了那
些讀來更顯委婉的語氣詞，想必乙本出現更晚，可能是在其他傳本基礎上
的一個精要本。而乙本太公望的回答從語氣到內容都更突出了太公望的形
象和地位。而在甲本、今本中，太公望的地位只是一個陪襯，是用來突出
武王為銘這一主要內容的。從這一點來看，這一傳本的寫作目的當與甲本
和今本有所不同。

　　相比於今本，甲本多出「將以書示」四字，今本顯然更為簡練。

甲本：武王齍（祈）三日，端（端）備（服）觅（帽？冕？），舍（逾）
　　　堂幾（階、廊），南面而立。币（師）上（尚）父【2】［曰］：「夫
　　　先王之箸（書），不异（與）北面。」武王西面而行，柚（曲）
　　　折而南，東面而立。

乙本：武王齋七日，大（太）【12】［公］朢（朢─望）弄（奉）丹箸（書）
　　　以朝。大（太）公南面，武王北面而逡（復）囂（問）。

今本：三日，王端冕，師尚父亦端冕，奉書而入，負屏而立。王下堂，
　　　南面而立。師尚父曰：「先王之道，不北面。」王行西，折而南，
　　　東面而立。

　　戴震曰：「『王齋三日』，案各本脫『王齋』二字。《學記》注引此文作
『王齋三日』，《疏》不言有異同，則唐時本亦未脫也。『端冕奉書而入』，
案各本作『王端冕，師尚父亦端冕』。」于鬯曰：「『王欲聞之則齋矣』，『矣』
字當作『齋』字，『王欲聞之則齋』句。『齋三日，王端冕』，是王齋三日
而端冕以見師尚父也。其義甚析。此後人因《小戴・學記》鄭注改『齋』
為『矣』。彼文云『王欲聞之則齋矣，王齋三日端冕』，是有『王齋』二字
而無『三日』下『王』字……後人乃據彼『矣』字改此『齋』字，『王齋』
二字又不補，亦不刪『三日』下『王』字，則於義實遜矣。近人又據鄭注

文以全改此，要亦不必。但識此『矣』字為『齋』字之誤，即於文大通。」

按簡本作「武王齋三日，端服冕」，則戴震等人將「三日，王端冕」校改為「王齋三日，端冕」是對的。

王樹楠曰：「『端冕師尚父端冕奉書而入』，今案鄭所見本與今本合，則此文非鄭所加明甚，戴、汪刪之皆非。《御覽》亦引作『端冕師尚父端冕奉書而入』，但少『亦』字耳。」黃懷信曰：「此句文當無誤。……『師尚父亦端冕』亦不當刪。王端冕，師尚父亦端冕，正相對應，若刪之，則奉書而入者為王矣，於理於文皆不諧。『亦端冕』，言其敬也，亦不可刪。諸說皆非。」劉洪濤認為：「『師尚父亦端冕』句當刪去。……把『師尚父亦端冕』句刪去、「奉書而入」移後之後，就只剩『負屏而立』一句。簡本雖無此句，但卻有『當楣而立』句，描寫的是武王。疑此句也是描寫武王，因描寫師尚父的文字移至其前，才被誤認為是描寫師尚父行為的。」〔註10〕今按：簡本雖無「師尚父亦端冕」，然從另一方面看，既然簡本有甲乙本之別，其差別也甚為明顯，則不能排除另有傳本之可能；對比今本和簡本，一望即知其為綜合多個本子而完成的定本；而對比甲乙本，乙本惟「大（太）公南面，武王北面而遝（復）虽（問）」，顯然是某位整理者以自己的敘述語言概括其他本子原有描述性語言的結果。而鄭玄所記，也與今本同。綜合來看，以存異為佳，今本「師尚父亦端冕」不當輕易刪去。

孔穎達《學記》《正義》曰：「《大戴禮》惟云『折而東面』。」戴震、汪照、汪中等人因此而刪「西」、「南」、「而立」四字。王樹楠刪「南」字。黃懷信曰：「此句文無誤，孔穎達所見本誤也。王下堂南面而立，本在堂中，欲東面，必先西行，再折而南行，至與師尚父所立平行，方能折而東面與師尚父對矣。戴校非。」今按：簡本正有「西」、「南」、「而立」四字，非衍文。

乙本作「齋七日」，與甲本、今本都不同，或許有什麼特別的意味。另外，甲本及今本中武王皆為「東面而立」，東西相對乃是主客之禮——師尚父在主位，武王在賓位。而乙本作「太公南面，武王北面」，屬於君臣之禮——太公在君位，武王在臣位。

甲本：帀（師）上（尚）父弄（奉）箸（書），道箸（書）之言曰：

〔註10〕劉洪濤：《用簡本校讀傳本〈武王踐祚〉》，簡帛網2009年3月3日。

乙本：大（太）公會（答）曰：「丹箸（書）之言又（有）之曰：

今本：師尚父西面道書之言曰：

乙本將甲本和今本都為「道書之言曰」改成「丹書之言有之曰」，且前面加一「答」字，似乎都表明乙本屬於對其他傳本的間接聽聞與記錄，屬於一個新本子，而且出現年代當不會太早。對比甲本，知今本為求與上文相應，增「西面」二字，而甲本兩「書」字連出，略嫌多餘。

甲本：怠【3】勅（勝）義則喪，義勅（勝）怠則長，義勝谷（欲）則從，谷（欲）勅（勝）義則凶。

乙本：志勅（勝）欲則【13】利，欲勅（勝）志則喪；志勅（勝）欲則從，欲勅（勝）志則凶。敬勅（勝）怠則吉，怠勅（勝）敬則威（滅）。不敬則不定，弗【14】［強］則枉＝（枉。枉）者敗，而敬者萬殜（世）。

今本：敬勝怠者吉，怠勝敬者滅，義勝欲者從，欲勝義者凶。凡是不強則枉，弗敬則不正，枉者滅廢，敬者萬世。

戴震謂《學記》《疏》云：「《大戴禮》『敬勝怠者強，怠勝敬者亡』，《瑞書》云『敬勝怠者吉，怠勝敬者滅』。」汪中曰：「《荀子‧議兵》篇云：『敬勝怠則吉，怠勝敬則滅；計勝欲則從，欲勝計則凶。』此必沿《荀子》文而誤耳。《荀子》不言引古也。案下以『強』、『枉』，『敬』、『正』，『廢』、『世』，『行』、『常』為韻，『吉』、『滅』古不韻也。此校改至確。」王樹楠曰：「今案《太公金匱》云：『義勝欲則昌，敬勝怠則吉。』《六韜‧明傳》篇云：『義勝欲則昌，欲勝義則亡；敬勝怠則吉，怠勝敬則滅。』後人蓋據彼文妄增者。『強』、『亡』，『從』、『凶』，『強』、『枉』，『敬』、『正』，『滅』、『世』皆韻，『吉』、『滅』古不韻也。汪本刪下二句則無所據。」今按：簡本有「敬勝怠則吉，怠勝敬則滅」句，則今本「敬勝怠者吉，怠勝敬者滅」有其據矣。簡本有「義勝欲則從，欲勝義則凶」，則今本「義勝欲者從，欲勝義者凶」亦不必視為誤。事實上這段話，很多文獻都有記載，但都有不同程度的差別。此或最初所見寫本的差異，或傳聞的不同，故而形成如此多不同的傳本。下文再作詳細討論。

另外，乙本不厭其煩地突出了「敬」和「志」，但拿掉了「義」。

甲本：怠（仁）㠯（以）得之，怠（仁）㠯（以）守之，亓（其）簟

（運）百［世］；【4】不悤（仁）呂（以）尋（得）之，悤（仁）
呂（以）獸（守）之，亓（其）箽（運）十殜（世）；不悤（仁）
呂（以）尋（得）之，不悤（仁）呂（以）獸（守）之，及於
身。」

乙本：無

今本：藏之約，行之行，可以為子孫恒者，此言之謂也。且臣聞之，
以仁得之，以仁守之，其量百世；以不仁得之，以仁守之，其
量十世；以不仁得之，以不仁守之，必及其世。

「以不仁得之，以仁守之」，《學記》《正義》作「以仁得之，以不仁
守之」；「必及其世」，《學記》《正義》作「必傾其世」。戴震、汪中等據以
校改。今據簡本，則知「以不仁得之，以仁守之」未誤。而「必及其世」
簡本作「及於身」。《戰國策・趙策》「近者禍及身」即此意。又按簡本，
知今本「量」字為誤。

乙本沒有有關「仁」的論述，可能是其所見所聞的本子沒有這些內容，
也可能是這位新傳本的作者將其刪去。可見，這種版本所突出的不是儒家
所喜好的「仁」和「義」。

甲本：武王䎽（聞）之忑（恐）偲（懼），為【5】名（銘）於笘（席）
之四耑（端）曰：「安樂必戒。」

乙本：無。

今本：王聞書之言，惕若恐懼，退而為戒書，於席之四端為銘焉，於
機為銘焉，於鑒為銘焉，於盥盤為銘焉，於楹為銘焉，於杖為
銘焉，於帶為銘焉，於履屨為銘焉，於觴豆為銘焉，於戶為銘
焉，於牖為銘焉，於劍為銘焉，於弓為銘焉，於矛為銘焉。席
前左端之銘曰「安樂必敬。」

汪照本、戴震本盧（辨）注「戒」下有「不忘也」三字〔註11〕。

俞樾曰：「此與下文前右端之銘『無行可悔』、後左端之銘『一反一側，
亦不可以不志』、後右端之銘『所監不遠，視爾所代』通為一韻，『敬』字
乃『苟』字之誤。《說文》苟部：『自急敕也。』『安樂必苟』，言雖處安樂

────────────

〔註11〕方向東：《大戴禮記匯校集解》，中華書局，2008 年，628 頁。

而必自急救也。」孫詒讓曰:「丁校云:敬,當作戒。」戴禮云:「嵇康《幽憤詩》引此『敬』作『戒』。」今按:簡本作「戒」,則孫、戴等所校是。

對照簡本,可知今本加入了可能是屬於後人注解、說明性的文字。

甲本:右端(端)曰:「毋行可悔。」席逡(後)左端(端)曰:「民之反𠈁(側?),亦不可[不]志。」逡(後)右端(端)曰:【6】[「□]諫(?)不遠,視而所弋(代)。」

乙本:吏民不逆而訓(順)城(成),百姓之為經(經?)。丹箸(書)之言又(有)之。」

今本:前右端之銘曰:「無行可悔。」後左端之銘曰:「一反一側,亦不可以忘。」後右端之銘曰:「所監不遠,視邇所代。」

王應麟曰:「『亦不可以忘』,『以忘』一作『不志』。」孔廣森曰:「按席四銘通為一章,當從『志』字,方與上『悔』下『代』合韻。」王念孫曰:「孔說是也,而未盡也。此文本作『一反一側,尒不可不志。』尒,武王自謂也。下文『見爾前』、『慮爾後』即其共證……今本『尒』作『亦』,以字形相似而誤。『不志』作『以忘』,則後人以盧注改之也。案注云『言雖反側之間不可以忘道』,此正釋『不可不志』之意,後人不達,遂改正文之『不志』為『以忘』以從盧注,謬矣。《太平御覽》服用部十一引此『志』字已誤作『忘』,唯『尒』字不誤。鈔本《北堂書鈔》服飾部二陳禹謨本刪去,《藝文類聚》服飾部上引此並作『尒不可不志』。」今按簡本作「亦」,劉洪濤先生認為所謂「尒」當是「亦」的壞字〔註12〕。又簡本作「不可志」,當在「志」字前脫漏一「不」字。甲本明言為「民反側」,不可以不志,言人們的疾苦要記在心裏;乙本亦云,「百姓之為經」,則今本「一反一側」當有脫漏,或竄改,以致文意難通。

今本「無行可悔」,簡本作「毋行可悔」。盧辯曰:「當恭敬朝夕,故以懷安為悔也。」戴禮曰:「論語曰:『行寡悔。』」王樹楠曰:「戴校本改『悔』為『戒』。」今按簡本,則戴校為非。

今本「所監不遠,視邇所代」,簡本作「□諫不遠,視而所弋(代)」,知今本「邇」為誤。王引之:「陳氏《觀樓》曰:『爾』字是也。『爾』即後鑒銘『見爾前,慮爾後』之『爾』,乃武王自謂也。『爾所代』,謂殷也。」

〔註12〕劉洪濤:《用簡本校讀傳本〈武王踐祚〉》,簡帛網 2009 年 3 月 3 日。

王念孫曰：「陳說是也。」對以簡本，二王之說甚是。

　　參以甲本今本，顯然乙本純屬以己意解釋甲本、今本所見之重視百姓疾苦的中心內涵。

　　　　甲本：為機（機）曰：「皇皇惟謹口[=]（口，口）生敬，口生訽〈唁－訽〉，慐（慎）之口〈=〉。」

　　　　今本：機之銘曰：「皇皇惟敬，□生唁，□戕□。」

　　王應麟注本作「幾之銘曰：皇皇惟敬口，口生敬，口生唁，口戕口」，曰：「一無『口生敬』三字。『唁』，一從『言』。」孔廣森曰：「注『唁』有兩訓，疑記文本作『唁生唁』，故盧意謂君有唁恥之言，則致人之唁詈也。王本『敬』下多『口口生敬』四字，恐後人所加。」孫詒讓曰：「嚴校云：『《續筆》引亦有「口口生敬」四字。』案：洪、王本是也。此讀『皇皇惟敬口』五字句，『口生敬』、『口生唁』皆三字句，『唁』與『訽』聲同字通，言惟敬慎其口，慎則見敬，不慎則招訽辱也。」王樹楠曰：「俞樾曰：『孔說是也。惟其由「唁生唁」，故謂之「口戕口」。今作「口生唁」者，蓋傳寫奪「唁」字，校者作空圍以記之，遂誤作「口生唁」矣。』」

　　以簡本觀之，則知今本脫漏四字，王應麟注本有「敬口口生」，與簡本合。劉洪濤先生認為，今本「敬」字可能是「堇（謹）」字，因涉下文「口生敬」之「敬」而訛[註13]。復旦讀書會從孫詒讓意見將「訽」讀為「唁」，將簡文理解為「慎言」。今簡本有「敬」字，故簡文從慎言講起，而最終之意恐不在言多惹禍。言多惹禍之說可能因下文與《金文銘》相合，而於此亦據之以強解。簡文之意，大概是以「口」、「言」為「心聲」，多言則說明心中不「敬」，對人對事無「誠」意，則自然凡事草率，簡文最終還在希望自己以及後世子孫為政先要心中立其「誠」，此正是全篇簡文所最核心的一個觀念：「敬」。簡文《凡物流形》言「能寡言乎，能一乎」正是此意；思孟學派倡導「誠」，其意也在此。

　　「機」，王應麟注本作「幾」，《漢魏叢書》本作「機」。諸家多以「幾」為是。今簡本出土，則當以「機」為是。劉洪濤先生謂「幾是安居依憑之物，跟慎言似乎無多大聯繫」，「《太公金匱》所載幾銘『安無忘危，存無忘亡』倒是十分切題」，並引《說苑·談叢》、《劉子·慎言》、上博竹書《用

[註13]劉洪濤：《用簡本校讀傳本〈武王踐祚〉》，簡帛網2009年3月3日。

曰》簡 12，以「言既出於口，則弗可悔，若矢之免於弦」解釋為「機」的原因〔註14〕，劉說甚是。

> 甲本：檻（鑒）銘曰：「見亓（其）前，必慮亓（其）後（後）。」【7】鑑（鹽）銘曰：「與其溺於人，寧溺=於=宋（淵）〔=〕（溺於淵，溺於淵）猶可遊，溺於人不可救。」

> 今本：鑒之銘曰：「見爾前，慮爾後。」鹽盤之銘曰：「與其溺於人，寧溺於淵，溺於淵猶可遊也，溺於人不可救也。」

對比簡本，今本鑒之銘辭更加工整，似乎也有加工過的痕跡。

> 甲本：桯銘唯〔曰〕：「毋曰何傷，祂（禍）將長。【8】毋曰亞（惡）害，祂（禍）將大。毋曰何戔（殘），祂（禍）將言（然）。」

> 今本：楹之銘曰：「毋曰胡殘，其禍將然；毋曰胡害，其禍將大；毋曰胡傷，其禍將長。」

簡本末尾之「言」，整理者原讀為「延」，據今本可知為「然」。王聘珍曰：「然，燒也。」不確。王念孫曰：「《廣雅》曰：『然，成也。』謂其禍將成也。《楚辭·遠遊》：『無滑而魂兮，彼將自然。』謂彼將自成也。《淮南·原道篇》：『萬物固以自然，聖人又何事焉。』《泰族篇》『天地正其道而物自然』，皆謂物自成也。」王念孫之說為是。

今本剛好把簡本中的第一句調整到了最後，疑問詞簡本為「何」或「胡」，今本全部為「胡」。今本三句各加一「其」字，四字一小句，讀來更加順暢整飭。《說苑·敬慎》所引的《金人銘》作：「勿謂何傷，其禍將長。勿謂何害，其禍將大。勿謂何殘，其禍將然。勿謂莫聞，天妖伺人。」，《孔子家語》所引又有所不同：「勿謂何傷，其禍將長。勿謂何害，其禍將大。勿謂不聞，神將伺人。」脫「勿謂何殘其禍將然」八字。

> 甲本：枳（枝—杖）銘唯曰：「惡危=（危？危）於忿連（戾）。惡迸=道〔=〕（失道？失道）於嗜欲。惡【9】〔相忘？相忘〕於貴富。」

> 今本：杖之銘曰：「惡乎危？於忿懥。惡乎失道？於嗜欲。惡乎相忘？於富貴。」

對照簡本，可知今本可能在「於」字前脫漏或未識別出重文符號。

〔註14〕劉洪濤：《用簡本校讀傳本〈武王踐祚〉》，簡帛網2009年3月3日。

　　王應麟曰：「『杖』，一作『枝』。朱子謂別本作『枝』，今以韻讀之，當從『枝』字。」孫詒讓引丁校云：「『枝』、『杖』二字易誤，但『枝』實非韻。」俞樾曰：「然則此文兩『杖』字疑亦『枝』字之訛。『枝』與『支』通。《保傅》篇『燕支地計從』，注曰：『支猶計也。』『食自杖』者，每食必自計度，不過於醉飽也。」俞樾謂此處及下文「無勸弗及，而曰我杖之乎」之「杖」皆「枝」之訛，今從之。然下文「無勸弗及，而曰我杖之乎」可能本即屬於杖之銘文，而竄亂入戶之銘文。劉洪濤先生疑「枳」讀為「卮」，卮器具有滿招損謙受益的特點，跟戒驕戒滿的主題思想正相合（下文觴豆之銘「食自杖」之「杖」讀為「卮」，方洽。）。

　　甲本：卣（戶）銘唯曰：「立（位）難尋（得）而易迭失），士難尋（得）而易鼟（外）：無董（謹）弗志，曰余知之。毌【10】

　　今本：帶之銘曰：「火滅修容，慎戒必恭，恭則壽。」履屨之銘曰：「慎之勞，勞則富。」觴豆之銘曰：「食自杖，食自杖，戒之憍，憍則逃。」戶之銘曰：「夫名難得而易失、無勸弗志，而曰我知之乎？無勸弗及，而曰我杖之乎？攙阻以泥之，若風將至，必先搖搖，雖有聖人，不能為謀也。」牖之銘曰：「隨天之時，以地之財，敬祀皇天，敬以先時。」劍之銘曰：「帶之以為服，動必行德，行德則興，倍德則崩。」弓之銘曰：「屈伸之義，廢興之行，無忘自過。」矛之銘曰：「造矛造矛！少閒弗忍，終身之羞。」予一人所聞，以戒後世子孫。

　　據簡本，則今本戶之銘下「名」當為「立（位）」。今本多出帶、劍等銘，不知其所本。

　　綜合來看，三個本子之間存在著相當的差異，這種差異主要表現在：

　　一、相比簡本而言，今本增加了不少內容。最明顯的有：

　　（一）今本在武王問師尚父之前，有武王問士大夫而士大夫不知的內容，這可能是用來襯托師尚父所獻丹書、所獻古聖王之道的神聖和珍貴。我們不知道這些內容的最初來源，但今本的這些內容另有來源是可以肯定的。

　　（二）簡本兩種都沒有提及「武王踐阼」，而今本有。可以推想，今本雖為西漢人所整理，但應該別有來源；同時這又說明早期的本子應該是沒有具體時間性的一個簡單故事，今本以及更早的某些版本為了突出丹書

內容的高貴，而把它定為是武王踐祚之初。而這一作者追述性的語言也說明這個故事的最初寫本不會是在西周初年，充其量我們可以說，文獻的最初作者有可能確實見到過部分原屬於武王親製的銘文及其器物，至於故事本身是否及為西周武王實錄，則尚需要尋求更多的證據支持〔註15〕。馬王堆漢墓帛書《黃帝書》、《十問》，以及上博簡《彭祖》、《鄭子家喪》等大量出土作品都和本文一樣，是以一種回憶性的筆調把更早時期的人物故事描述和想像出來，這種筆法，憶古而立文的跡象是很清楚的，不能因為簡書有武王與師尚父生動對話的情形就認為這是一種實錄。

（三）今本末尾多出了大量簡本所沒有的大量銘文。從內容上看，這些多出的銘文和前面內容所強調的敬、義等主題是有距離的，而這些多出的銘文加上簡本所有的那一部分，幾乎把一個人平時生活起居的一切方面都包羅了進去，最重要的是，這樣到處作銘的做法其實已經和前面的主旨發生了衝突，既不簡練，又失去了箴銘應有的價值。我們完全可以推想，這些多出的銘文既不會是武王本人所作，也不太可能是最初的版本中所有的內容，它們應該是後人不斷增衍的結果。最初的本子可能只是一個有關武王的故事，類似於清華簡《保訓》以及《逸周書》上的那些文王、武王故事。

二、三個本子之間還有很多明顯的差別：

（一）甲本稱「不智（知）黃帝、端（顓）琣（頊）、堯、垒（𡐫—舜）之道在（存）乎」，乙本作「亦又（有）不涅（盈）於十言而百殜（世）不遊（失）之道，又（有）之啻（乎）」，今本為「黃帝、顓頊之道存乎，意亦忽不可得見與」，不僅由於寫作時代和地域等原因而出現語氣詞使用上的不同，其內容也有差異。同今本相比，甲本多出「堯舜」，將之與黃帝、顓頊並列而論其「道」，乙本則作了一個簡單的概括，並且尋求的是「百世不失之道」，可能乙本的作者傾向於認為上古某些聖王的治世之道擁有「百世不失」的效力，他希望追尋到這樣一種政治綱領，而這些是他所在的那個時代所沒有的，這種「道」不依賴於個別精英或聖賢的個人能力和人格魅力。先秦對古史的發掘有一個過程，而不同思想傾向的人對古史上的先王聖哲

〔註15〕高明：《大戴禮記今注今譯》「自序」第8頁，臺灣商務印書館，1975年。
　　　　另：廖名春先生《新出楚簡試論》（臺灣古籍出版有限公司，2001年。）
　　　　也贊成這種觀點。

是態度不同的。戰國中期論治世之「道」開始興盛，並假借上古先王名義，通常有其特定的含義，特指超越了選賢任能的上古時期的為治模式。推崇堯、舜，主要在儒學嫡傳的部分弟子，而黃帝學、黃帝書也在戰國中期大興，並被齊國、三晉等地的許多學者用來壓倒儒、墨所推尊的堯、舜、禹，湯、文、武。姜尚也不為儒家所獨奉，乙本簡書借姜尚與武王之名，推崇超越個人賢能、不依靠少數聖賢的黃帝之道的意圖是十分明顯的。乙本稱姜尚為「太公望」，這一明顯不同的稱呼有可能表明它和齊地推崇自己祖先姜尚的思想以及齊學有一定的聯繫，或許和後世不斷出現的《太公金匱》、《六韜》、《太公陰符》等著作一起，都屬於這一社會思潮的一部分，又或許與權謀家、兵家的思想及其形成有關聯。而堯、舜一般是被推崇為聖人的，屬於聖賢之治，甲本有堯、舜，就是希望把堯、舜之治也提高為可以和黃帝之道並列的治道，甲本有可能反映了較乙本更早時期黃帝、顓頊、堯、舜等先王未被各家學說作出區分的思想，屬於依託古史來論治世之道的早期作品。而且從下文來看，甲本並沒有闡述那種更後時期常見的超越選賢任能的治世模式；甲本沒有這種意味，可能只是一個普通的論武王之「敬」、「義」等銘的歷史故事。今本則綜合了多個本子，既有黃帝學的內容，也有在戰國某個時期比較流行的箴銘文的糅合；既有對武王故事的復述，也有對師尚父治國精要的概括；既有對古史再發現的接受，也有對「道」論政治哲學的某種應合。

　　（二）乙本極為精練、概括，有屬於對早期傳本根據需要作再加工的痕跡。

　　如，甲本：「武王盥（祈）三日，端（端）備（服）芘（帽？冕？），盦（逾）堂幾（階），[6]南面而立，帀（師）上（尚）父【2】［曰］：『夫先王之箸（書），不舁（與）北面。』武王西面而行，柚（曲）折而南，東面而立。」把當時武王和師尚父的對話以及當時兩個人的種種動作都一一「想像」和細緻描述了出來，彷彿就在現場。顯然這是講故事的筆法。今本大致相同。而乙本則概括為「武王齋七日，大（太）【12】［公］朢（朢—望）弄（奉）丹箸（書）以朝。大（太）公南面，武王北面而遝（復）訽（問）」，把描述性語言改成了作者的綜述、說明性語言，屬於一種力圖發議論的筆法。也就是說，甲本和今本都更多地保留了原有的故事性色彩，而乙本後面雖殘斷，但依據現有的簡文完全可以推測，乙本精當地概

括武王問太公望故事是為闡明某個觀點服務的。正因為此，乙本簡書的重心不在於把故事講精彩，而只是提取這樣一個小故事的主要內容。這就有點類似於莊子、韓非子、荀子等人，借某個短小故事來闡釋他們力圖說明的觀點和思想。再比如，甲本：「帀（師）上（尚）父弄（奉）箸（書），道箸（書）之言曰」今本為「師尚父西面道書之言曰」，乙本則作「大（太）公會（答）曰：丹箸（書）之言又（有）之曰」。甲本描述了師尚父「奉書」的動作，今本則寫了「西面」，而乙本的作者直接自己站出來說明，只用一個「答」字。而乙本後面講：「吏民不逆而訓（順）城（成），百姓之為經，丹箸（書）之言又（有）之。」再次出現「丹箸（書）之言又（有）之」，如果這句不是衍文，卻不像是太公望在當時現場對著武王講話的情形，只能說這一小段要麼是作者在後面發議論時講的話，要麼就是作者在復述太公望丹書之言時忍不住跳了出來把自己說話的口氣給帶了出來。假如乙本到此為此，不存在竹簡殘失或斷脫的話，那麼乙本實際上就是作者根據自己的需要把後面武王恐懼而作銘以及其銘文全部拿掉了，這就更說明乙本簡要復述武王問太公望故事是別有動機的。如此，乙本也只能算作一個有關武王問師尚父故事的不完整版本。

（三）著作的中心不同。

從現存簡文看，甲本的中心是武王，師尚父的丹書之言反而不是重心所在，而只是一個引子，引出武王「聞之恐懼」而作銘文的內容。以此襯托武王憂心、勤勉於國家政事以及戰戰兢兢、敬於國事的心態，這一點可能與《太公金匱》所載錄的武王問師尚父故事有一定的聯繫。《藝文類聚》卷 23 引《太公金匱》曰：「武王問師尚父曰：『五帝之戒可得聞乎？』師尚父曰：『舜之居民上，矜矜如履薄冰；禹之居民上，栗栗如恐不滿；湯之居民上，翼翼乎懼不敢息。』又曰：『吾聞道自微而生，禍自微而成。』」這樣看，今天我們所稱的《武王踐阼》其最初的本子有幾種可能，一是在某些有關西周初年的檔案等歷史文獻裏確實存在武王問師尚父的故事，和《逸周書》中的《世俘解》、《克殷解》等部分篇章一樣屬於西周初中期的產物〔註16〕。二是最初的作者確實在某些保存下來的器物上看到武王之銘，或在某些檔案、事語類文獻裏見到對武王銘文的記錄。三是武王問師

〔註16〕李學勤：《〈世俘〉篇研究》，《史學月刊》，1988 年第 2 期，1 頁～6 頁。

尚父故事可能是根據更早時期有關五帝在位為王如履薄冰故事和《逸周書》等典籍中有關武王憂心勤政的形象加以敷衍出來的。這樣看，《武王踐阼》和武王問師尚父故事的最初來源就有兩個，一是有關古帝王在位戰戰兢兢、謹小慎微的傳說；有關古聖王在位的解說還有很多，比如莊子學派多認為上古是素樸、清虛的，後來就開始剖開混沌，立名好義，尚賢，直至當世而競力，總之黃帝以後乃至黃帝本身就是破壞素樸之道的人。儒家弟子認為上古禪讓，那些帝王都很高尚。至於法家則認為上古帝王之所以不願做王，是因為做王吃力不討好，所以逃遁，其實也是自私自利。二有關武王憂心勤政而早卒形象和人生軌跡記錄的早期歷史典籍，如《逸周書》、《尚書》中的部分篇章。

乙本中太公望儼然成為了簡書故事的中心。甲本中「武王西面而行，柚（曲）折而南，東面而立」，今本作「王行西，折而南，東面而立」，兩本相近。而乙本是「太公南面，武王北面」。東西相對是主客禮，師尚父在主位而武王在賓位，以示尊重，按照王聘珍引《禮記·學記》謂「大學之禮，雖詔於天子，無北面，所以尊師也」也是足夠的，而乙本卻是君臣之禮，這不僅更加烘托了丹書的崇高地位，也特別突出了太公望在本簡書中的地位。乙本的用意所在可能就是要突出太公望的神奇能力。甲本和今本中太公望和武王的關係是很親密的，相互之間說話也保留有戰國早期以前對話所固有的委婉、溫和與貴族式典雅，如甲本中師尚父回答是「才（在）丹箸（書），[3] 王女（如）谷（欲）瀆（觀）之，盍盍（祈）乎？[4] 牆（將）以書視（示）。」乙本中太公望對武王的講話則很強勢，「身則君之臣，道則聖人之道。君齋，牆（將）道之；君不祈，則弗道。」甚至有點不客氣、不耐煩，已經沒有了甲本和乙本中所特有的婉約、典雅。

今本的重心則轉為了後面的銘文。今本前面部分的重心還在武王，但到後面增加那麼多與前文不甚協調的銘文之後，文章的重心就自然轉移到了後面的銘文中了，當然整個文章在中心主旨上就由於內部的不協調而表現出某種混亂和不明。這也說明今本應該是由多個本子整理出來的合成本。

可見，三個本子的寫作動機或者說所表露出來的重心是不同的。

（四）一些核心的術語以及由這些術語流露出來的思想傾向在甲本、乙本和今本之間是有很大差異的。

甲本中師尚父所獻丹書的核心內容是這樣幾句，「怠【3】勑（勝）義則

喪，義勮（勝）怠則長，義勝谷（欲）則從，谷（欲）勮（勝）義則凶。悥（仁）㠯（以）得之，悥（仁）㠯（以）守之，亓（其）箪（運）百〔世〕；【4】不悥（仁）㠯（以）尋（得）之，悥（仁）㠯（以）獸（守）之，亓（其）箪（運）十殢（世）；不悥（仁）㠯（以）尋（得）之，不悥（仁）㠯（以）獸（守）之，及於身。」不難發現，其核心觀念就是「義」和「仁」。似乎是儒家思想的作品無疑。不管其中的「義」是否是「敬」字的誤寫〔註17〕，都說明了它作為一種特有的傳本是確實存在的。乙本丹書的核心是「志勮（勝）欲則【13】利，欲勮（勝）志則喪；志勮（勝）欲則從，欲勮（勝）志則凶。敬勮（勝）怠則吉，怠勮（勝）敬則威（滅）。不敬則不定，弗【14】〔強〕則枉=（枉。枉）者敗，而敬者萬殢（世）。」中心觀念是「志」和「敬」。今本則是「敬勝怠者吉，怠勝敬者滅，義勝欲者從，欲勝義者凶。凡是不強則枉，弗敬則不正，枉者滅廢，敬者萬世。……以仁得之，以仁守之，其量百世；以不仁得之，以仁守之，其量十世；以不仁得之，以不仁守之，必及其世。」核心在「敬」、「義」和「仁」，對比即知，它屬於幾個本子參校後合成的結果。當然，三個本子都強調了「民」的重要性，只不過乙本用自己的語言作了概括，作「百姓之為經」，更加通俗，而且這種有關民為「經」的論述是放在丹書裏面，但甲本和今本確是在後面的銘文中，作「民之反側，亦不可〔不〕志」。所以高華平先生在認真對比研究了幾個本子中有關「敬」、「義」、「志」等同「怠」、「欲」的對舉關係後提出，甲本和乙本分別屬於墨、孟學派的傳本〔註18〕。

第三節 《武王踐阼》版本考

從上文的文獻對讀中我們發現，要弄清今天所謂的《武王踐阼》的版本問題，就必須把研究視野從三個本子進一步擴大到先秦所有有關武王作銘故事和武王問師尚父故事的或零碎或完整記錄，乃至一切保存了和簡本與今本《武王踐阼》語句與內容相同或相近的文獻記錄都應該是我們考察的目標。當然，時期相對靠後、又只見個別相近字句的文獻，不好作為判

〔註17〕草野友子：《關於上博楚簡〈武王踐阼〉中誤寫的可能性》一文認為簡4中的「義」存在有誤寫的可能，原當作「敬」。見復旦網2009年9月22日。
〔註18〕高華平：《關於〈武王踐阼〉的版本問題》，未刊稿。

斷《武王踐阼》版本問題的依據，例如，《荀子·議兵》：「故敬勝怠則吉，怠勝敬則滅。計勝欲則從，欲勝計則凶。」，其中是用「計」和「欲」對舉，這一點同我們上面三個本子都不同，但《荀子》相對較晚，它可能來自《武王踐阼》之外的其他文獻，不一定屬於荀子所看到的另一個《武王踐阼》版本。所以不好直接判斷荀子所見到的就是另一個不同版本，當然作為一個參考是完全可以的。

（一）「太公書」系統本

1. 《文選》卷 56《女史箴》注引《太公金匱》：「師尚父謂武王曰：『舜之居人上，矜矜乎如履薄冰；湯之居人上，翼翼乎懼不敢息。』」

2. 《後漢書·光武帝紀下》注引《太公金匱》曰：「黃帝居人上，惴惴若臨深淵；舜居人上，矜矜如履薄冰；禹居人上，栗栗如不滿日。敬勝怠則吉，義勝欲則昌，日慎一日，壽終無殃。』」

3. 《藝文類聚》卷 23 引《太公金匱》曰：「武王問師尚父曰：『五帝之戒可得聞乎？』師尚父曰：『舜之居民上，矜矜如履薄冰；禹之居民上，栗栗如恐不滿；湯之居民上，翼翼乎懼不敢息。』又曰：『吾聞道自微而生，禍自微而成。』」

4. 唐馬總《意林》卷 1：「《太公金匱》二卷。……武王問：『五帝之戒可得聞乎？』太公曰：『黃帝云：余在民上，搖搖恐夕不至朝，故金人三緘其口，慎言語也。堯居民上，振振如臨深淵；舜居民上，兢兢如履薄冰；禹居民上，栗栗如恐不滿；湯居民上，翼翼懼不敢息。道自微而生，禍自微而成，慎終與始，完如金城。行必慮正，無懷僥倖（書履）。忍之須臾，乃全汝軀（書鋒）。刀利皚皚，無為汝開（書刀）。源泉滑滑，連旱則絕，取事有常，賦斂有節（書井）。』」

「故金人三緘其口」，據《太平御覽》卷 593 等處所引《太公金匱》，「故」下當脫「為」字，當是「故為金人，三緘其口」。

5. 《太平御覽》卷 459 引《太公金匱》曰：「武王問師尚父曰：『五帝之戒可復得聞乎？』師尚父曰：『舜之居民上，兢兢如履薄冰；禹之居民上，栗栗如恐不滿；湯之居民上，翼翼乎懼不敢息。』」

6. 《太平御覽》卷 590 引《皇覽記·陰謀》：「黃帝金人器銘曰：『武王問尚父曰：五帝之誠可得聞乎？尚父曰：黃帝之誠曰：吾之居民上也，搖搖恐多，故為金人，三封其口曰：古之慎言。堯之居民上也，振振如臨深

淵；舜之居民上也，栗栗恐夕不旦。武王曰：吾並殷民居其上也，翼翼懼不敢息。尚父曰：德盛者守之以謙，守之以恭。武王曰：欲如尚父言，吾因是為誡，隨之身。』」

7.《太平御覽》卷593引《太公金匱》曰：「武王曰：『五帝之戒可得聞乎？』太公曰：『黃帝居民上，搖搖恐夕不至朝，故為金人三緘其口，慎言語也。』」

8.《群書治要》卷31引《太公陰謀》：「武王問尚父曰：『五帝之戒可聞乎？』尚父曰：『黃帝之時，戒曰：吾之居民上也，搖搖恐夕不至朝。』堯之居民上也，振振如臨深川。舜之居民上，兢兢如履薄冰。禹之居民上，栗栗恐不滿日。湯之居民上，戰戰恐不見旦。』王曰：『寡人今新並殷居民上，翼翼懼不敢怠。』」

9.《玉海》卷31引《皇覽記》：「黃帝金人器銘曰：武王問尚父曰：『五帝之戒可得聞乎？尚父曰：『黃帝之戒曰：吾居民上，搖搖恐夕不及朝，故為金人，三封其口曰：古之慎言人。』」

在這些文獻中都提到「武王問師尚父」，姜尚以黃帝之誡或五帝在位戰戰兢兢、謹小慎微、勤勉為政的故事回答。其中雖和我們今天能夠見到的三個本子有不同，但作品的主體都在，其出現的年代也早於今本，則它們不僅可以視為《武王踐阼》篇的文獻來源，也可以看做是《武王踐阼》在不同時期、地域存在的不同版本。這裡面又存在很大不同。其中第6、第9屬於黃帝金人銘系列，其他的則屬於五帝系列。當然它們都出自「太公書」系統，暫時視為一個系列的本子。

10.《六韜·文韜·明傳》：「故義勝欲則昌，欲勝義則亡。敬勝怠則吉，怠勝敬則滅。」

這段話在《六韜》中是文王臨終問於太公望，太公望所作的答言。但其中以「義」和「欲」對舉，「敬」和「怠」對舉，簡書甲本以「義」同時和「怠」與「欲」對舉，乙本改為「志」和「欲」、「敬」和「怠」對舉，並多出兩句，其中後面兩句與《六韜》本後兩句完全相同。今本與《六韜》此同，但前面兩句放在後而後兩句則被調整為前兩句。同時，在結果所用的形容詞上也不同。簡書甲本分別為「喪」、「長」、「從」、「凶」，乙本為「昌」、「喪」、「從」、「凶」、「吉」、「滅」，《六韜》為「昌」、「亡」、「吉」、「滅」。這裡可能是作者各自的誤記誤寫從而出現的字句改變，也可能是

他們分別見到的更早版本本身就有不同。如果是後者，則《六韜》的這個特殊寫法本身就反映出《武王踐祚》或「武王問師尚父」故事還存在另一個不同的傳本問題。再比如《荀子·議兵》：「故敬勝怠則吉，怠勝敬則滅。計勝欲則從，欲勝計則凶。」，也微有不同。這裡我們暫時只把這些只有個別字句不同但主體部分不可見的文獻變動只看作是《武王踐祚》在流傳過程中的局部變異和變化問題，而不視為一種新版本的出現，故在此把它們都看成屬於「太公書」系統的某個版本。

《荀子·議兵》強調「計」，大概也是齊地屬於太公望系列的「兵權謀」思想的表現，而荀子在稷下活動多年，受到稷下黃老學派中的太公兵權謀思想的影響也很自然〔註19〕。

（二）《禮記·學記》鄭玄注所引本

《禮記·學記》：「大學之禮，雖詔於天子，無北面，所以尊師也。」鄭注：「武王踐祚，召師尚父而問焉，曰：『昔黃帝顓頊之道存乎，意亦忽不可得見與？』師尚父曰：『在《丹書》。王欲聞之，則齊矣。』王齊三日，端冕。師尚父亦端冕，奉書而入，負屏而立。王下堂，南面而立。師尚父曰：『先王之道，不北面。』王行西，折而南，東面而立。師尚父西面道書之言。」

前人已經有過比較，鄭玄所引的這段話和今本大部分相同，但今本多出武王與群士大夫的問答，在「武王踐祚」四字後多出「然後」二字，「黃帝」二字前沒有「昔」字，鄭玄所引「王齊（齋）三日，端冕」，今本則作「三日，王端冕」，而且，今本在開頭「武王踐祚」句後面也是有「三日」的。當然鄭玄所引和簡書甲本與乙本都不同。似乎漢人尚可以見到不同於今存《大戴禮記》中《武王踐祚》的內容和版本。

（三）今　本

今本《大戴禮記·武王踐祚》多出：「武王踐祚，三日召士大夫而問焉。」這句話是我們前述版本裏面所沒有的，把武王問師尚父和「武王踐祚」聯繫起來恐怕是某一派學者所加。同簡本比較，今本的很多地方都有修改的痕跡，而文章後段也多出了大量的銘文。這些如果不是西漢人所為，則今本還當有不同於今日所見的其他版本來源。

〔註19〕見高華平：《關於〈武王踐祚〉的版本問題》，未刊稿。

　　這樣看來，《武王踐阼》篇至少有簡書甲本、簡書乙本、《太公金匱》系統本、鄭玄所見本、「武王踐阼」系統本（當然鄭玄所見本可能就是「武王踐阼」系統本）、今本等傳本。

第四節　《武王踐阼》的思想淵源及其年代問題

　　上述不同的寫本或傳本當然不會是在某一個時期內由某一個人編纂完成的，而是在歷史流傳過程中形成的，這些不同的作者和傳抄者也在歷時態的過程中不斷加入了自身吸收的思想成分，它們往往是屬於不同時代和不同思想學派的。因此，我們有必要進一步研究這些本子的形成都有那些思想來源，相互之間又有些什麼樣的關係。

　　出土文獻和傳世文獻有不少與《武王踐阼》語句相同或相近記錄，如：

上博五《三德》簡18：

　　　　川（順）天之時，起地之【材（財）】。

語句和今本中的《牖之銘》「隨天之時，以地之財」非常接近。

　　《三德》簡2：

　　　　敬者尋（得）之，怠（怠）者遊（失）之，是胃（謂）天棠（常），

　　天神之口〔註20〕。

這句話和《武王踐阼》中師尚父丹書的核心思想是完全一致的。

　　《中山王嚳鼎》銘文：

　　　　寡人聞之：「與其溺於人也，寧溺於淵。」

　　上個世紀70年代，在河北平山縣戰國古城址中發掘了兩座中山王大墓，其中出土的一件學者定名為《中山王嚳鼎》的青銅鼎銘文上有這樣的內容。

　　在簡書甲本和今本中的《盥盤之銘》作：「與其溺於人也，寧溺於淵，溺於淵猶可遊也，溺於人不可救也。」前面兩句和《中山王嚳鼎》銘文完全相同。

　　《太平御覽》曾經引過這句話，說是隨武子即春秋中葉晉臣士會之盤銘。今查《太平御覽》卷三百九十六「人事部三十七」和卷七百五十八「器

〔註20〕馬承源主編：《上海博物館藏戰國楚竹書（五）》，上海古籍出版社，2005年，第289頁。

物部三」確實兩引此句，但都稱引自《大戴禮記》，其一還明確申明是引自《大戴禮記‧武王踐祚》篇中的「盥盤之銘」。所以楊朝明先生認為：「《大戴禮記》一書中既有周武王盥盤之銘，同時又有同樣內容的隨武子之盤銘的可能性極小。因此，我們可以推斷，這裡的『隨武子』很可能是『武王』之誤。如果是這樣，中山王所聞應該是《武王踐祚》篇中所記載的武王『盥盤之銘』。」〔註21〕如此，我們可以斷定，《武王踐祚》篇在中山王墓中的青銅銘文鑄製前即已經有流行，嚴格說是武王故事中的部分關鍵性銘文已經為不少人所知。中山王墓埋葬的年代學界定為公元前 309 年或公元前 308 年之後不久〔註22〕，今楚簡本《武王踐祚》所埋藏年代學界一般認為與郭店楚簡的年代相當，郭店一號墓約下葬於公元前四世紀末期，屬於戰國中期後段。與之接近的荆門包山 2 號墓有紀年可確定為公元前 323 年。因此郭店一號墓估計不晚於公元前 300 年〔註23〕。那麼屬於上博簡的簡書《武王踐祚》甲乙本都不會晚於戰國中期後段。這樣，《中山王嚳鼎》和《武王踐祚》簡本所埋葬時間大體相當，《中山王嚳鼎》是否引用了《武王踐祚》中的銘文不好判斷，但說明存在比《中山王嚳鼎》和簡本《武王踐祚》的銘文更早來源是沒有問題的〔註24〕，因為兩個簡本和《中山王嚳鼎》一起這種多個本子都在流傳的情形，說明在它們那個時期可能存在多個流傳系統，應該不是一線單傳。至於是否如李學勤先生推測的那樣兩者可能是出於《御覽》所收錄的春秋中葉的隨武子盤銘〔註25〕不好斷定，至少《御覽》明言其所引為《大戴禮記》。但我們可以合理的推想，在《中山王嚳鼎》和簡本《武王踐祚》之前是有其他相應的資料留存的。最遲不會晚於戰國前期

〔註21〕 廖名春先生也認為中山王所聞屬《武王踐祚》篇中所載之武王「盥盤之銘」，見《上海博物館藏楚簡〈武王踐祚〉篇管窺》，日本《中國出土資料研究》第 4 號，2000 年收人廖名春編《清華簡帛研究》第二輯，清華大學思想文化研究所 2002 年版。

〔註22〕 李學勤、李零：《平山三器與中山國史的若干問題》，《考古學報》1979 年第 2 期，收入李學勤先生：《新出青銅器研究》，文物出版社，1990 年版。

〔註23〕 李學勤：《先秦儒家著作的重大發現》，《郭店楚簡研究》，《中國哲學》第二十輯，第 13 頁～21 頁。

〔註24〕 楊朝明先生還根據平山一號墓出土禮器上三篇銘文引用的《詩經》篇，大多數屬於春秋時期的作品而斷定，《中山王嚳鼎》所引用的《武王踐祚》也應屬於春秋時期的作品。楊朝明：《從〈武王踐昨〉說到早期兵文化研究》，《管子學刊》，2005 年第 3 期，第 51 頁。

〔註25〕 李學勤：《平山墓葬群與中山國的文化》，《文物》1979 年第 1 期。

或中期。另外，通過前面的分析我們知道，簡書乙本在內容上明顯有根據其他定本再處理的痕跡，以適應其特定目的所需要，文字使用上則更為精簡而通俗，因此，應該還有比乙本早出的本子，至於是否為甲本不得而知。則判定較乙本早出的那個本子屬於戰國初期甚至更早是完全可以的。當然，作為《中山王嚳鼎》和簡本《武王踐祚》的來源的那些有關武王作銘的故事及其銘文早在春秋時期即已經形成也不無道理。

單從以上幾個文獻還不好判斷《武王踐祚》的早期淵源和最早形態，但從青銅銘文一變而為春秋末期至戰國初期即已開始大量零散流行的精練箴銘的現象確是事實。

和《尚書》等差不多時候的古書即有不少屬於戒、敕、箴、訓〔註26〕，李零先生指出《左傳》襄公四年有《虞人之箴》，《逸周書・嘗麥》有成王箴大正之辭，是所謂「箴」，《逸周書》有《大戒》，《武王踐祚》提到周武王「退而為戒書」。那麼青銅禮器上出現這一類銘文也很正常。而我們現在見到的不少箴銘文章最早就是屬於青銅銘文的。《武王踐祚》篇清楚表明武王把「安樂必戒」之類的文字是銘於席、機、楹、杖、盥盤等上面的。魚鼎匕：「曰：誕有昏人，墜王魚鼎。曰：欽哉，出游水蟲！下民無知，參蚩尤命，薄命入羹，忽入忽出，毋處其所。」〔註27〕《魚鼎匕》的年代是在春秋戰國之交〔註28〕。此外還有李零先生考證過的戰國鳥書箴銘帶鉤，他認為：「此類箴銘的特點是採用借喻手法，寫在什麼東西上，就有什麼東西來打比方〔註29〕。大概是由於私學的開始興起和竹簡、帛書的大量應用，人們開始注意把原鑄刻在青銅器上的銘文抄錄於簡帛，促進了銘文在這一時期的流行，當然其中的某些故事或精練語句也自然被更多人傳播；同時，這又促進了士人們開始有意記錄甚至編纂有關古代聖賢的故事和語錄，導致很多有關春秋乃至更早時期的故事和語言開始湧現。從禮器上脫胎而來

〔註26〕李零先生把《尚書》類型的古書分為：掌故類（典、謨）、政令類（訓、誥、誓、命）、刑法類（刑、法）、戒敕類（箴、戒），見李零：《論𤔲公盨發現的意義》，《中國歷史文物》2002年第6期。

〔註27〕李零：《考古發現與神話傳說》，《李零自選集》，廣西師範大學出版社1998年，第78頁。

〔註28〕李夏廷：《渾源彝器研究》，《文物》1992年10期，61頁～75頁。

〔註29〕李零：《戰國鳥書箴銘帶鉤考釋》，《古文字研究》第8輯，中華書局1983年，第59頁～62頁。

的箴銘類文體正出現於春秋戰國之交〔註 30〕，其中最有名的就是與道家和老子有關的《金人銘》，《太公金匱》《孔子家語‧觀周》、《說苑‧敬慎》等傳世文獻都有記錄。

值得注意的是，簡書甲本和今本《武王踐祚》篇中席銘的一部分和楹之銘，和《金人銘》的一些內容是相同的〔註 31〕：

（一）《說苑‧敬慎》所引《金人銘》：「安樂必戒。」

《孔子家語‧觀周》本作「安樂必戒」；

甲本《武王踐祚》作「安樂必戒」；

今本《武王踐祚》作「安樂必敬」。

（二）《說苑‧敬慎》所引《金人銘》：「無行所悔。」

《孔子家語‧觀周》本作「無所行悔」；

甲本《武王踐祚》作「毋行可悔」；

今本《武王踐祚》作「無行可悔」。

（三）《說苑‧敬慎》所引《金人銘》：「勿謂何傷，其禍將長。勿謂何害，其禍將大。勿謂何殘，其禍將然。勿謂莫聞，天妖伺人。」

《孔子家語‧觀周》本作：「勿謂何傷，其禍將長。勿謂何害，其禍將大。勿謂不聞，神將伺人。」

甲本《武王踐祚》作：「勿曰何傷，其禍將長。勿曰何害，其禍將大。勿曰何殘，其禍將然。」

今本《武王踐祚》作：「毋曰胡殘，其禍將然，毋曰胡害，其禍將大。毋曰胡傷，其禍將長。」

顯然，以上三處在幾個文獻中是大致相同的，就是說它們都吸收、保留了這些內容。可以肯定的是，這些銘文在很長一段時間內都為人們所熟知。劉向曾受詔校經傳諸子詩賦，所編著《說苑》保存了大量先秦史料，

〔註 30〕何有祖先生認為《武王踐祚》所收箴銘下限大致在戰國中期後段之前，上限是春秋中期以後。從箴銘的角度看，《武王踐祚》是西周武王實錄的可能的確很小。見其《上博簡〈武王踐祚〉初讀》，武漢大學簡帛網 2007 年 12 月 4 日。

〔註 31〕朱淵清：《〈金人銘〉研究——兼及〈孔子家語〉編定諸問題》（饒宗頤主編《華學》第六輯，第 201～216 頁，紫禁城出版社 2003 年 6 月）。指出，今本《大戴禮記‧武王踐祚》所引《席銘》、《楹銘》，其內容與《金人銘》相同。

上個世紀七十年代在河北定縣出土的一批竹簡中有先秦典籍《儒家者言》，很多內容同於《說苑》，因此學界都把《說苑》作為可信的古籍。朱淵清先生通過對比《說苑·敬慎》和《孔子家語·觀周》所引的《金人銘》文句，發現《孔子家語》語言不及《說苑》修飾齊整，而顯得質樸本色，這樣《孔子家語》中的《金人銘》應是比《說苑·敬慎》更為早期的文本〔註32〕。顯然這些銘文以及《金人銘》在戰國時期乃至更早就已經存在。

今本《武王踐阼》後面錄有十七則銘文，包括席之四端、機、檻（鑒）、盥盤、楹、杖、帶、履屨、觴豆、戶、牖、劍、弓、矛之銘。而簡書甲本則包括席之四端、機、檻（鑒）、盥盤、楹、杖、戶十則。但《太平御覽》卷590引蔡邕《銘論》曰：「武王踐阼，諮於太師，作席幾楹杖之銘十有八章。」有學者指出，蔡邕所見箴銘十八章的情形與今本數目並不相合〔註33〕。這正說明在不同的版本裏，存在的器物銘文的章數是不一致的。沈德潛《古詩源》（中華書局1963年）也收有《左傳》、《大戴禮記》和《太公金匱》等書中的一些古代箴銘。顯然，今本《武王踐阼》中的銘文和《金人銘》一樣〔註34〕，屬於將許多可能長期流行的大量戒銘之文加以整合的結果。對比簡書甲本，我們可以知道，其中帶、履屨、觴豆、牖、劍、弓、矛之銘是屬於戰國中後期附加上去的結果。至於甲本《武王踐阼》除保留了原武王作銘故事中的器銘文之外，也不能排除收入其他來源的銘文或箴言的可能。

金人銘的來源很廣，當然比較明顯的是其中有部分銘文和《老子》關係密切，前人對此早有研究〔註35〕，甚至被認為是《老子》的思想源頭之一〔註36〕。其實《老子》本身就有不少屬於這種類似格言的精練語

〔註32〕 朱淵清：《〈金人銘〉研究——兼及〈孔子家語〉編定諸問題》，饒宗頤主編《華學》第六輯，紫禁城出版社2003年6月，第201～216頁。

〔註33〕 參看黃懷信：《大戴禮記匯校集注》（三秦出版社2005年）所引孔廣森意見，第668頁。

〔註34〕 《金人銘》其實也是由類似《楹銘》的單一箴銘組合而成。

〔註35〕 （日）武內義雄：《老子原始》，（日）內藤虎次郎等著，江俠庵編譯：《先秦經籍考》，商務印書館1931年；黃方剛：《老子年代之考證》，顧頡剛編著《古史辨》第4冊，第368頁，上海古籍出版社1982年。

〔註36〕 鄭良樹先生認為《老子》在孔子前成書並採用了《金人銘》，《金人銘》在孔子以後嚴重散亡竄亂。但是如果王應麟認為《金人銘》即《漢書·藝文志》所記錄的《黃帝銘》六篇之一是正確的，則《金人銘》的定本應該不會太早，鄭說可商。王氏之說見《漢書藝文志考證》卷6《黃帝銘六經篇》；

錄。簡書甲本《武王踐阼》那些與《金人銘》相同或相近的部分是否是採自《金人銘》，這尚需要更多證據來證明。當然，《金人銘》的部分內容在孔子、老子以前就存在應該是不成問題的，所以《武王踐阼》把原來的武王作銘故事加上一些當時的銘箴之言是可能的，後面我們還要論述。

唐馬總《意林》收錄《太公金匱》二卷，載有履銘、鋒銘、刀銘、井銘等，與《武王踐阼》相關部分內容是：

《意林》卷 1：「《太公金匱》二卷。……武王問：『五帝之戒可得聞乎？』太公曰：『黃帝云：余在民上，搖搖恐夕不至朝，故金人三緘其口，慎言語也。堯居民上，振振如臨深淵；舜居民上，兢兢如履薄冰；禹居民上，栗栗如恐不滿；湯居民上，翼翼懼不敢息。道自微而生，禍自微而成，慎終與始，完如金城。行必慮正，無懷僥倖（書履）。忍之須臾，乃全汝軀（書鋒）。刀利鎧鎧，無為汝開（書刀）。源泉滑滑，連旱則絕，取事有常，賦斂有節（書井）。』」

據《太平御覽》卷 593 等處所引《太公金匱》，「故金人三緘其口」句「故」下當脫「為」字，當是「故為金人，三緘其口」。

同為武王問師尚父，由《太公金匱》中的黃帝之言可知，《武王踐阼》篇中的「機（或幾）之銘」，並不能按照《孔子家語‧觀周》「古之慎言人也。戒之哉！無多言，多言多敗；無多事，多事多患。」來理解，《武王踐阼》的重心不是「慎言」，而是指要時刻保持「敬」、「誡」之心，不可有絲毫懈怠。《太公金匱》中的黃帝、堯、舜、禹、湯在位時治國臨民都戰戰兢兢、如履薄冰、勤勉於國事，而不敢有幾微之懈怠。銘文強調在位者連一絲一毫都要注意，一絲一毫的懈怠之意都不能有。這一點和《武王踐阼》的思想是一致的。

孔廣森以為，《太公金匱》所收錄其他箴銘除書劍一章外，其餘詞多淺易，似後人依類廣造，非是篇之倫矣〔註37〕。孔氏之說可信。又如：

武王曰：「吾隨師尚父之言，因為慎。書銘隨身自誡，其冠銘寵以著首，將身不正，遺為德咎。書履曰：行必慮正，無懷僥倖。書劍曰：當以服兵，

鄭說見其《諸子著作年代考》（北京圖書館出版社 2001 年）之《〈金人銘〉與〈老子〉》。

〔註37〕參看黃懷信：《大戴禮記匯校集注》（三秦出版社 2005 年）所引孔廣森意見，第 668 頁。

而行道德；行則福，廢則覆。書鏡曰：以鏡自照，則知吉凶。書車曰：自致者急，載人者緩；取欲無度，自致而反。」（案《太平御覽》四百三引作「德行則福，德廢則覆」，《北堂書鈔》一百二十二引與此同。）

　　將《武王踐阼》故事用通俗語言概括，而加入新銘辭，而這些銘辭，均淺近易曉。故何有祖先生認為「從上列箴銘看來，《太公金匱》年代應晚於《武王踐阼》」〔註38〕。

　　《太公金匱》是戰國中後期齊國的道家黃老著作，其中的《金人銘》取用了當時寫刻在三個金人器物上的箴銘，由黃老家們加入了慣用的武王問太公的故事套子編造而成。則《武王踐阼》在更早時期即已有比較成熟的文本出現了。

　　簡書甲本《武王踐阼》首句武王向師尚父的問話是「黃帝、顓頊、堯、舜之道」，乙本所問則是「百世不失之道」，而今本作「黃帝、顓頊之道」，另外，《太公金匱》以及《皇覽記・陰謀》有「五帝」，指黃帝、堯、舜、禹、湯。首先很清楚，這些著作其最初都屬於一個好託古的時代，甲本為四帝，《太公金匱》等「太公書」則是五帝，這些改變又反映了文化和時代的變化，即它們是隨著古史一步步被闡釋、發掘得越來越清晰的過程中而表現出自己相應變化的。再比如，甲本、乙本和今本皆言「道」，好談「道」，好談治世之「道」，應該是老子之後的事情，比較嚴格地說還是戰國中期才開始的文化現象。而「黃帝」熱具體什麼時候開始出現還不好說，但至少是在早期儒家和墨家提倡堯、舜、禹之後才開始的，那也是戰國中期偏早的事了。所以，簡書《武王踐阼》的創作年代雖然不會晚於戰國中期偏晚，但也不會早於春秋末期，至多是在戰國早期。

　　當然，這個作年判定不是否認還有更早的本子存在，更不是否認簡書《武王踐阼》有更早的文獻和思想淵頭。相反，我們認為春秋時期甚至更早即存在簡略的武王作銘故事，而簡本和今本《武王踐阼》乃是由更早時期的不同文獻和思想資料經過改寫整合而成的。

　　我們前面提到的《太公金匱》，其中所引的武王問太公故事與我們如今能見到的簡書甲本、乙本、今本《武王踐阼》均不同，楚簡《武王踐阼》不可能是根據《太公金匱》本改編敷衍而成文，《太公金匱》更不可能是由楚簡本《武王踐阼》刪削而成，那麼這些「太公書」系列的武王問太公故

〔註38〕何有祖：《上博簡〈武王踐阼〉初讀》，簡帛網 2007 年 12 月 04 日。

事以及武王引師尚父之言作銘自戒「因為慎」的故事到底何來呢？顯然，應該還有更早的武王問師尚父後自作銘故事的簡略記載，這些記載要早於「太公書」系統，也要早於楚簡本《武王踐祚》。只是到了「太公書」和簡本《武王踐祚》中加入了黃帝、堯、舜等古帝王。

《史記·蘇秦列傳》稱蘇秦作「周書陰符」，《戰國策·秦策》則云：「（蘇秦）得太公陰符之謀，伏而誦之，簡練以為揣摩。」《莊子·徐無鬼》釋文引司馬彪、崔撰曰：「《金版》、《六弢》皆《周書》篇名。」《銀雀山漢墓竹簡》也認為：「太公之書，古亦稱周書」，並舉證曰：「敦煌寫本《六韜》殘卷中有《周志廿八國》一篇，文字與《周書·史記》略同。古書所引《周書》之文，亦頗有與太公之《六韜》、《陰謀》、《金匱》諸書相出入者（參看嚴可均《全上古三代文》卷七）。《呂氏春秋》所謂『周書』可能即指太公之書。」《戰國策》卷 22《魏策一》：「蘇子引《周書》曰：『綿綿不絕，縵縵奈何？毫毛不拔，將成斧柯。前慮不定，後有大患，將奈之何？』」《開元占經》卷 6、卷 11 引《尚書金匱》，據姚振宗《隋書經籍志考證·太公金匱》引嚴可均曰：「疑即《太公金匱》異名。」《六韜》又有《金版六弢》、《周史六》、《太公六》等不同稱謂，金版的《六弢》應為周代史官記錄下來，並鑄之金版之上，書名即包含該書的性質。一般認為《金版六弢》就是傳本《六韜》最早本子，《金版六弢》在《莊子·徐無鬼》中與《詩》、《書》、《禮》、《樂》並提，可見影響很大。綜合來看，先秦人都是把這些書看作是來源很早的「周史」文獻，換句話說，《太公金匱》等有關太公望的文獻在先秦時期原是屬於《周書》、《逸周書》等歷史文獻系統的，楊朝明先生甚至認為「《周史六弢》的書名其實已經昭示了該書出於周初的周朝史臣」〔註39〕，《金版六弢》著錄成書當即在滅商當時或後不久〔註40〕，則《太公金匱》中所涉及的武王問師尚父故事最初屬於《周書》系統也就合乎情理了，自然，武王問師尚父故事存在於西周中葉以前的文獻也不無可能。另外，今本《大戴禮記》中收入《官人》，對照《逸周書·官人解》，二文大致相同，則原屬於「周書」系列的《武王踐祚》、「武王

〔註39〕楊朝明：《從〈武王踐祚〉說到早期兵文化研究》，《管子》研究 2005 年第 3 期，第 53 頁。

〔註40〕楊朝明：《關於六韜成書的文獻學考察》，《中國文化研究》，2002 年春之卷，58 頁～65 頁。

問師尚父」故事被後人收入「禮記」系統也是很有可能的。這樣看，今日所見的幾個版本《武王踐阼》存在一個有關武王與師尚父對話或武王作銘的較早簡略記載是可能的。

而簡本和今本《武王踐阼》以及《太公金匱》中的武王形象也和《尚書》、《逸周書》等相對早期的文獻記載相吻合。

在簡書中，武王為了獲得丹書之道，特意虔誠地齋戒三日，其實這也可能是師尚父的一個策略，就是希望武王能夠真正保持一種對周朝所能獲得的天命和王位的「誠」、「敬」之心。師尚父丹書的核心就是「怠勝義則喪，義勝怠則長。義勝欲則從，欲勝義則凶」，或者「志勝欲則昌，欲勝志則喪；志勝欲則從，欲勝志則凶。敬勝怠則吉，怠勝敬則滅」，還有要以「仁」道守成。這些概括起來就是「敬」、「仁」、「義」。「敬」就是不可有絲毫懈怠，不要以為打下江山了就可以放鬆。聽了師尚父丹書之言後武王的反應是相當激烈的：「恐懼」，這是真正感到了在位臨民者的不易，以及對那種擔心隨時會失去民心的憂慮。看前引《太公金匱》中的黃帝「余在民上，搖搖恐夕不至朝，故金人三緘其口，慎言語也」，「堯居民上，振振如臨深淵」，「舜居民上，兢兢如履薄冰」，「禹居民上，栗栗如恐不滿」，「湯居民上，翼翼懼不敢息」就更能理解武王的恐懼。「道自微而生，禍自微而成」，哪怕有一點點的懈怠，就可能有禍患出現。這些都深深地刺激了武王充滿了憂患意識的神經，所以，武王製作了「安樂必戒」、「民之反側，亦不可不志」、「所諫不遠，視爾所代」之類的銘文，商朝的被滅亡對勝利者的周人而言，本身就是一個警鐘。

在其他文獻中，武王這種充滿憂患意識、勞苦不已的形象是非常鮮明的。清華楚簡《保訓》中文王在臨終前以舜和上甲微故事為例，希望武王敬勿淫逸，奮發圖強，不忘家仇，以圖大商。文王還一再告誡武王要「祗備不懈」，「敬哉，勿淫」！而武王這種憂慮甚至達到了夜不成寐的地步，如《逸周書·寤儆解》、《武儆解》都記載了周武王因夢而更不安心的事蹟。其實這種憂心警惕的為政心態一直是周初幾位統治者：文王、武王、周公和成王等的共同特徵。如《尚書·無逸》，周公告誡成王只有勤於政事，不放縱自己，才能「享國日長」。《詩·周頌·昊天有成命》也稱：「成王不敢康，夙夜基命有密。」《毛公鼎》也說「母（毋）敢妄（荒）寧」。

可以肯定，簡本《武王踐阼》是有一定文獻依據的，楊朝明先生甚至

認為「《武王踐阼》記載武王與太公師尚父的對話，它出於周初史臣，是可靠的周初史料」〔註41〕，廖名春先生也提出：「從《武王踐阼》篇的稱呼來看，儼然是西周史官實錄的口氣，……因此，它很可能是西周史官之作。」〔註42〕

再者，如果《孔子家語・觀周》和《說苑・敬慎》所記錄的孔子入周太廟見到金人之銘是可信的，通過前面的比較我們知道《武王踐阼》存在不少與《孔子家語》相同或相近的內容，那麼簡書《武王踐阼》的部分文獻和內容在孔子之時或之前就已經存在。當然，前面亦已經論述到，楚簡本《武王踐阼》應該也是吸收了當時或此前不同文獻中的箴銘文內容的。

《六韜・文韜・明傳》中記有周文王、武王與太公的對話：

文王寢疾，召太公望，太子發在側。曰：「嗚呼天將棄予！周之社稷，將以屬汝。今予欲師至道之言，以明傳之子孫。」太公曰：「王何所問？」文王曰：「先聖之道，其所止，其所起，可得聞乎？」太公曰：「見善而怠，時至而疑，知非而處，此三者，道之所止也。柔而靜，恭而敬，強而弱，忍而剛，此四者，道之所起也。故義勝欲則昌，欲勝義則亡；敬勝怠則吉，怠勝敬則滅。」

1972 年山東臨沂銀雀山西漢墓中出土有簡本《六韜》，1973 年河北定縣八角廊 40 號西漢墓中也出土《六韜》，專家根據銀雀山和定縣漢墓下葬年代、竹簡字體（屬早期隸書，當屬於西漢文、景至武帝初期抄寫成的。）、避諱（不避漢帝之諱）等方面，判定《六韜》成書時代在漢以前，又認為《六韜》還引用很多黃老家言，故其撰作年代應在戰國中後期〔註43〕。這樣看，今本《六韜》應後於簡本《武王踐阼》。雖然《文韜・明傳》和《武王踐阼》確有很多近似的地方，例如，都是問「至道」，希望傳給子孫，都是太公回答，而總結句「故義勝欲則昌，欲勝義則亡；敬勝怠則吉，怠勝敬則滅」也基本一致，但《文韜・明傳》和《武王踐阼》的區別也是很

〔註41〕楊朝明：《從〈武王踐阼〉說到早期兵文化研究》，《管子》研究 2005 年第 3 期，第 53 頁。

〔註42〕廖名春：《上海博物館藏楚簡〈武王踐阼〉篇管窺》，日本《中國出土資料研究》第 4 號，2000 年，收入廖名春主編：《清華簡帛研究》第二輯，清華大學思想文化研究所 2002 年版。

〔註43〕朱淵清：《〈金人銘〉研究——兼及〈孔子家語〉編定諸問題》，饒宗頤主編《華學》第六輯，第 201～216 頁，紫禁城出版社 2003 年 6 月。

明顯的，並不因後於《武王踐阼》就承襲其說，《文韜·明傳》中的問者是文王而不是武王，時間是「文王寢疾」，快要病故時，所問的「道」也是「至道」、「先聖之道」。可以肯定今本《六韜》另有所本，或許就是更早的金版本子。換一個角度看，這種不同又證明，簡本《武王踐阼》確實是吸收、借鑒了其他文獻中的思想和語句加以整合形成的。

下面我們分別來看看甲本和乙本的思想特徵和撰作年代。

簡書甲本武王問師尚父的「道」是黃帝、顓頊、堯、舜之道，前面已經說過，這是和託古以議論的時代思潮相適應的。託古以議論的現象是一個長期而漸進的過程，從人們開始比較注意整理利用歷史和文獻就已經不自覺的開始了，越到後面越熱烈，尤其是戰國中後期。需要注意的是其中的「黃帝」熱這一現象。目前能見到的屬於先秦黃帝學的典籍是出土文獻《黃帝四經》〔註44〕。王博以「氣」從《黃帝四經》到《管子》的演變過程來論證《黃帝四經》早於《管子》〔註45〕，李學勤先生通過古史系統的演變得出《黃帝四經》不晚於戰國中期的結論〔註46〕，陳鼓應先生運用漢語詞彙從單詞到複合詞的演變規律，論證《四經》至少與《孟子》和《莊於》內篇同時，「帛書《黃帝四經》應是黃老學派的最早著作……成書的年代相當早，應在戰國中期之前。」〔註47〕，白奚在《稷下學研究——中國古代的思想自由與百家爭鳴》一書有專節論證《黃帝四經》屬於稷下學宮的早期作品，認為其成書當在戰國早中期之際，在墨子之後，但先於《管子》、《慎子》、《孟子》、《莊子》諸書〔註48〕。

《老子》、《論語》和《墨子》中都沒有堯、舜以前的古史記載，關於黃帝以及更早的古史傳說，大量出現子戰國中後期的諸子書中，戰國中後期幾乎所有子書中都出現了黃帝和更早的神農、伏羲，特別是道家及與道

〔註44〕關子書名，本書採取唐蘭先生首倡的觀點，認為這四篇古佚書就是《漢書·藝文志》所列的《黃帝四經》（見唐蘭：《馬王堆出土《老於》乙本卷前古佚書研究》，載《考古學報》1975 年第 1 期），而不取《黃老帛書》這一提法。關於春秋以來流行的「黃帝之言」，可參看齊思和先生《黃帝之製器故事》一文，載《古史辨》第七冊。

〔註45〕王博：《〈黃帝四經〉與〈管子〉四篇》，《道家文化研究》第 1 輯。

〔註46〕李學勤：《楚帛書與道家思想》，《道家文化研究》第 5 輯。

〔註47〕陳鼓應：《黃簾四經今注今澤》，臺灣商務印書館 1995 年 6 月版，第 37 頁。

〔註48〕白奚：《稷下學研究——中國古代的思想自由與百家爭鳴》，北京三聯書店，1998 年，第 6 章第二節，94 頁～113 頁。

家有關的典籍更加集中，而且是越來越複雜，越推時間越古。而簡本《武王踐阼》與《黃帝四經》一樣只有黃帝的傳說，未及神農、伏羲以前。

在戰國中期往後，儒家在典數堯舜禹湯文武周公的同時，也是會兼而及於伏羲、神農、黃帝等古聖王的，如《孟子》雖無黃帝而有神農，而在《管子》、《莊子》、《尸子》以及《荀子》、《韓非子》的古史論述系統中，又出現了更早的「燧人氏」、「有巢氏」。古史熱、黃帝熱也不能不影響儒家。早期儒家「祖述堯舜，憲章文武」，墨家倡導「禹之道」，道家單靠老子還覺得不夠，遂抬出更古的黃帝旗號，認為自己論證和研究的是更古也更高明、合理的治世之「道」，是一個不依賴於儒、墨兩家所提倡的聖賢、仁義等人之品性的無為「道」治，超越了人治和禮治。所以道家對古史系統的造說最熱衷，而且所造古史越來越多、越來越古。簡書《武王踐阼》把「黃帝」特別提出來，可見也屬於黃帝熱時代的產物，這使我們有理由相信簡書甲本《武王踐阼》的創作時間當在戰國早中期之交往後，但不會晚於戰國中期偏晚。

簡書甲本《武王踐阼》既吸收了新的黃帝學營養，但由於其更早思想來源的保留和影響，所以簡書甲本的主體思想仍然是戰國中期以前的，例如前面我們提到的「敬」、「安樂必戒」、「無逸」，不可「怠」，提倡「仁」、「義」，對君王個人提出了相當高的精神和行為要求。最明顯的還是抬出了黃帝的同時又不拋棄早期儒、墨家所喜好的「堯、舜」，把黃帝和堯、舜放在一起，不作區分。要知道在戰國中期，諸子的主流趨勢是認為黃帝治道和堯、舜、禹之道是有不同的。在郭店楚簡中，儒家極力推崇的是堯、舜等的尊賢禪讓之道，而黃帝之道在他們那裡還有些模糊不清。因此，這種黃帝和堯、舜不分的現象不僅反映了簡書甲本《武王踐阼》既堅持傳統早期儒學的仁、義理念，又有限接受了黃帝學等新思想，而且也體現了儒、道相爭並不激烈的戰國中期偏早的學術趨向。當不會晚於以黃帝為尊的黃老道家與以堯、舜、禹為高的儒、墨激烈相爭對峙的戰國中晚期。當然，甲本《武王踐阼》有明顯的儒家痕跡，這是由其故事主體中武王等周初政治家們的政治理念所決定的，這也反過來說明先秦早期儒家思想的許多成分確實是從西周政治實踐和政治制度中提煉出來的。

甲本《武王踐阼》中武王的銘文提到「安樂必戒」，還是個類似於《尚書‧康誥》等屬於周初的政治性理念，與人性論還無關，但到師尚父的丹

書中卻明確要求用「義」來戰勝、克服「欲」，乙本則是要用「志」來克服「欲」。這和《黃帝四經》對「欲」的態度是一致的，如後者認為「生有害，曰欲」，(《經法·道法》)「心欲是行，身危有央（殃）」(《經法·國次》篇)，把「縱心欲「視為「三凶」之一。這種對人性、人慾的認識顯然是春秋末期以來所發展起來的，所以從人性論、人慾論的發展演變看，這些都屬於簡書兩個本子在原有武王作銘故事的基礎上所添加的部分，但還是人性討論尚不自覺而充分的產物。而屬於簡書甲本靠後的杖之銘也提到「失道於嗜欲」，這和思孟學派的人性論有接近，但把「道」和「欲」對立起來，則又更像是作為戰國新思潮的道家學者的理念。至於銘文中如「相忘於富貴」等與上下文不合的銘辭肯定屬於後來添加的。

戰國中期人性問題已經成為諸子爭鳴的熱點問題和關鍵問題，這個時期各家都對人性問題提出了自己的看法，並在這個基礎上提出相應的政治哲學。孟子等儒家學者延續著克服「欲」的傳統觀念，而道家則取得了人性、人慾問題上的新突破，提倡因「天道」、因「人情」，這成了道家、黃老學探尋不依賴於個人道德、能力和精神境界的新政治哲學的人性論基礎。

我們知道，先秦諸子對古史、傳說有著許多不同的說法和闡釋方向，除了法家的少數人外的大部分都認為往古時期是有著當今之世可以學習和傚仿的榜樣的。在儒家一系看來，世道之盛衰治亂取決於在位的是聖王還是暴王，一治一亂、一盛一衰是儒家對歷史的總體評價。當然儒家並不放棄希望，希望可以通過努力多出聖賢。而屬於道家思潮中的部分人物，如黃老道家，就借助自然天道觀念，提出無為、因循的人性論和政治哲學，超越依靠個人修養的聖王之治，而創造了可以適用於百世的道治和法治。

甲本中社會和國家治理的關鍵還是在王，如黃帝、堯、舜，雖然提到黃帝，即使是有意在思考某種可以保住王位十世、百世的策略，甲本中能夠給出的仍然是所謂的「以仁得之，以仁守之」之類的儒家仁義觀，仍不屬於某種可以忽視個人品性與能力的治世方略。所以甲本應該略早而屬於儒家的本子。但是乙本就不一樣了，儘管還圍於武王問師尚父故事的原有框架而不得不保留原有的「敬勝怠則吉」之類的成分，但卻明顯地作了許多有意無意的改造。

例如乙本作者把甲本中的「黃帝、顓頊、堯、舜之道」重新概括為「不盈於十言而百世不失之道」，明確表明他所追尋的不是個別人、個別聖王的

在位之道，而是超越了人性束縛、可以適用於百世的至道。這一點正和我們前面提到的黃老道家思想是完全一致的。其次，乙本作者用甲本中「義」和「欲」的對舉改為「志」和「欲」的對舉，這明顯是把戰國中期對認識問題和人性問題探討上的新成果應用了過來，從而把甲本中「義」和「欲」對舉原屬於君王個人為政中個人慾望和社會與政治法則相衝突的人治政治理念問題，改變成了一個人性論問題。再次，乙本把甲本原有的論「仁」的大量簡文給拿掉了，顯然，乙本認為「仁」不「仁」的問題和他所探求的超越個人修養的百世不失之道是不合拍的。而且，前面我們已經論述到，乙本的作者可能是要借這樣一個故事來講另一個道理，而這個道理可能就跟乙本主體部分探求的百世不失道有關係。最後，乙本稱姜尚為太公望，而且把他的地位抬高而超過了甲本中的武王，這明確是一個以太公望學說為中心的一個版本。又因為上博楚簡出土在戰國中期偏晚，所以我們推到乙本應該創製在戰國中期，屬於黃老派或戰國齊地託名太公望的兵權謀思想學派的一個本子。《太公金匱》等書中的武王問師尚父故事也表明，黃老學派和太公兵權謀學派中存在這樣一個對武王與太公望問答故事的重新整理本是很有可能的，而其中的部分思想和講述丹書之言的呂尚也有關聯。

師尚父即姜尚，呂尚，又稱「太公望」（《史記·齊太公世家》司馬貞《索隱》。），概括來講，輔助西周文武二王滅商建周，輔助周公、成王平叛、定周，建立齊國是其三大偉績。

《史記·齊太公世家》云：

> 周西伯昌之脫羑里，歸，與呂尚陰謀修德以傾商政，其事多兵權與奇計，故後世之言兵及周之陰權皆宗太公為本謀。周西伯政平，及斷虞芮之訟，而詩人稱西伯受命曰文王。伐崇、密須、犬夷，大作豐邑。天下三分，其二歸周，太公謀計居多。

太公之「謀計」或「陰謀」，不僅有「兵權與奇計」，當然也包括以仁政收攬人心。《史記·齊太公世家》又記：

> ……師尚父牽牲，史佚策祝，以告神討紂之罪。散鹿臺之錢，發鉅鹿之粟，以振貧民。封比干墓，釋箕子囚，遷九鼎，修周政，與天下更始，師尚父謀居多。

則師尚父之謀，還包括敬天事神，賑濟貧民，旌表忠臣，立定法制等。

呂尚被封齊，《史記·齊太公世家》又記：

太公至國，修政，因其俗，簡其禮，通商工之業，便魚鹽之
利，而人民多歸齊，齊為大國。

呂尚之治世之道，又包括因俗求便，尊重百姓之欲利需要，與後世黃老學多相通。概括來講，呂尚的治世之道，文武兼顧，刑賞並用，因順人性與民俗，行仁政與出奇計相結合。

前面我們又提到，《荀子・議兵》中有：「故敬勝怠則吉，怠勝敬則滅。計勝欲則從，欲勝計則凶。」句，講究「謀計」，思想上與上述呂尚思想以及傳世的太公書文獻思想都比較接近。如果不是荀子個人憑傳聞記錄下來的，而是別有《武王踐阼》篇為其所本，我們認為荀子所見的那個本子就應該屬於太公兵權謀學派的作品。

淳于髡、鄒奭、慎到、田駢、接子、環淵等學者皆於稷下「學黃老道德之術，因發明序其指意」（《史記・孟子荀卿列傳》），而荀子自年十五來學於齊〔註49〕，到老年「最為老師」、「三為祭酒」（《史記・孟子荀卿列傳》），深受黃老道家影響是肯定的，《荀子》中對「心術」、「虛壹而靜」等概念和思想的吸收直接來源於道家黃老學派的影響〔註50〕，他的思想在對黃老學的汲取基礎上有所調整，具有總結先秦諸子百家的性質和特點，既宣揚儒家的恭、敬、惠、敏等主張，又提倡法家和兵家的富國強兵計策，因此，荀子自然會接觸到《太公》一類書。

《漢書・藝文志・兵書略》「兵權謀」：「兵權謀十三家，二百五十九篇。」《漢書・藝文志・諸子略》「道家」下：「《太公》二百三十七篇〔註51〕。《謀》八十一篇，《言》七十一篇，《兵》八十五篇。」《漢書・藝文志》之「兵權謀」下注「省《太公》」〔註52〕。傳世託名呂尚的著作即使不全出於呂氏之

〔註49〕《史記・孟子荀卿列傳》記荀子初學稷下是「年五十」，《風俗通義・窮通》作「年十五」，後者為是。

〔註50〕杜國庠：《荀子從宋尹黃老學派接受了什麼？》，《杜國庠文集》，人民出版社1962年。近年很多學者論及荀子與黃老之關係，如丁原明《論荀子思想中的黃老傾向》，《管子學刊》1991年第3期；孫以楷《荀子與先秦道家》，《學術月刊》1996年第8期；白奚：《稷下學研究──中國古代的思想自由與百家爭鳴》第11章，北京三聯書店1998年。激烈者甚至認為荀子非儒家而是道家，如趙吉惠：《荀子非儒家辨》，《管子學刊》1990年第4期；趙吉惠《荀況是戰國末期黃老之學的代表》，《哲學研究》1993年第5期。

〔註51〕原注：「呂望為周師尚父，本有道者。或有近世又以為太公術者所增加也。」

〔註52〕前賢已經證明，《漢書・藝文志》著錄的《謀》就是《陰謀》，也就是《太

手，也很可能是齊稷下黃老學者整理呂尚著作的產物，因為二者的思想十分接近。乙本《武王踐祚》追問百世之道，與黃老學接近，又以太公望為論述重心，故應該也屬於這個系列的文獻之一。

王應麟認為武王踐祚時，太公望也作了許多箴銘。王應麟「參考《金匱》、《陰謀》之書則不止於十八章矣，書於篇後，俾好古者有考。」〔註53〕王氏《困學紀聞》卷5根據《後漢書》注、《太平御覽》引《太公陰謀》、《太公金匱》，輯錄有衣、鏡、觴、幾、杖、筆、棰、冠、履、劍、車、鏡、門、戶、牖、鑰、硯、鋒、刀、井之銘。而嚴可均《全上古三代文》亦有輯佚。如：

> 《太公陰謀》曰：「武王衣之銘曰：『桑蠶苦，女工難得新捐，故後必寒。』鏡銘曰：『以鏡自照者見形容，以人自照者見吉凶。』觴銘曰：『樂極則悲，沉湎致非，社稷為危也。』」〔註54〕

> 《太公陰謀》：「機之書曰：安不忘危，存不忘亡。」〔註55〕

這些器銘有些毫無疑問與今本《武王踐祚》之銘是重疊的。顯然，由於《太公金匱》、《太公陰謀》等太公書中明確記錄履、鋒、刀、井等銘為太公所言，而如簡書甲本卻記錄為武王所作，因而先秦有關武王問師尚父故事中的銘文同時存在著武王製作和太公望製作兩個系統，而且這兩個系統往往同時並存又相互借鑒補充，比如，甲本就有可能借鑒了部分來自「太公」書系列的銘文。

所以，傾向於儒家思想的學者和黃老道家、兵權謀家都在利用武王問師尚父而作銘這一資源作為他們表現自己思想的平臺，最終形成了兩個有關武王作銘的故事闡釋系統，一個是以武王為中心的儒家系統，一個是以師尚父為重心的齊地黃老學與兵權謀系統；他們都把武王問師尚父而作銘

公陰謀》，《言》就是《太公金匱》，《兵》就是《太公兵法》或稱《六韜》、《太公六韜》。沈欽韓曰：「《謀》者即太公之《陰謀》，《言》者即《太公》之《金匱》，凡善言書諸金版。《大戴記‧踐祚篇》、《呂覽》、《新書》、《淮南》、《說苑》所稱皆是。《兵》者即《太公兵法》，《說苑‧指武篇》引《太公兵法》。」

〔註53〕王應麟：《困學紀聞》（全校本上冊）卷5，上海古籍出版社，2008年，678頁。

〔註54〕《後漢書‧孫穆傳》：「銘書成敗，以防遺失。」注引。

〔註55〕《文選》卷四十八，司馬相如《封禪文》：「故曰於興必慮衰，安必思危。」注引。

的故事同古史層累過程中的古聖王以及相關箴銘文相結合，對武王作銘故事或武王問師尚父故事進一步完善，但這種結合的方式和重心並卻並不一致。

至於今本，收錄了 17 則器銘，是該篇的主體部分，故其重心已經變成了後面的銘文。今楚簡本出土，使我們知道這其中的大量器物銘文屬於戰國後期從其他地方移植、添加進來的。這裡舉例說明。例如楹之銘「毋曰胡殘，其禍將然；毋曰胡害，其禍將大；毋曰胡傷，其禍將長。」（楚簡甲本也有）前面我們已經分析過，這和與《老子》關係密切的《金人銘》是近似的，意在講防微杜漸，要善於見「小」。因此它應該也不可能是武王作銘中的原文。戶之銘「而曰我杖之乎」可能原屬於杖之銘，為簡文上的竄亂；而「若風將至，必先搖搖，雖有聖人，不能為謀也」和儒家子思學派以及後來的《管子》學派、黃老道家學派所注意探討的認識論問題密切關聯，自然也是戰國中後期黃老道家思想的增衍。牖之銘曰：「隨天之是，以地之材，敬祀皇天，敬以先時。」和《黃帝四經》在句式和主旨上都很接近，可能屬於對早期黃老學順應天道為生為治思想的移植。至於最後的帶之銘、弓之銘、矛之銘，則用詞淺易，大概是戰國後期甚至是西漢時所添加。

今本開頭還多出「武王踐阼」句以及武王與諸大夫的問答內容，相信這一部分是來源於先秦的其他本子，這個本子可能也是鄭玄所見本。古代的《禮》多有「記」，如今本《儀禮》中不少篇就附有「記」，所以先秦已有「禮記」殆無疑問。劉洪濤先生指出，本篇與上博二中的《民之父母》篇在形制、書體、保存狀態等方面基本一致，原來很可能是合編為一卷的，「二者的合編可能是有關禮的記載的《記》百三十一篇的一個早期版本，或許可以把它稱為《禮記》」〔註56〕。李零先生又認為，從竹簡形制及字跡特徵看，與《武王踐阼》合抄在一起的，還有上博二《民之父母》及其他兩種與顏淵、子路有關、但未發表的上博竹書〔註57〕。那麼，不僅在戰國後期的經學化運動中，已經有人開始整理、編訂禮記而成書，早在上博簡出土的戰國中期偏晚時代，就有人開始把某些篇目放在一起加以整編成冊

〔註56〕劉洪濤：《〈民之父母〉、〈武王踐阼〉合編一卷說》，復旦大學出土文獻與古文字研究中心網 2009 年 1 月 5 日。

〔註57〕李零：《喪家狗：我讀〈論語〉》，山西人民出版社，2007 年 5 月，第 46 頁。

了，至於是否有「禮記」之名，是否就是《漢志》所著錄的《記》呢，尚不明確。而從這種只有三篇合編在一起的情形看，楚簡《武王踐阼》兩本應該尚不被認可為「禮記」。我們推測先秦即有的開篇為「武王踐阼」句的本子可能屬於古禮記中的一篇。但到《大戴禮記》中又可能與其他的本子放在一起加以整合，形成今傳本。所以今本《武王踐阼》的形成還涉及到一個「禮記」在先秦的存在狀況和流傳問題，以及《大戴禮記》的成書問題。

《漢書·藝文志》中只著錄了「《禮古經》五十六卷。《經》十七篇。《記》百三十篇」和「《太公》二百三十七篇」。直到《隋書·經籍志》方著錄「《大戴禮記》十三卷」（原注：「漢九江太守戴德撰，鄭玄注。」）、「《禮記》二十卷」（原注：「漢信都王太傅戴聖撰。梁有《諡法》三卷，漢安南太守劉熙注，亡。」）今人雖多沿襲舊說，認為「大小戴《禮記》是西漢前期搜集和發現的儒家著作的彙編，絕大多數是先秦古文，個別有漢初成篇的。當時簡帛流傳不易，書籍常以單篇行世，不管是孔壁所出，還是河間獻王所得，必有許多書的單篇，都被二戴分別編入《禮記》」〔註58〕，正如班固在《漢志》「原注」中所說，《禮記》原都是「七十子後學者所記也」恐怕未必。已經出土的《曾子立孝》、《武王踐阼》、《緇衣》、《民之父母》，都證明大、小戴《禮記》中的部分篇目確實形成於先秦，隨著更多的相關文獻出土，對大、小戴《禮記》中的作品必將獲得一個清晰的認識。

總的來說，出土楚簡本《武王踐阼》的發現我們知道，《武王踐阼》在先秦存在許多傳本，特別是同時存在儒家和黃老學與太公兵權謀兩個創製與傳承系統。在先秦，《武王踐阼》同時關聯著戰國時逐步層累起來的古史與古賢王故事、儒學、黃帝學、黃老學派、齊兵家與權謀家、以及銘箴文等典籍，當然簡本《武王踐阼》的創作有著更早時代的文獻基礎，這種資源甚至可以追溯到春秋中葉乃至西周初年武王死後不久。

〔註58〕李學勤：《郭店簡與〈禮記〉》，《中國哲學史》1998年第4期，32頁。

第二章　《鄭子家喪》研究

第一節　《鄭子家喪》甲本校釋〔1〕

《鄭子家喪》甲本

奠（鄭）子豪（家）芒（喪）[2]，鄒（邊）人[3]㘴（迡─來）告。臧（莊）王臺（就）[4]夫=（大夫）而與之言曰：「奠（鄭）子豪（家）殺丌（其）君，不穀（穀）日欲㠯（以）告夫=（大夫），㠯（以）邦之㤅（病）[5]【甲1】㠯（以）㲋（急）[6]。於含（今）而遂（後），楚邦囟（思）為者（諸）𡩁（矦／侯）正[7]。[3]含（今）奠（鄭）子豪（家）殺丌（其）君，牀（將）保（保）丌（其）懇（恭）炎（嚴）[8]㠯（以）𡉣（沒）內（入）堲（地）[9]。女（如）上帝禖（鬼）【甲2】神㠯（以）為惹（怒）[10]，虗（吾）牀（將）可（何）㠯（以）會（答）？售（雖）邦之㤅（病），牀（將）必為帀（師）。」乃记（起）帀（師），回（圍）奠（鄭）三月。奠（鄭）人𠼝（請）[11]丌（其）古（故），王命會（答）之曰：「奠（鄭）子【甲3】豪（家）遉（顛）遑（覆）[12]天下之豐（禮），弗悳（畏）禖（鬼）神之不恙（祥），愍（戕）𠈃（賊）[13]丌（其）君。𢎀（余）[14]牀（將）必囟（思─使）子豪（家）

毋吕（以）城（成—盛）名 [15] 立（位？）於上，而威（滅）【甲4】▨（嚴）[16] 於下。[5] 奠（鄭）人命吕（以）子良為埶（質），命（盟）[17]，囟（思—使）子豪（家）利（梨）木三叠（寸）[18]，絍（疏）索吕（以）絑（紘）[19]，毋▨（敢）丁（當）門而出 [20]，彀（掩）之城至（基）[21]。[6]【甲5】王許之。币（師）未還，晉人涉，牆（將）救奠（鄭），王牆（將）還。夫=（大夫）皆進曰：「君王之记（起）此币（師），吕（以）子豪（家）之古（故）。含（今）晉【甲6】人牆（將）救子豪（家），君王必進币（師）吕（以）边（應／迎）[22] 之！」王安（焉）還軍吕（以）边（應／迎）之，與之戰於兩棠，大敗晉币（師）女（安—焉）[23] ◗。[7]【甲7】

【校釋】

[1] 整理者定名為《君人者何必安哉》的著述有甲、乙兩本，各由 9 支簡構成，保存基本完好。其中甲本簡長 33.2 釐米到 33.9 釐米之間，簡寬 0.6 釐米，簡兩端平頭。簡有兩道編繩，第一契口上距頂端約 8.6 釐米，兩個契口之間的間距約 16.8 釐米，第二契口距下端約 8.5 釐米，契口位於竹簡右側。竹黃面書寫，各簡字數從二十四字到三十一字不等，滿簡書寫。篇末有墨節，表示文章結束，總二百四十一字，其中合文四。乙本簡長在 33.5 釐米到 33.7 釐米之間，寬 0.6 釐米，簡兩端平頭。也有兩道編繩，第一契口上距頂端約 9.1 釐米，第一契口和第二契口之間長約 16.4 釐米，第二契口距下端約 8.2 釐米，契口同樣位於竹簡右側。乙本也在竹黃面書寫，各簡字數在二十六字到三十一字之間，滿簡書寫，總二百三十七字，其中合文三。篇末亦有墨節示文章結束，但墨節後還有一個黑底白色的「乙」字，值得注意。簡文記載因公元前 605 年鄭國內亂，即子家與公子宋（子公）共弒鄭靈公（《左傳·宣公四年》、《史記·鄭世家》），楚莊王借鄭子家新喪，而出兵圍困鄭國。當楚國部隊未及還回時，晉人已經以救鄭為名過河，楚軍同晉軍戰於兩棠，晉師敗。其中內容可補史家之闕。簡文所記與史傳內容有一定出入。

[2] 子家（？～前 599），姬姓，即公子歸生，鄭文公之子，春秋時

鄭國大夫，鄭靈公時為卿。《左傳‧十七年》、《左傳‧文公十三年》、《左傳‧魯宣公二年》及魯宣公四年、十年等記載其有關事蹟。㱃，整理者陳佩芬讀為「喪」，陳偉補充上博《周易》簡 32 以及《書‧金縢》「武王既喪」等用例。復旦讀書會讀為「亡」。按：此讀為「喪」更佳。《左傳‧僖公九年》「凡在喪」杜預注：「在喪，未葬也。」

[3] 鄢，整理者原隸作鄙，讀為郎，春秋時息國，在河南息縣北，今汝南新息。陳偉改隸如上，讀為「邊」。《國語‧魯語上》：「晉人殺厲公，邊人以告。」章昭注：「邊人，疆埸之司也。」（《〈鄭子家喪〉初讀》）復旦讀書會進一步指出字亦見《上博四‧曹沫之陣》，亦讀為「邊」，解釋「邊人」指駐守邊境的官員、士兵等，典籍習見（《〈上博七‧鄭子家喪〉校讀》）。

[4] 就，整理者讀為「就」。陳偉指出是使動，讓大夫前來的意思（《通釋》）。李天虹指出用法相同的「就」又見於上博五《平王問鄭壽》簡 1：「競平王就鄭壽」。一是認為「就」是使動用法，可訓為「召見」，另一種訓為「造訪」（《補釋》）。宋華強認為可讀為「肅」、「宿」或「速」，表「邀請」（《「就」字試解》）。按：《逸周書‧謚法解》：「就，會也。」解「就」為「會」。毛詩《詩經‧小雅‧小旻》「謀夫孔多，是用不集」，毛傳：「集，就也。」而《韓詩外傳》卷六逕作「謀夫孔多，是用不就」；《貞觀政要‧擇官第七》也引作「謀夫孔多，是用不就」。而且，從本篇楚國君臣對話的語氣來看，楚莊王對話中的大夫很可能不只是一人，而是眾大夫，則用「會」、「召見」意，即使動用法更為貼切。

[5] 㤤，陳佩芬讀為「怲」，《說文》「憂也」。陳偉讀為「病」，楚簡中「病」皆從「方」，此可能為另一種寫法（《通釋》）。張新俊讀為「謜」，從矦得聲，訓「禍亂」（《〈鄭子家喪〉「㤤」字試解》）。李天虹懷疑是「㤤（病）」的訛字（《補釋》）。李詠健讀為「變」（《「以邦之變」考》）。按：李天虹實際補充了陳偉之說。

[6] 㤫，陳佩芬引《集韻》同「急」；凡國棟讀為「及」，至（《校讀札記兩則》）。本句斷讀方面，陳佩芬以「以急於今」一句讀，陳偉改。

[7] 而，侯乃峰改隸定為「天」，將「而後」改釋為「天後（厚）」，意思是說「上天厚待楚邦，使它成為諸侯之長」。囟，思。陳偉先解釋為計慮（《初讀》），後疑讀為「斯」，與「是」同義（《通釋》）。復旦讀書會訓「思」為應、當。正，陳佩芬解釋為「善」，陳偉解釋為官長，指當諸

侯盟主（《初讀》），郝士宏也認為當訓為「長」（《小記》）。按：囟，或可讀為「使」。則簡文需要重新斷讀為「以邦之病以急。於今天厚楚邦，思（使）為諸侯正」或「以邦之病以急。於今天厚楚，邦思為諸侯正」可能更為合理。莊王的意思是說，我早就想把鄭子家弒君之事告訴您們了，因為當時國家禍亂頻仍（所以沒有提起此事），而今上天厚待楚國，要讓我們楚國擔負起責任，做諸侯之長。言下之意是如今楚國有力量了，應該順應上天要求，聲張正義，起兵討鄭。

[8] 㣺，陳佩芬引《廣韻》「㣺恔，不調。」復旦讀書會釋作從心從兄（右上或從兄），用為「恭」。陳偉讀為「寵」。炎，陳佩芬讀為「恔」，陳偉釋為「光」，乙本作「炎」（《初讀》）。復旦讀書會釋「炎」讀為「嚴」，「㣺炎」讀為「恬淡」。今從「恭嚴」之說，「炎」、「嚴」上古音韻接近，可通假。《文子·道德》：「何謂禮？曰：為上即恭嚴，為下即卑敬。」。

[9] 〔图〕，陳佩芬依乙本讀為「及」。復旦讀書會讀為「沒」，認為甲乙兩本必有一偽字。而從文意看，由於楚人討鄭旨在使子家無法成禮而葬，故此處應理解為「入葬」這個行動，而不是陳佩芬認為的「猶言死」，所以當以甲本「叟（沒）」為是。陳偉指「入地」猶言下葬，故前一字當為「及」（《通釋》）。按：或讀為「歿」。

[10] 㤅，《集韻》：「古作㤅」，即「怒」。

[11] 昏，陳佩芬原釋作「昏」讀為「問」。陳偉、何有祖參考乙本之「情」字，而讀為「請」（《初讀》、《札記》）。楚莊王帥師圍鄭之事，屢見於文獻記載。《春秋經·宣公十二年》：十有二年春，……楚子圍鄭。《左傳·宣公十二年》：十二年春，楚子圍鄭。……退三十里而許之平。潘尪入盟，子良出質。夏六月，晉師救鄭。《史記·鄭世家》：（鄭襄公）七年，鄭與晉盟鄢陵。八年，楚莊王以鄭與晉盟，來伐，圍鄭三月，鄭以城降楚。《史記·楚世家》定此事在楚莊王十七年，「楚莊圍鄭，三月克之。」並云「潘尪入盟，子良出質」。與本篇簡書只提到「子良為質」不同。《史記》其他如《晉世家》、《秦本紀》、《衛康叔世家》、《韓詩外傳》卷第六等也都記載了楚莊王「圍鄭」、「服鄭」一事。

[12] 邅逪，陳佩芬讀為「顛覆」。《尚書·胤征》：「顛覆厥德。」孔安國傳「顛覆言反倒」。《孟子·萬章上》：「太甲顛覆湯之典刑。」

[13] 恙，整理者讀為「祥」；戚，讀為「戕」；恻，讀為「折」。何有

祖將「惻」改讀為「賊」。「戕賊」指摧殘、破壞。如《孟子・告子上》：「如將戕賊杞柳而以為桮棬，則亦將戕賊人以為仁義歟？」（《札記》）按：何說可從。

　　[14] 陳偉讀為「夷」，字從尸從示，楚月名中荊**夷**、夏**夷**之後一字，秦簡作「夷」（初讀））；或謂「夷」與「余」通，而與乙本「我」相對應（《通釋》）。復旦讀書會視其為「余」字偽體。陳說可從。

　　[15] 城，陳佩芬讀為「成」，後復旦讀書會、陳偉借讀為「盛」，「盛名」即美名。

　　[16] **鼎**，陳佩芬疑釋「鼎」，凡國棟析字從西從攵，讀「復」。滅覆，即滅亡。高祐仁認為該字同簡 2 之「炎」是同一字，讀為「炎」。宋華強也認為兩字是一字，但讀為「光」。

　　[17] 蓺，陳佩芬讀為「執」，並與下字「命」連讀。陳偉讀為「質」（《初讀》）。命，陳偉原解釋為有請求意（《通釋》）。李天虹讀為「盟」，結盟；明、命、盟通。按：讀為「質」、「盟」說可從。《左傳・成公十二年》：「交贄往來。」《後漢書・彭寵傳》李賢注引為「質」。參照《左傳・宣公十二年》記錄楚與鄭議和之言：「潘尫入盟，子良出質。」

　　[18] 利，陳佩芬釋「利」，陳偉讀為「梨」，有割裂、剖離義（《通釋》）。李天虹認為簡文和《墨子・節葬》「桐棺三寸」、「葛以緘之」如出一轍。《左傳》哀公二年：「桐棺三寸，不設屬辟，下卿之罰也。」可見「梨木三寸」正是不以禮制葬子家之舉，在當時還被看作一種懲罰的措施。按：「梨」與利、離通假，用作動詞，對其棺加以割裂，「利木」，其實就是「斲棺」，正是對已死的子家進行懲罰，《左傳》宣公十年所記鄭人「斲子家之棺」與這段簡文是同一事件的不同版本。叀，陳偉釋作從斧從旨之尊，讀為「寸」（《初讀》）。復旦讀書會同樣析字從旨從斧聲，讀為「寸」，並指出信陽長臺關楚簡《遣冊》之「寸」作「斧」，劉國勝、沈培有詳說。按：「三叀」，即三寸。《禮記・檀弓》曰：「夫子制於中都，四寸之棺，五寸之槨。」古代棺木厚度隨身份而不同，在此是指將棺木弄薄，使其不合禮制。《左傳・宣公十年》：「鄭子家卒，鄭人討幽公之亂，斲子家之棺，而逐其族。」杜預注曰：「以四年弒君故也。斲薄其棺，不使從卿禮。」孔穎達疏：「《喪大記》云：『君大棺八寸，屬六寸，椑四寸。上大夫大棺八寸，屬六寸。下大夫大棺六寸，屬四寸。士棺六寸。」然則子家上大夫，

棺當八寸，今斲薄其棺，不使從卿禮耳。不知斲薄之使，從何禮也。」因此，簡文「利木三寸」當指砍削其棺惟只剩三寸厚，以使之不從卿禮。另外，《左傳・哀公二年》又云：「若其有罪，絞縊以戮，桐棺三寸，不設屬辟。」杜預注：「屬辟，棺之重數。」則子家之棺惟留三寸，正合罪人之數，亦與此合。故簡文所謂「利木三寸」，不僅指降低葬禮的等級，不以卿禮葬子家作為懲罰，而且亦是顯示子家為有罪之人，以表羞辱之意。至此，而楚莊王要讓子家「滅嚴於下」的意圖才真正達到。

　　［19］綻，陳佩芬讀為「疏」，稀少。復旦讀書會訓「粗」，粗劣。索，指束棺之緘繩。（以）。絖，陳佩芬讀為「供」。復旦讀書會讀為「紘」，訓為「束」。

　　［20］丁，陳佩芬隸作厶，讀為「私」。何有祖隸「巳」，讀作「犯」，犯門，違禁強行打開城門（《札記》）。復旦讀書會釋為「丁」，讀為「當」。丁（當）門，即從城門出去。程燕釋「夕」讀作「藉」，踐踏（《讀後記》）。郝士宏讀「丁」為「正」（《小記》）；劉雲讀為「經」（《五札》）。按：「丁」本有「當」之義。如《爾雅・釋詁》：「丁，當也。」《詩・大雅・雲漢》：「寧丁我躬。」毛傳：「丁，當也。」另外，劉信芳先生認為此即謂子家死後不得入宗廟（《試說（之三）》）。

　　［21］歖，陳佩芬讀為「陷」。復旦讀書會讀為「掩」。《左傳・哀公二年》云：「桐棺三寸。不設屬辟。素車樸馬。無入於兆。下卿之罰也。」杜注「兆，葬域」。簡文將子家「掩之城基」，就是說不把他葬於墓地，與「無入於兆」對應；「疏索以紘」與「素車樸馬」也對應。簡文如此，正是說明了對鄭子家作為罪人的懲罰。

　　［22］辺，陳佩芬原釋為「起」。復旦讀書會改釋作「辺」，讀為「應」或「膺」。陳偉讀為「仍」，往、趨赴意（《通釋》）。楊澤生認為復旦讀書會指出「辺」表示「迎擊」一類意思是很正確的，但也可將「辺」直接讀作「迎」。

　　［23］「戰於兩棠」，《春秋經・宣公十二年》記載：「夏六月乙卯，晉荀林父帥師及楚子戰於邲，晉師敗績。」《史記・楚世家》：「夏六月，晉救鄭與楚戰，大敗晉師於河上，遂至衡雍而歸。」《史記・鄭世家》亦有記載。《呂氏春秋・至忠》記為「荊興師，戰於兩棠，大勝晉。」後者顯然在用詞等方面更近於簡書，似乎本篇簡書為《呂氏春秋・至忠》所本。

《鄭子家喪》乙本

[奠（鄭）]子豙（家）辷（喪），鄅（邊）人来（逨—來）告。臧（莊）王槀（就）夫=（大夫）而與（與）之言曰：「奠（鄭）子豙（家）殺丌（其）君，不穀（穀）日欲㠯（以）告夫=（大夫），【乙1】㠯（以）邦之恩（恋—病）㠯（以）及（急）。於含（今）而囗（後），楚邦囟（思）為者（諸）[侯]（矦／侯）正。奠（鄭）子豙（家）殺丌（其）君，牂（將）保丌（其）慇（恭）炎（嚴）㠯（以）及〈没〉內（入）墬（地）。女（如）上帝[禝（鬼）]【乙2】[神]㠯（以）為蒘（怒），虐（吾）牂（將）可（何）㠯（以）會（答）？售（雖）邦之恩（恋—病），牂（將）必為帀（師）。」乃迟（起）帀（師），回（圍）奠（鄭）三月。奠（鄭）人情（請）丌（其）古（故），王命會（答）之[曰：「奠（鄭）]【乙3】[子]豙（家）遣（顛）遉（覆）天下之豐（禮），弗悈（畏）禝（鬼）神之不恙（祥），惑（戕）惻（賊）丌（其）君，我牂（將）必囟（思—使）子豙（家）[毋㠯（以）城（成）名立（位？）於上，而威（滅）囗於]【乙4】下。奠（鄭）人命㠯（以）子良為藝（執）命，囟（思—使）子豙（家）利（梨）木三畚（寸），綻（疏）索㠯（以）絘（紘、供），毋[敢]（敢）丁（當）門而出，敕（掩）之城【乙5】至（基）。王許之。帀（師）未還，晉人涉，牂（將）救奠（鄭）。王牂（將）還。夫=（大夫）皆進曰：「君王之迟（起）此帀（師），㠯（以）子豙（家）之古（故）。含（今）晉[人]【乙6】[牂（將）救]子豙（家），君王必進帀（師）㠯（以）边（應／迎）之！」王女（安）還軍边（應／迎）之，與之戵（戰）於兩棠，大敗晉[帀（師）女（安—焉）。]【乙7】

第二節　《鄭子家喪》甲乙本比勘與對讀

本篇有甲、乙本，共14簡，有甲、乙本，各7簡，內容完全相同，但個別文字稍有差異。甲本完整，各簡上下端平齊，長約 33.2 釐米，寬 0.6

釐米，設有兩道編繩，契口位於竹簡右側。滿簡書寫，各簡字數在 31 字到 36 字不等。甲本合文 3 字，共 235 字，書於竹黃面，字體工整，字距不大，略顯緊密。乙本有數簡殘損，長從 34 釐米到 47.5 釐米不等，寬 0.6 釐米，簡亦設有兩道編繩，右側有較淺契口。滿簡書寫，每簡字數從 28 字到 34 字不等，字距較大，故覺疏朗。書寫風格與甲本不同，故甲乙本當非出自同一抄手。乙本今存 214 字，其中合文 3 字。與甲本相比，整理者發現乙本缺 20 字，漏 2 字，又多 1 字。本篇原無篇題，整理者取首句「鄭子家喪」為篇名。甲本第七簡下有一墨釘，為終止符，其下尚留一字餘白，示文本結束。全篇各簡文句相連，可以通讀，是一篇完整的史籍。

經過整理者的辛勤勞動，簡文編聯基本沒有什麼問題。但兩個本子之間存在一些差異，下面將甲乙本之間的差異對比如下：

第一簡：

乙本較甲本而言，首字「鄭」缺。

第二簡：

甲本：「含（今）奠（鄭）子豪（家）殺丌（其）君」；

乙本作「奠（鄭）子豪（家）殺丌（其）君」，較甲本少一「含（今）」字。

甲本：「㦷」；

乙本作「㦬」。

甲本簡末：「女（如）上帝禩（鬼）」；

乙本作「女（如）上帝」，較甲本少一「禩（鬼）」字。

甲本：「㠯（以）🖼（旻—殁）入埅（地）」；

乙本作「㠯（以）🖼（及）入埅（地）」。

甲本「殁」當為正字，乙本訛誤〔註1〕。不過，陳偉先生認為應以乙本

〔註1〕 復旦讀書會：《〈上博七‧鄭子家喪〉校讀》，復旦大學出土文獻與古文字研究中心網，2008 年 12 月 31 日；高祐仁：《〈鄭子家喪〉「以殁入地」考釋及其相關問題》，復旦網，2010 年 1 月 9 日；李松儒：《〈鄭子家喪〉甲乙本字跡研究》，簡帛網，2009 年 6 月 2 日。

為是〔註2〕。

第三簡：

甲本簡首：「神呂（以）為惹（怒）」；

乙本作「呂（以）為惹（怒）」，較甲本少簡首「神」字。

甲本：「奠（鄭）人青（青—請）丌（其）古（故）」；

乙本作「奠（鄭）人情（請）丌（其）古（故）」，甲本「請」寫作「青」，乙本作「情」。不過，整理者把「丌古」前一字讀為「昏（問）」。從圖版看，甲本「丌古」前一字比較模糊。查《吳命》等簡文中的「昏（問）」寫法，似乎與此處不同，故隸為「青」更妥。

甲本簡末：「王命會（答）之曰奠（鄭）子」；

乙本作「王命會（答）之」。較之甲本，乙本因簡末斷殘而少「曰奠（鄭）子」三字。

第四簡：

甲本簡末：「■（余）牁（將）必囟（思—使）子豪（家）毋呂（以）城（成）名立於上，而威（滅）」

乙本簡末為「■（我）牁（將）必囟（思—使）子豪（家）」，後面殘斷。

首先，乙本「我」字和甲本中對應的那個字寫法不同。此字的考釋各家說法不一：整理者未釋此字；復旦讀書會認為此字的上半是「余」字的訛體〔註3〕，陳偉先生釋作「夷」，認為這個字是從「尸」從「示」的，即鄭靈公之名；陳先生後又將此字隸作「夷」，讀為「余」〔註4〕。李松儒先生確定《鄭子家喪》甲本是依據乙本為底本抄寫之後，認為這個字也應該是「我」字，之所以有這麼大的差異，其原因是由於字形訛變造成的，故甲本該字還應該釋作「我」〔註5〕。

〔註2〕陳偉：《〈鄭子家喪〉通釋》，簡帛網，2009年1月1日。

〔註3〕復旦大學出土文獻與古文字研究中心研究生讀書會：《〈上博七·鄭子家喪〉校讀》，復旦大學出土文獻與古文字研究中心網，2008年12月31日。

〔註4〕分別見陳偉：《〈鄭子家喪〉初讀》、《〈鄭子家喪〉通釋》，簡帛網，2009年1月10日。

〔註5〕李松儒：《〈鄭子家喪〉甲乙本字跡研究》，武漢大學簡帛研究中心簡帛網2009年06月02日。

其次，乙本簡末，斷殘，缺「毋呂（以）城（成）名立於上，而威（滅）」九字。

第五簡：

甲本簡首：「█（鼎？）於下」

乙本簡首斷殘，少「█（鼎？）於」二字。

還有，甲本「使」字寫作「思」，乙本寫作「囟」。

乙本簡五在「綏（疏）索」兩字之間以及「城至（基）」兩字之間都有斷裂，而甲本沒有。

第六簡甲乙本同。

第七簡：

甲本簡首：「人牆（將）救子豪（家）」

乙本簡首殘損「人牆（將）救」三字。

甲本：「王安還軍迈（應／迎）之」；

乙本：「王女（安）還軍迈（應／迎）之」。其中「安」字寫法不同。

甲乙兩本內容基本一致，但字跡不同，可見是不同抄手所為。而通過上文的對比發現，乙本的錯誤更加明顯，從手寫字跡上看，乙本也顯得更為草率，甲本則工整得多，對比來看，似乎乙本的抄手還是個書寫不多的學生。造成這種差異的原因，李松儒先生認為主要是「《鄭子家喪》乙本的抄寫者根據一個底本進行抄寫，而《鄭子家喪》甲本的字跡受乙本的影響較多，應該是在乙本的基礎上進行校對後抄寫完成的。」〔註6〕當然也不能排除乙本乃是一個生手抄甲本致誤，或者本身就存在兩個不同的底本。

第三節 《鄭子家喪》思想與相關史實考

本篇簡文總共 235 字，但卻涉及數個歷史事件：一是鄭國子家弒其君鄭靈公；二是鄭子家喪；三是楚莊王率軍圍鄭；四是晉楚兩棠之戰。首先我們有必要把這幾個史實搞清楚。

關於子家弒其君鄭靈公一事，史家有明確記載。

〔註6〕李松儒：《〈鄭子家喪〉甲乙本字跡研究》，復旦網 2009 年 6 月 2 日。

《春秋經・宣公四年》：

> 夏六月乙酉，鄭公子歸生弒其君夷。

《左傳・宣公四年》更為詳細：

> 楚人獻黿於鄭靈公。公子宋與子家將見。子公之食指動，以示子家，曰：「他日我如此，必嘗異味。」及入，宰夫將解黿，相視而笑。公問之，子家以告。及食大夫黿，召子公而弗與也。子公怒，染指於鼎，嘗之而出。公怒，欲殺子公。子公與子家謀先。子家曰：「畜老，猶憚殺之，而況君乎？」反譖子家，子家懼而從之。夏，弒靈公。

又見於《史記・鄭世家》：

> 靈公元年春，楚獻黿於靈公。子家、子公將朝靈公，子公之食指動，謂子家曰：「佗日指動，必食異物。」及入，見靈公進黿羹，子公笑曰：「果然！」靈公問其故，具告靈公。靈公召之，獨弗予羹。子公怒，染其指，嘗之而出。公怒，欲殺子公。子公與子家謀先。夏，弒靈公。

《史記・十二諸侯年表》用一句話加以綜述：

> 鄭靈公夷元年，公子歸生以黿故殺靈公。

此事又見《說苑・復恩》，稍有不同。且後還引子夏語：「春秋者，記君不君，臣不臣，父不父，子不子者也。此非一日之事也，有漸以至焉。」

據此可知，子家弒其君鄭靈公一事發生在公元前 605 年，時鄭靈公在位僅數月，為楚莊王九年。仔細分別可以發現《左傳》記載最為詳細，在對待殺靈公的責任問題上和其他文獻有所不同。

鄭子家卒，發生在魯宣公十年（公元前 599 年），《左傳》和《史記》分別有記載：

《左傳・宣公十年》云：

> 冬，子家如齊，伐邾故也。……楚子伐鄭。晉士會救鄭，逐楚師於潁北。諸侯之師戍鄭。鄭子家卒。鄭人討幽公之亂，斲子家之棺而逐其族。

杜預注曰：「斲薄其棺，不使從卿禮。」為其殺君故也。正義曰：《喪大記》云：「君大棺八寸，屬六寸，椑四寸。上大夫大棺八寸，屬六寸。下大夫大棺六寸，屬四寸。士棺六寸。」然則子家上大夫，棺當八寸，今斲

薄其棺，不使從卿禮耳。不知斫薄之使，從何禮也。

《史記・鄭世家》：

> 子家卒，國人復逐其族，以其弑靈公也。

子家殺靈公，此前並未見鄭人對子家之族有何舉動。子堅立為襄公後，「襄公立，將盡去繆氏。繆氏者，殺靈公，子公之族家也。去疾曰：『必去繆氏，我將去之。』乃止，皆以為大夫。」（《史記・鄭世家》）襄公欲盡去子公之族，可能認為作為主謀的子公更應該受到懲罰。但此舉被子良勸阻，然而子家之族反而被逐。由此可以推想，國人逐子家之族應該在襄公繼位之前。

楚莊王帥師圍鄭之事，屢見於文獻記載：

《春秋經・宣公十二年》：

> 十有二年春，……楚子圍鄭。

《左傳・宣公十二年》：

> 十二年春，楚子圍鄭。旬有七日，鄭人卜行成，不吉。卜臨於大宮，且巷出車，吉。國人大臨，守陴者皆哭。楚子退師，鄭人修城，進復圍之，三月克之。入自皇門，至於遠路。鄭伯肉袒牽羊以逆，曰：「孤不天，不能事君，使君懷怒以及敝邑，孤之罪也。敢不唯命是聽。其俘諸江南以實海濱，亦唯命。其翦以賜諸侯，使臣妾之，亦唯命。若惠顧前好，徼福於厲、宣、桓、武，不泯其社稷，使改事君，夷於九縣，君之惠也，孤之願之，非所敢望也。敢布腹心，君實圖之。」左右曰：「不可許也，得國無赦。」王曰：「其君能下人，必能信用其民矣，庸可幾乎？」退三十里而許之平。潘尫入盟，子良出質。

> 夏六月，晉師救鄭。

《左傳》沒有交代楚莊王圍鄭的原因。

《史記・鄭世家》：

> （鄭襄公）七年，鄭與晉盟鄢陵。八年，楚莊王以鄭與晉盟，來伐，圍鄭三月，鄭以城降楚。楚王入自皇門，鄭襄公肉袒牽羊以迎，曰：「孤不能事邊邑，使君王懷怒以及獎邑，孤之罪也。敢不惟命是聽。君王遷之江南，及以賜諸侯，亦惟命是聽。若君王不忘厲、宣王，桓、武公，哀不忍絕其社稷，錫不毛之地，使復

得改事君王，孤之願也，然非所敢望也。敢布腹心，惟命是聽。」
莊王為卻三十里而後舍。楚群臣曰：「自郢至此，士大夫亦久勞矣。
今得國舍之，何如？」莊王曰：「所為伐，伐不服也。今已服，尚
何求乎？」卒去。

《史記·楚世家》定此事在楚莊王十七年，「楚莊圍鄭，三月克之。」
並云「潘尪入盟，子良出質」。與本篇簡書只提到「子良為質」不同。《史
記》其他如《晉世家》、《秦本紀》、《衛康叔世家》、《韓詩外傳》卷第六等
也都記載了楚莊王「圍鄭」、「服鄭」一事。

晉楚兩棠之戰發生在魯宣公十二年楚圍鄭後的夏季六月，今錄相關文
獻如下：

《春秋經·宣公十二年》：

> 夏六月乙卯，晉荀林父帥師及楚子戰於邲，晉師敗績。

《左傳·宣公十二年》則對晉楚邲之戰有詳細記載，此不引。

《史記·楚世家》：

> （莊王）十七年，……夏六月，晉救鄭，與楚戰，大敗晉師
> 河上，遂至衡雍而歸。

《史記·鄭世家》：

> （鄭襄公）八年，……晉聞楚之伐鄭，發兵求鄭。其來持兩
> 端，故遲，比至河，楚兵已去。晉將率或欲渡，或欲還，卒渡河。
> 莊王聞，還擊晉。鄭反助楚，大破晉軍於河上。

公子宋與子家殺靈公在公元前 605 年，鄭子家卒在公元前 599 年，相
隔六年，在此期間，是否如簡文中楚莊王的話所顯示的那樣楚國未曾侵伐
過鄭國呢，楚、鄭的關係又如何呢？

《春秋經·宣公四年》記載：

> 冬，楚子伐鄭。

《左傳·宣公四年》亦云：

> 冬，楚子伐鄭，鄭未服也。

鄭子家弒靈公在魯宣公四年夏六月乙酉，而當年冬天，楚王即「伐
鄭」，而且，《左傳》認為楚莊王之所以伐鄭，是因為「鄭未服也」，即鄭
國還未完全對楚國忠心不二。

《春秋經·宣公五年》：

冬，……楚人伐鄭。

《左傳·宣公五年》：

冬，……楚子伐鄭，陳及楚平。晉荀林父救鄭，伐陳。

《左傳·宣公六年》：

冬，……楚人伐鄭，取成而還。

《左傳·宣公七年》：

鄭及晉平，公子宋之謀也，故相鄭伯以會。

《春秋經·宣公九年》：

楚子伐鄭。

《左傳·宣公九年》：

楚子為厲之役故，伐鄭。……晉郤缺救鄭，鄭伯敗楚師於柳
棼。國人皆喜，唯子良優曰：「是國之災也，吾死無日矣。」

《左傳·宣公十年》：

鄭及楚平。諸侯之師伐鄭，取成而還。……冬，子家如齊，
伐邾故也。……楚子伐鄭。晉士會救鄭，逐楚師於潁北。諸侯之
師戍鄭。鄭子家卒。

從以上歷史記錄可知，自公子宋與子家殺靈公至子家卒，楚國五次伐
鄭。如果是以子家弒君之故楚伐鄭，則當在這個時限內。即使如簡文所說，
要到子家卒才想起要使子家「毋吕（以）城（成）名立於上，而威（滅）

【甲4】▓於下」，正常的邏輯也應該是在子家死後第二年，即魯宣公十一
年楚王即出兵鄭國，要求以罪人身份埋葬子家，以示天下正道。但是，《春
秋經·宣公十一年》記錄：「夏，楚子、陳侯、鄭伯盟於辰陵。」此事《左
傳·宣公十一年》如此記載：

十一年春，楚子伐鄭，及櫟。子良曰：「晉、楚不務德而兵爭，
與其來者可也。晉、楚無信，我焉得有信。」乃從楚。夏，楚盟
於辰陵，陳、鄭服也（《公羊傳·宣公十一年》：夏，楚子、陳侯、
鄭伯盟於辰陵。冬，十月，丁亥，楚子入陳。《穀梁傳·宣公十一
年》：夏，楚子、陳侯、鄭伯盟於夷陵。）。

厲之役，鄭伯逃歸，自是楚未得志焉。鄭既受盟於辰陵，又
徼事於晉。

　　《左傳》認為，楚莊王之所以在此年又伐鄭，乃是因為「厲之役」（在魯宣公六年）鄭國國君逃歸，而且自此以後鄭國就同時和晉國與楚國結盟或友好，不再一心事奉楚國。正義曰：「十年鄭及楚平，既無其事，謂經無之也。鄭微事晉，文無端跡，亦謂經所無也。傳若不發此語，不知楚以何故，明年忽然圍鄭，為此特發此傳，以明後年圍鄭之經也。自厲役以來，鄭南北兩屬，不專心於楚，故楚未得志，而明年圍之。七年晉為黑壤之會，鄭伯在焉。厲役在黑壤之前。九年傳言楚子為厲之役故伐鄭，事在黑壤之後，而彼傳不以黑壤興伐，而遠稱厲之役者，楚子之志，所恨在於厲役（鄭公）逃歸，不為黑壤會晉故也。」顯然，楚王伐鄭不單單在厲役中鄭公逃歸，更在鄭、晉結盟，即黑壤之會。此載於《左傳・宣公七年》：「鄭及晉平，公子宋之謀也，故相鄭伯以會。冬，盟於黑壤。」《春秋・宣公九年》又提到：「九月，晉侯、宋公、衛侯、鄭伯、曹伯會於扈。」正義理解稍誤。

　　隨後是魯宣公十二年（公元前 597 年），即楚莊王十七年，發生「楚子圍鄭」及晉楚兩棠之戰。那麼，在傳世文獻中史家是如何解釋魯宣公十二年「楚子圍鄭」的原因呢，是否是因子家之故呢？

　　需要特別注意的是，前舉《史記・鄭世家》交代了楚莊王圍鄭的原因：「楚莊王以鄭與晉盟，來伐，圍鄭三月」。而本篇簡文中楚莊王命人如此回答鄭人之疑：「奠（鄭）子【甲3】豪（家）遳（顛）遳（覆）天下之豊（禮），弗悍（畏）禔（鬼）神之不恙（祥），惑（戕）惻（賊）丌（其）君。余牺（將）必凶（思─使）子豪（家）毋呂（以）城（成）名立於上，而戚（滅）【甲4】　　於下。」楚人的理由是：鄭子家殺害國君，乃是顛覆天下之禮、不合天道的惡劣行為，必然會招致不祥和鬼神發怒。為了維護天下之禮，我們要讓子家受到應有的懲罰，讓他聲譽掃地，即使死後也要受到罪人的懲戒。顯然，《史記》並不如本篇簡文認為的那樣，楚王是因子家之故，並要維護天下之禮，而是認為楚王是為了壓服鄭國，以使之一心為楚國戰勝晉國、爭霸中原服務。史書上對於楚、晉在這個時期爭奪鄭國這個勢力範圍的記載很多。如《左傳・宣公三年》：「晉侯伐鄭，及郔。鄭及晉平，士會入盟」又，「夏，楚人侵鄭，鄭即晉故也。」《左傳・宣公二年》：「夏，晉趙盾救焦，遂自陰地，及諸侯之師侵鄭，以報大棘之役。楚鬥椒

救鄭，曰：『能欲諸侯而惡其難乎？』遂次於鄭以待晉師。」《左傳‧宣公元年》：「鄭穆公曰：『晉不足與也。』遂受盟於楚。陳共公之卒，楚人不禮焉。陳靈公受盟於晉。秋，楚子侵陳，遂侵宋。晉趙盾帥師救陳、宋。會於棐林，以伐鄭也。楚蒍賈救鄭，遇於北林。囚晉解揚，晉人乃還。」魯宣公十一年楚圍鄭而鄭與楚結盟後的第三年，「晉來伐鄭，以其反晉而親楚也。」〔註7〕等等。

　　事實上在《史記‧鄭世家》中司馬遷還明確說明了楚師圍鄭的原因是前一年鄭國又一次和晉國結盟：「（襄公）七年，鄭與晉盟鄢陵。八年，楚莊王以鄭與晉盟，來伐，圍鄭三月，鄭以城降楚。」既然，在前一年鄭國再一次和晉國結盟，那麼司馬遷說楚莊王「以鄭與晉盟」而伐就不是想當然，也不是個人猜測，而是有相當史實根據的。從公子宋、子家弒鄭靈公（公元前 605 年）至楚莊王帥師圍鄭三月（公元前 597 年春），其間相距八年，而鄭國一直是楚力圖從晉國那裡奪取的盟友，為了壓服鄭國，楚莊王出兵伐鄭將近十次，只要鄭國露出一點背棄楚國的苗頭，楚國立即出兵，直到鄭國又一次屈服。鄭襄公七年（公元前 598 年），鄭國先後與楚、晉各結盟一次，第二年春楚王即起兵圍鄭，顯然，鄭國與晉國結盟在後。而楚國一聽到鄭國又與晉國結盟，馬上出兵圍鄭。如此解釋，合情合理。鄭國處於楚、晉兩個大國之間，動輒得咎，一個也不敢得罪，在當時的情況下選擇與兩個國家同時結盟、友好，也是無奈之舉。《左傳‧宣公十一年》記載是年楚再次伐鄭時子良就說「晉、楚不務德而兵爭，與其來者可也。晉、楚無信，我焉得有信。」乃從楚。從鄭國的立場來看，楚王「不務德而兵爭」，並沒有簡文中楚莊王所說的那般冠冕堂皇。這樣看，較之本篇簡書的陳述，司馬遷的解釋顯然更為可信。

　　而且，從時間上看，公子宋與鄭子家弒鄭靈公在魯宣公四年（公元前 605 年），鄭子家喪則在魯宣公十年（公元前 599 年），簡文認為楚莊王得到鄭子家喪的消息後即發兵討伐鄭國，並且認為子家殺害鄭國君主乃是「顛覆天下之禮」的非人道行為，應該受到制裁，那麼，如果從公子宋與鄭子家弒鄭靈公算起，已經過了八年之久，期間楚國多次出兵侵伐鄭國，並不如簡文中楚莊王認為的那樣，因為「（楚）邦之病」就不曾干涉或侵

〔註7〕見《史記‧鄭世家》。此事在《左傳‧宣公十四年》同樣有記載：「夏，晉侯伐鄭，為邾故也。告於諸侯，蒐焉而還。」

伐鄭國，雖然在公子宋與鄭子家弒鄭靈公之年楚國確實發生了「（楚莊王）九年，相若敖氏。人或讒之王，恐誅，反攻王，王擊滅若敖氏之族」（《史記‧楚世家》）的內亂；如果從子家卒算起，為什麼子家尚在的時候不出兵要求懲罰子家呢，此前不是已經多次出兵討伐鄭國了嗎？即使是僅僅為了讓他死後不得以禮入葬而起兵這個理由可以成立，也已經過了一年之久。因此，本篇簡文所串聯的幾個故事同史實顯然有一定的出入，乃是「不同歷史事件『移花接木』而成」。進一步講，本篇簡文編寫楚王故事、重新解釋楚莊王圍鄭以及兩棠之戰的目的「並不是記錄史實，而是重在說教」〔註 8〕，所以即使和史籍存在較大出入也不要緊，這一點到和《戰國策》有些相近。

　　另外，從前引《左傳‧宣公四年》等所記載的歷史事實來看，殺害鄭靈公的主謀應該是公子宋，子家只是脅從犯，而且，子家也曾經勸阻過公子宋，希望他不要殘殺鄭靈公：「畜老，猶憚殺之，而況君乎？」意思是說畜生老了，殺之尚且有所忌憚，何況是國君呢。簡文中認為子家殘殺鄭靈公，則與《左傳》不合。而與《春秋經‧宣公四年》「鄭公子歸生弒其君夷」以及《史記‧十二諸侯年表》一致。《史記‧鄭世家》雖同樣敘述了鄭靈公君臣食黿故事，但未曾細究公子宋和子家誰為主犯，誰為從犯，只說「子公與子家謀先。夏，弒靈公」。但《史記‧十二諸侯年表》則只言公子歸生（字子家）殺靈公：「鄭靈公夷元年，公子歸生以黿故殺靈公。」單看《春秋經‧宣公四年》、《史記‧十二諸侯年表》以及本篇簡文，我們會以為殺鄭靈公的只有子家一人。那麼，為什麼包括本篇簡文在內的諸多文獻要刻意強調子家的弒君行為呢？

　　《左傳》為了解釋《春秋》經，不僅詳述了鄭靈公被殺事件的來龍去脈，還進一步解釋了《春秋》「書法」的特別意義：

　　　　夏，弒靈公。書曰：「鄭公子歸生弒其君夷。」權不足也。君
　　子曰：「仁而不武，無能達也。」凡弒君，稱君，君無道也；稱臣，
　　臣之罪也。（《左傳‧宣公四年》）

　　按照通行的解釋，這段話是說，《春秋》記載了公子歸生殺害了他的國君夷。為什麼這麼說呢？因為公子歸生在鄭國主政多年，然而權謀不足以

〔註 8〕　葛亮：《〈上博七‧鄭子家喪〉補說》，復旦大學出土文獻與古文字研究中心
　　　　網，2009 年 1 月 5 日。

制止內亂，所以要以這種方式來批評他。又評價說，當初公子歸生拿畜生
來說事，勸阻公子宋，是「仁」的表現；然而沒有揭發公子宋的陰謀，反
而被迫成為公子宋的同黨，是「不武」的表現。所以，公子歸生不能達到
「仁」的境界而陷入弒君的罪名。這樣看，《春秋》經是希望通過一種筆法，
來維護西周禮制。按照孟子的說法，「《春秋》作而亂臣賊子懼」，春秋筆法，
就是用來討亂臣賊子的。《史記‧孔子世家》亦云「《春秋》之義行，則天
下亂臣賊子懼焉。」孟子又說，「《詩》亡而後《春秋》作」，就是說，禮崩
樂壞，作為王道政教文明體現的「詩」逐步消失，於是孔子為了正亂世中
的天下道義，而作了用來維護禮制和道義的《春秋》。

這與本篇簡文所內含的一個創作動機是一致的：

「含（今）奠（鄭）子豕（家）殺丌（其）君，牆（將）保丌
（其）慕（恭）炎（嚴）已（以）昆（歿）內（入）墜（地）。女
（如）上帝禔（鬼）【甲2】神已（以）為惹（怒），虗（吾）牆（將）
可（何）已（以）會（答）？」

奠（鄭）人害（青—請）丌（其）古（故），王命會（答）之
曰：「奠（鄭）子【甲3】豕（家）遺（顛）遌（覆）天下之豊（禮），
弗悁（畏）禔（鬼）神之不恙（祥），惑（戕）惻（賊）丌（其）
君。余牆（將）必囟（思—使）子豕（家）毋已（以）城（成）名
立於上，而威（滅）【甲4】■於下。」

楚邦囟（思）為者（諸）戻（矦／侯）正。

簡文中楚莊王認為子家顛覆天下之禮，理應受到懲罰，不能繼續保持
貴族的聲譽和威望，即使死了也要以罪人身份埋葬。莊王認為只有這樣才
能對鬼神交待。莊王希望楚國為「諸侯正」，這個「正」不僅是指楚國要
做諸侯之「長」、「伯」，即霸主，更是說楚國要維護天下之禮，要為天下
立其「正」，即「善」。顯然，本篇簡文從正面提出要維護天下道義和禮制，
只不過它是從楚國的利益出發的。本篇簡文為我們更好的理解《春秋》經
提供了一個更好的解釋文本。如果我們繼續以今天的法治和責任觀念去審
視春秋、戰國人的天道、禮義意識，就無法理解這些文獻的創作動機和主
旨。

　　總的來講，我們不能簡單從法律上來理解《春秋》經的「書法」特點，《春秋》書法和本篇簡文之所以特別提出要懲罰鄭子家殺害國君的行為，都是要刻意維護他們所認同的「禮」和天下道義。

　　問題是為什麼《春秋》經和本篇簡文要刻意強調殺害國君的是「公子歸生（子家）」而不是別人、不是公子宋呢，為什麼春秋、戰國的有識之士都不僅僅認為子家只是個幫兇呢？除了因為公子宋是不言而明的罪人不需要特意提出，為了維護天下正義而特別批評、記錄作為幫兇的子家這個原因外，我們不得不對子家的身份和地位作一番考辨。

　　有關子家的文獻很少。公子歸生（？～前599），姬姓，名歸生，字子家。春秋時鄭國執政大臣，鄭文公之子。鄭靈公時，與子公（公子宋）同為鄭卿。

　　《左傳·十七年》記載「鄭子家告趙宣子」語：

> 晉侯合諸侯於扈，平宋也。於是晉侯不見鄭伯，以為貳於楚也。

> 鄭子家使執訊而與之書，以告趙宣子。曰：「寡君即位三年，召蔡侯而與之事君。九月，蔡侯入於敝邑以行。敝邑以侯宣多之難，寡君是以不得與蔡侯偕。十一月，剋減侯宣多，而隨蔡侯以朝於執事。十二年六月，歸生佐寡君之嫡夷，以請陳侯於楚，而朝諸君。十四年七月，寡君又朝，以蕆陳事。十五年五月，陳侯自敝邑往朝於君。往年正月，燭之武往朝夷也。八月，寡君又往朝。以陳、蔡之密邇於楚而不敢貳焉，則敝邑之故也。雖敝邑之事君，何以不免？在位之中，一朝於襄，而再見於君。夷與孤之二三臣相及於絳，雖我小國，則蔑以過之矣。今大國曰：『爾未逞吾志。』敝邑有亡，無以加焉。古人有言曰：『畏首畏尾，身其餘幾？』又曰：『鹿死不擇音。』小國之事大國也，德，則其人也；不德，則其鹿也。鋌而走險，急何能擇。命之罔極，亦知亡矣，將悉敝賦，以待於鯈，唯執事命之。文公二年，朝於齊。四年，為齊侵蔡，亦獲成於楚。居大國之間而從於強令，豈其罪也大國若弗圖，無所逃命。」

> 晉鞏朔行成於鄭，趙穿、公婿池為質焉。

杜預注：「執訊，通訊問之官，為書與宣子。」《文心雕龍·書記》亦

稱：「子家與趙宣（晉國大夫趙盾，諡宣子）以書。」孔穎達疏《毛詩》云：此《載馳》詩者，許穆夫人所作也。閔念其宗族之國見滅，自傷不能救之。言由衛懿公為狄人所滅，國人分散，故立戴公，暴露而舍於漕邑。宗國敗滅，君民播遷，是以許穆夫人閔念衛國之亡，傷己許國之小，而力弱不能救，故且欲歸國而唁其兄。但在禮，諸侯夫人父母終，唯得使大夫問於兄弟，有義不得歸，是以許人尤之，故賦是《載馳》之詩而見己志也。……故《左傳》叔孫豹、鄭子家賦《載馳》之四章，四猶未卒，明其五也。然彼賦《載馳》，義取控引大國，今控于大邦，乃在卒章。

《詩·墉風》之《載馳》末章有「控于大邦，誰因誰極！」其四章曰：「陟彼阿丘，言採其蝱。女子善懷，亦各有行。許人尤之，眾稚且狂。」其五章曰：「我行其野，芃芃其麥。控于大邦，誰因誰極？大夫君子，無我有尤。百爾所思，不如我所之。」子家以此詩來說明鄭國的困難，希望大國晉能夠理解。

《左傳·文公十三年》：

> 冬，公如晉，朝，且尋盟。衛侯會公於沓，請平於晉。公還，鄭伯會公於棐，亦請平於晉。公皆成之。鄭伯與公宴於棐，子家賦《鴻雁》。季文子曰：「寡君未免於此。」文子賦《四月》。子家賦《載馳》之四章。文子賦《采薇》之四章。鄭伯拜，公答拜。

子家賦《鴻雁》，杜預注曰：「《鴻雁》，《詩·小雅》，義取侯伯哀恤鰥寡，有征行之勞。言鄭國寡弱，欲使魯侯還晉恤之。」《詩·小雅·鴻雁》卒章為：「鴻雁于飛，哀鳴嗸嗸。唯此哲人，謂我劬勞。」子家在此乃是說鄭國困苦，「嗸嗸然若鴻雁之失所」。《襄公·十六年》：「（獻子）見范宣子，賦《鴻雁》之卒章。」義與此同。而文子賦《四月》，是說魯國也微弱，「義取行役逾時，思歸祭祀，不欲為還晉」。子家接著賦《載馳》，「義取小國有急，欲引大國以救助」。文子又賦《詩·小雅·采薇》，「取其『豈敢定居？一月三捷』，許為鄭還，不敢安居」。通過賦《詩》的形式，子家最終成功取得了魯國的幫助。

整個事情的經過是：文公十三年鄭伯背晉降楚後，又打算重歸服晉。恰逢魯文公由晉回魯，鄭伯在半路與之相會，希望魯侯代為向晉說情，雙方的應答全以賦詩為媒介。鄭大夫子家賦《小雅·鴻雁》篇，義取侯伯哀恤鰥寡，有遠行之勞，暗示鄭國孤弱，需要魯國哀恤，回往晉國去游說。

魯季文子答賦《小雅‧四月》，表示不願意為鄭國之事復回晉。於是鄭子家又賦《載馳》篇之第四章，表示小國有急，要大國救助。魯季文子又答賦《小雅‧采薇》篇之第四章，表示魯國答應為鄭奔走。

子家為大夫，代國君出使各國，以為鄭國求得生存發展的空間。由這兩個例子可見，子家對《詩》、春秋禮儀等都非常嫻熟，也很善於周旋於各諸侯國之間，其外交手腕令人讚歎，是一個比較出色的外交家，而子家在當時的諸侯邦交中也發生了重要作用。

《左傳‧魯宣公二年》：

> 春，鄭公子歸生受命於楚，伐宋。宋華元、樂呂御之。二月
> 壬子，戰於大棘，宋師敗績。

是年為鄭穆公二十一年，公元前 607 年，下距公元前 605 年夏殺靈公兩年左右。以此看，子家在當時的鄭國是很有地位的，可能已經為執政之卿。至公元前 606 年冬鄭靈公即位，輔佐靈公的主要大臣就是公子宋和公子歸生。此時子家已為數朝老臣。

隨後，即魯宣公四年，公子宋和公子歸生殺其君靈公。

由此看，子家不僅在鄭國的地位很高，至靈公時和公子宋同為鄭卿，而且也是一位有很能力的人，在當時諸侯之間也很有一些聲譽的。那麼《春秋》經以及本篇簡文等歷史文獻之所以要特別提出子家殺害靈公，很可能是認為子家有能力阻止這次弒君之變，但他只稍微勸阻後在公子宋的「反諳」下，反而很快與公子宋合謀，先下手為強，殘殺靈公，所以子家殺靈公不會是一個脅從犯那麼簡單，相反，他可能在成功殺害靈公的事件中取到了主要作用。因此，《春秋》經和本篇簡文等文獻一致認定子家殺害鄭靈公是有道理的。那麼，子家在當時鄭國的勢力和能量有多大呢？

《左傳‧宣公十年》：「冬，子家如齊，伐邾故也。」即是說，在子家去世的那一年，子家還出使過齊國。

「楚子伐鄭。晉士會救鄭，逐楚師於潁北。諸侯之師戍鄭。鄭子家卒。鄭人討幽公之亂，斷子家之棺而逐其族。改葬幽公，謚之曰靈。」（《左傳‧宣公十年》）

公子宋、子家二人殺害靈公在公元前 605 年，但直到魯宣公十年（公元前 599 年）子家依然代表鄭國出使齊國。且直到子家死去，鄭人才敢逐其族，而且是在當時諸侯之師尚在鄭國的情況下。再者，從子家、公子宋

二人殺害鄭靈公至子家卒年，楚國都未因子家弒君而討伐鄭國，楚國也沒有什麼大禍亂，所以本篇簡文提到的「邦之病」並不是楚國直到此時才出兵的主要原因。比較特別的是簡文提到楚國也是在聽到子家死訊後才決定出兵鄭國，這是為什麼呢？這只能解釋為當時子家及其宗族在鄭國勢力太大，如果子家尚在位時即要求鄭國懲罰子家，不僅沒有可能，反而會促使鄭國徹底倒向晉國。這才是本篇簡文把懲罰子家、維護天下之禮這個理由定為楚國出兵圍鄭的內在原因。從簡文中楚莊王的話「不穀（穀）日欲吕（以）告夫＝（大夫），吕（以）邦之惡（恦—病）吕（以）急」來看，楚人其實早已知曉發生在八年前的鄭子家弒君之事，只是楚莊王覺得時機未成熟，所以一直沒有說出來和楚大夫們討論是否出兵。而子家的死就是一個契機，在這個契機下，楚國出兵一舉兩得，既維護了天下之禮，又打掉了鄭國國內親晉國的勢力。

因為子家勢力夠大，所以先秦人都認為子家不單單是個弒君的幫凶，而是弒君的主導力量。

先秦政治家要正天下之「禮」，並不是為了僵化的禮儀或者舊有的制度，而是和「道」以及現實的利益緊密聯繫在一起的，所謂「禮」往往特別代表了大國的利益。本篇簡文從楚國立場出發認為楚莊王代天子恭行征伐是要維護天下之「禮」（子家殺其君應該受到懲罰），其實和《史記》中所說晉楚爭霸、爭奪鄭國的原因並不矛盾。因為在楚圍鄭之前，在鄭國主政的大臣中還有子家、公子宋。如《左傳·宣公七年》：「鄭及晉平，公子宋之謀也，故相鄭伯以會。冬，盟於黑壤。」是公子宋、子家他們主導著鄭國和晉國的親近。而魯宣公九年鄭國還在晉國的幫助下打敗過楚國，「冬，楚子為厲之役故（事在六年），伐鄭。晉卻缺救鄭，鄭伯敗楚師於柳棼。國人皆喜……」（《左傳·宣公九年》）。魯宣公十年，「楚子伐鄭。……諸侯之師戍鄭。」（《左傳·宣公十年》）所以，楚國以懲罰子家、維護「天下之禮」為藉口，其實就是要進一步削弱、打擊親晉的子家、公子宋的勢力，維護楚國在鄭國的利益。

楚莊王以「禮」作為出兵他國的旗幟和口號，最典型地體現在他滅陳又復封陳這一史實上。

《左傳·宣公十一年》：

　　　冬，楚子為陳夏氏亂故，伐陳。謂陳人：「無動，將討於少西

氏。」遂入陳，殺夏徵舒，轘諸栗門，因縣陳，陳侯在晉。申叔
時使於齊，反，覆命而退。……（申叔時）曰：「夏徵舒弒其君，
其罪大矣，討而戮之，君之義也。抑人亦有言曰：『牽牛以蹊人之
田，而奪之牛。』牽牛以蹊者，信有罪矣；而奪之牛，罰已重矣。
諸侯之從也，曰討有罪也。今縣陳，貪其富也。以討召諸侯，而
以貪歸之，無乃不可乎？」王曰：「善哉！吾未之聞也。反之，可
乎？」對曰：「可哉！吾儕小人所謂取諸其懷而與之也。」乃復封
陳，鄉取一人焉以歸，謂之夏州。故書曰：「楚子入陳，納公孫寧、
儀行父於陳。書有禮也。」

《史記・楚世家・莊王》敘寫如下：

十六年，伐陳，殺夏徵舒。徵舒弒其君，故誅之也。已破陳，
即縣之，群臣皆賀，申叔時使齊來，不賀，王問，對曰：「鄙語曰：
『牽牛徑人田，田主取其牛，徑者則不直矣，取之牛，不亦甚乎？』
且王以陳之亂，而率諸侯伐之，以義伐之，而貪其縣，亦何以復
令於天下！」莊王乃復陳國後。

在當時只為爭「長」、爭「伯」而不求滅國稱帝、稱王的形勢下，申叔
時所說的那些道理是非常現實的，並不是空洞而迂腐的說教。《史記・陳杞
世家》記載了孔子對楚莊王的高度評價：

成公元年，楚莊王為夏徵舒殺靈公，率諸侯伐陳。謂陳曰：「無
驚，吾誅徵舒而已。」……乃迎陳靈公太子午於晉而立之，復君
陳如故，是為成公。孔子讀史記至楚復陳曰：「賢哉！楚莊王輕千
乘之國而重一言。」

《孔子家語・好生第十・孔子讀史至楚復陳》也記錄：「孔子讀史至楚
復陳，喟然歎曰：『賢哉楚王，輕千乘之國而重一言之信。匪申叔之信，不
能達其義，匪楚莊王之賢，不能受其訓。』」

可見，楚王在爭奪代行征伐之權的同時，並不廢棄維護天下之禮的動
機和雄心。因為他們認識到只有維護禮和道義，才能得到其他諸侯國的支
持和擁護；滅國而縣，並未成為當時的主流意識形態〔註9〕。

綜合來看，楚莊王乃是以「禮」和「兵」相結合來處理國際關係。以

〔註9〕楚莊王重視「禮」，還表現在他對待太子教育的問題上。見《國語・楚語上・
申叔時論傅太子》。

陳夏徵舒弒其君而楚莊王伐陳來觀十分相似的鄭子家弒君一事，楚莊王以「禮」為「霸」而圍鄭，應當是非常自然的。因此，我們不能認為本篇簡文純粹是不顧事實的胡編瞎說，或者是不知史實的人為舛錯。而是以一定的史實為基礎進行說理，既蘊含了一定的編寫目的，又符合當時的基本思想觀念。只是不明本篇簡文為何不舉夏徵舒弒君而莊王伐陳的事件，反而特別提出子家弒君而圍鄭來說理；或者是因為這件事更能體現楚莊王的高度政治智慧，而且和莊王求霸中的重要戰爭兩棠之戰有直接關係；或者也可能在其他篇目中敘錄了莊王伐陳之事。

楚莊王為了「天下之禮」而圍鄭三月，也得到其他史家的一致肯定：

《史記·鄭世家》記錄了楚圍鄭三月，鄭國國君出來請罪時莊王所說的話：「莊王曰：『所為伐，伐不服也。今已服，尚何求乎？』卒去。」所以後來楚晉大戰，才會有「鄭反助楚，大破晉軍於河上」。

《公羊傳·宣公十二年》則記載為：

莊王曰：「……是以君子篤於禮而薄於利，要其人而不要其土，告從不赦，不詳。吾以不詳導民，災及吾身，何日之有。」既則晉師之救鄭者至，……莊王曰：「弱者吾威之，強者吾辟之，是以使寡人無以立乎天下。」

《新序·雜事第四》、《韓詩外傳》卷第六與此大略相同，也都記錄了楚莊王以「重禮賤財」作為行動的準則和不願「強者我避之，弱者我威之」的決心，《韓詩外傳》還引《詩》「柔亦不茹，剛亦不吐，不侮鰥寡，不畏彊禦。」（《韓詩外傳》卷第六）稱讚莊王。賈誼《新書·先醒》也記錄為：「莊王曰：『古之伐者，亂則整之，服則舍之，非利之也。』遂弗受。」

楚滅陳又復陳的事件發生在圍鄭的前一年，楚莊王在對待同樣是弒君的鄭子家，應該也是會出兵討伐的。由此來看，經過了滅陳又復陳的事件之後，特別是經過申叔時的一番理論之後，出兵鄭國是因為子家弒君和為了維護「天下之禮」的原因是很有可能的。

第四節 《鄭子家喪》作者考

釐清了簡文所涉及的史實和背後的真相之後，我們還需要進一步弄清

本篇簡文的寫作動機和背景，特別是其作者和寫作年代，才能更好地理解本篇的主旨。

簡文不是為了記事而是為了說理是可以肯定的，否則就不會把大量的內容給忽略掉。但又沒有如《戰國策》那樣把史實幾乎完全變成了對話中的人的話語內容，而是有不少作者敘述語言，作者也不借助對話人的言語來直接長篇大論地說理，而是把「理」隱含在簡潔的敘事中。這樣，簡文《鄭子家喪》（甲乙本）不屬於當時的外交辭令是可以肯定的，當然，它也不會是《戰國策》類文獻或其佚篇。從用詞和敘事語氣上看，要明顯早於《戰國策》。我們推想，它很有可能是為了國君的治國參考。本篇簡文只簡單敘寫了莊王要為諸侯之長、維護天下之禮的決心，而省略掉了其中莊王陳述退兵與鄭議和的原因，以及為何要與晉不惜一戰的原因，並且把楚國君臣之間的分歧和爭論變成了君臣之間的團結一心，更省略掉了鄭國國君的語言。因為本篇簡文出自戰國時期，這些陳詞在戰國中期顯然是不合時宜的，故簡文的重心是作為當代君王為政的參考。

那麼，本篇也應該不屬於馬王堆出土的帛書《春秋事語》。《春秋事語》襲用了《左傳》故事和用語，整理小組的注釋和鄭良樹先生的《〈春秋事語〉校釋》，就以帛書同《左傳》作了詳細對比〔註 10〕。但從文字語句到史事內容，《春秋事語》和《左傳》都還有許多不同，尤其是其所引用的那些議論。而且，本篇簡文有明顯的楚國立場，而十六章《春秋事語》不重敘事，每章各記一事，不分國別，沒有國別意識〔註 11〕。純以說理為本。

我們推測，簡文《鄭子家喪》（甲乙本）很可能屬於《鐸氏微》中的一篇。

《史記·十二諸侯年表序》在說完孔子「西觀周室，論史記舊聞，興於魯而次春秋」以及左丘明「因孔子史記具論其語，成《左氏春秋》」後，接著就提到：「鐸椒為楚威王傅，為王不能盡觀春秋，採取成敗，卒四十

〔註 10〕馬王堆漢墓帛書整理小組：《馬王堆漢墓出土帛書〈春秋事語〉釋文》，《文物》1977 年第 1 期，又收馬王堆漢墓帛書整理小組：《馬王堆漢墓帛書（三）》，文物出版社，1983 年；鄭良樹：《〈春秋事語〉校釋》，《竹簡帛書論文集》，中華書局，1982 年。

〔註 11〕裘錫圭先生在 1974 年的一次座談會上指出，這卷帛書很可能是《鐸氏微》一類的書，後來在《〈春秋事語〉校讀》中，又認為是《漢書·藝文志》春秋家中《鐸氏微》一類的書或其摘抄本，但更晚。

章，為《鐸氏微》。趙孝成王時，其相虞卿上採春秋，下觀近勢，亦著八篇，為《虞氏春秋》。」〔註12〕劉向《別錄》敘記《左傳》的流傳情況時說到：「左丘明授曾申，申授吳起。起授其子期，期授楚人鐸椒，鐸椒作《抄撮》八卷，授虞卿。虞卿作《抄撮》九卷，授荀卿。荀卿授張蒼。」〔註13〕《漢書·藝文志》還提到《鐸氏微》三篇，《虞氏微傳》二篇。劉向所說的鐸椒所作「《抄撮》八卷」，很可能就是《漢書·藝文志》中所說的《鐸氏微》。

之所以說本篇簡文很可能是鐸椒所作，甚至就是《鐸氏微》中的一篇，是因為：

其一、前面已經提到，簡文中採取了明顯的楚國立場，說話口氣上也似乎暗示，作者乃是一位楚國人士。如稱楚國為「邦」、「楚邦」，稱楚王為「王」，而稱其他國家人或軍隊為「晉人」、「鄭人」。其稱楚王為「王」，與其他戰國中前期及以前的文獻，特別是《春秋》經、《左傳》等稱楚王為「楚子」不同，顯然，簡文很可能是依據《春秋》經、《左傳》等文獻而經過了楚人的改造與改寫而成的。而把楚王出兵圍鄭的高尚論調如此完整記錄、轉述和加以宣傳，這在非楚國人著述的作品中出現是不可思議的。簡文末尾稱「與之戰於兩棠，大敗晉師焉」，語氣也很像是一個楚國人在對另一個楚國人講述。而且，簡文在處理、敘述數個歷史事件中，也很自然地流露出了明顯的追述性語氣，因此它很可能是楚人對先輩楚王故事的一個重新闡述和理解。這裡雖沒有議論，但仍然體現了作者的某種立場。從已有的文獻看，這類文獻大多是在戰國早中期逐步出現的，如帛書《春秋事語》。

其二、「鐸椒為楚威王傅，為王不能盡觀《春秋》，採取成敗，卒四十章，為《鐸氏微》」，就是說《鐸氏微》乃是為楚威王瞭解《春秋》中的成敗得失而專門編寫的，是為當代楚王提供參考的，而且正因為這個目的，所以每章、每個故事都不會很長。而本篇簡文正體現了這種寫作動機。如不為《左傳》等所限，把幾個歷史事件糅合在一起，高度壓縮，用來解釋

〔註12〕 司馬遷所謂《春秋》，實指《左傳》，前人已有定論，參看金德建《司馬遷所見書考·司馬遷所稱春秋係指左傳考》，上海人民出版社，1963 年。以及錢穆：《先秦諸子繫年考辨·虞卿著書考》，上海書店，1992 年版。

〔註13〕 《經典釋文·序錄》所載記當即本於劉向《別錄》、《漢書·儒林傳》等。

楚王圍鄭以及楚莊王爭霸過程中的重要戰役邲之戰發生的內在原因,這不僅為楚圍鄭和爭霸的邲之役提供了一個正當性的理由,也為當世楚王提供了一個學習的榜樣,特別是楚莊王以「禮」與「兵」相結合的求霸戰略和智慧,更是後代楚王所樂於瞭解的因素。

其三、楚威王在位是在公元前 339 年至公元前 329 年,《鐸氏微》是否作於此十一年間,還是作為楚威王即位前鐸椒為威王的老師之時,不得而知〔註14〕,很有可能作於威王即位之前。但不論具體作於何年,鐸椒是左丘明四傳弟子,又曾為楚太子傅,正在戰國中期。李零先生指出,這批出土的上博藏簡「墓葬年代當在前 400~前 300 年之間」〔註15〕,則時間上也相吻合。另外,簡文高揚楚莊王定「天下之禮」的春秋爭霸理論,顯然不會是列國圖謀兼併的戰國中期以後的作品。

屬於《左傳》這個傳授、流傳系列的,在《漢書·藝文志》還著錄有《左氏微》二篇、《張氏微》十篇、《虞氏微傳》二篇、《公孫固》一篇等,可見,當時這一類著述體例是很流行的。「實則這些書的共同特點是抄撮《左傳》,採取成敗,有的還採及《左傳》以外的內容。其論成敗,就是「道義」的一種方式,只是為便於讀者接受,篇幅較小。這可以說是漢初以前《左傳》學的一個傳統」〔註16〕。簡文與這類著作的性質顯然是吻合的。因此,簡文《鄭子家喪》為鐸椒之作,甚至是《鐸氏微》的某一篇,是很有可能的。

從這個意義上講,《鄭子家喪》(甲乙本)也屬於早期《左傳》學的一篇作品,楚國早期的《左傳》學對《左傳》學發展的貢獻很大,《春秋》學很早就在楚國有發展。前舉《國語·楚語》記載申叔時論太子的教育,就提到《春秋》,「教之《春秋》,而為之聳善而抑惡焉,以戒勸其心」。可見在楚國貴族子弟的教育中就專門有《春秋》一科。其他還有《叔百》、《子

〔註14〕錢穆認為其書應在威王早歲。見其《先秦諸子繫年考辨·虞卿著書考》,上海書店,1992 年版,413 頁。

〔註15〕李零:《簡帛古書與學術源流》,三聯書店 2007 年,297 頁。

〔註16〕李學勤先生還認為「《春秋事語》一書實為早期《左傳》學的正宗作品。其本於《左傳》而兼及《穀梁》,頗似荀子學風」。見李學勤:《〈春秋事語〉與〈左傳〉的傳流》,《古籍整理研究學刊》,1984 年第 4 期,第 5~6 頁。吳榮曾先生也提到戰國時《春秋》學已蔚然興盛,論說、研究《春秋》為一時之風氣,《春秋事語》即為其一。見其《讀帛書〈春秋事語〉》,《文物》,1998 年第 2 期。

玉治兵》、《兩棠之役》多種〔註17〕、《申公臣靈王》、《景平王問鄭壽》、《君人者何必安哉》、《昭王毀室》、《昭王與龔之脾》、《柬大王泊旱》等。

當然，從大範圍上講，本篇簡文可能屬於事語類、語類著作，甚至是《國語》類文獻也不能排除，錢穆甚至認為鐸椒《鐸氏微》三篇，即其《抄撮》之八卷，即今本《國語》，或「疑《國語》有出鐸氏、虞氏之鈔撮者」〔註18〕。在博簡中這類簡書很多。1987 年出土的慈利楚簡、西晉汲冢墓部分楚簡《晉書‧束皙傳》云：「初，太康二年，汲郡人不准盜發魏襄王墓，或言安釐王冢，得竹書數十車……《國語》三篇，言楚晉事。」《春秋事語》、《鐸氏微》這類作品不僅為深入研究先秦《左傳》學提供了更多的材料，也為澄清事語類著作在先秦的面貌打開一扇大門。

這樣看，簡文《鄭子家喪》的主旨是通過解釋楚莊王圍鄭、以及大敗晉師的兩棠之戰的內在原因，宣揚了楚莊王以維護「天下之禮」為旗幟而興兵、稱霸的高義和志向，並以此作為激勵後世楚王奮發有為的歷史參考。

〔註17〕李零先生所說的《兩棠之役》包括《鄭子家喪》（甲乙本），見李零：《簡帛古書與學術源流》，上海三聯書店，2007 年，295 頁。

〔註18〕錢穆：《先秦諸子繫年考辨》一四七《虞卿著書考》，上海書店，1992 年版，411 頁～413 頁。

第三章 《君人者何必安哉》研究

第一節 《君人者何必安哉》甲本校釋〔1〕

《君人者何必安哉》甲本

靷（范）戍 [2] 曰：「君王又（有）白玉三回（環）[3] 而不戔（展）[4]，命 [5] 為君王戔（展）之，敢告於見〈視〉日 [6]。」王乃出而【甲1】見之。王曰：「靷（范）乘，虗（吾）軙（焉）[7] 有白玉三回（圍）而不戔（展）才（哉）？」

靷（范）乘曰：「楚邦之中又（有）飤（司）[8]【甲2】田五貞（頃）[9]，竽、瑟（瑟）◾（衡）[10] 於前；君王有楚，不聖（聽）鼓鍾之聖（聲），此其一回（環）也。珪=（珪玉）之君，百【甲3】眚（姓）[11] 之主，宮妾呂（以）十百數；君王又（有）楚，矦（侯—後）子 [12] 三人，一人土（杜）門而不出 [13]，此其二回（圍）也。州徒【甲4】之樂 [14]，而天下莫不語（御）[15]，之〈先〉王崇（之所）呂（以）為目觀也；君王龍（隆）[16] 亓（其）祭而不為亓（其）樂，【甲5】此其三回（圍）也。先王為此，人胃（謂）之安邦，胃（謂）之利民。含（今）君王聿（盡）去耳【甲6】目之欲，人呂（以）君王為烕（御）[17] 以◾（戩—矯）[18]。民又

（有）不能也，禔（鬼）無不能也，民乍（詛）而囟（思—使）🔲
（祟）[19]【甲7】之，君王唯（雖）不夼（望）年[20]，可也。戊
行年丸（七十）矣，言（然）不敢睪（懌）身[21]，君人者可（何）
必安（然？）才（哉）[22]！傑（桀）、【甲8】受（紂）、幽、厲，萬
（厲）㐱（戮）死於人手，先君霝（靈）王幹（乾）涘（溪）[23]
云（殞）薔（或菖）[24]，君人者可（何）必安（然？）哉！【甲9】」

【校釋】

[1] 整理者定名為《君人者何必安哉》的著述有甲、乙兩本，各由9
支簡構成，保存基本完好。其中甲本簡長33.2釐米到33.9釐米之間，簡寬
0.6釐米，簡兩端平頭。簡有兩道編繩，第一契口上距頂端約8.6釐米，兩
個契口之間的間距約16.8釐米，第二契口距下端約8.5釐米，契口位於竹
簡右側。竹黃面書寫，各簡字數從24字到31字不等，滿簡書寫。篇末有
墨節，表示文章結束，總241字，其中合文4。乙本簡長在33.5釐米到33.7
釐米之間，寬0.6釐米，簡兩端平頭。也有兩道編繩，第一契口上距頂端約
9.1釐米，第一契口和第二契口之間長約16.4釐米，第二契口距下端約8.2
釐米，契口同樣位於竹簡右側。乙本也在竹黃面書寫，各簡字數在26字到
31字之間，滿簡書寫，總237字，其中合文3。篇末亦有墨節示文章結束，
但墨節後還有一個黑底白色的「乙」字，值得注意。軛（范）戊，整理者
濮茅左認為即申無宇，而其中楚王為楚昭王。經考證，我們認為本篇簡文
所指君王當為楚平王。簡文豐富了我們對於楚王及其有關大臣相互關係以
及楚國歷史的認識。

[2] 軛（范）戊，此從濮茅左之說，即申無宇，又稱芋尹，歷郟敖、
靈王、平王、昭王的楚國老臣。簡文中另稱范乘，即范申。《左傳》、《史記·
楚世家》、《國語·楚語》、《新書·大都》等有其事蹟記載，但比較簡略。

[3] 回，濮茅左釋為量詞，同「塊」。陳偉疑讀為「瑋」，「稱美、珍
視」之義（《初讀》）；後又讀為「蘬」（《再讀》）。董珊讀為「璺」，玉之坼
也，裂紋之義（《雜記（一）》）。劉雲讀為「匱」，匣子（《詞義五札》）。黃
人二讀為「玷」，訓為「缺」，指白玉上稍有缺憾（《試釋》）。孟蓬生認為
本篇之「回」均假借為「違」，可直接訓為「過失」，疑「君王又（有）白
玉三回而不夋（察）」即「君王有三個如白璧微瑕的小毛病不自察覺」之

意（《剩義掇拾》）。苦行僧讀「回」為「純」（復旦讀書會《校讀》附後發言）。王繼如認為「回」有邪曲之義，可以推知玉之有回當指其凸起不平（《臆解》）。單育辰先生認為「回」應讀為「圍」，是一種表示周長的單位（《占畢隨錄之七》）。張崇禮先生認為「回」簡文用為量詞，猶「環」也，「白玉三回」是指三個環形白玉（《釋讀》）。按：「回」在此處，首先是個量詞。正如田河先生所言，「回」和「口」、「圍」三字音近義通，均為匣母微部字，都有環繞、周匝之義。此處顯然是用「回」來形容白玉的形狀特徵。但此處「回」又不當讀為「圍」，也不等於「圍」。「圍」是表示玉、石、木、框等的周長或直徑的單位，「白玉三回」不是說有一塊周長或直徑為三圍的白玉，而是說有三塊環形白玉，因為下文明顯分「一回」、「二回」、「三回」而論之，並非整體而言說；而且，「三圍」之玉，不免過於誇張，本篇中范戊對當今楚王並沒有表現出過分的譽美或諂媚態度，因此「三圍」之說並不符合本篇范戊話語的基本含義和內在意圖。綜合來看，當如張崇禮先生所言，「回」，用如「環」，用「環」作為佩玉的量詞，在楚簡中並不難見，如包山楚簡簡 213：佩玉一環。但是，在簡文中「回」又通「違」，諧音雙關，一如整理者所言，有差異、不一致之意。下文把君王同一般的貴族、王侯以及一般人對比論述，則此「回（違）」顯然並不是專指君王違背先祖之道。

[4] 戔，濮茅左讀為「殘」或者「賤」。復旦大學讀書會疑讀為「殘」或者「踐」，並認為讀「踐」的可能性更大一些。董珊讀為「察」。何有祖為「踐」，指履行、實現或陳列整齊貌，此指展示，雙關語，又「諫」（《校讀》）。陳偉亦讀「戔」為「踐」，認為是居處、擔當之意；苦行僧讀「薦」，認為是「籍墊」的意思；單育辰讀為「展」，是省視的意思。王繼如認為「戔」有鏟削義，可讀為「剗」。張崇禮認為「戔」即「殘」字，是殘缺或使殘缺的意思。田河讀為「箋」。按：「戔」讀為「踐」不可從，單育辰、劉雲都有證說，讀為「展」，訓「陳列」最佳。

[5] 命，濮茅左理解為「要」。孟蓬生讀為「謹」，或視為「含（今）」之訛。劉信芳認為是臣對君之命，可以理解為「請求」（《試說（之一）》）。

[6] 見（視）日，詞亦見於《包山楚簡》簡 15、17、132、135，磚瓦廠楚簡簡 3，上博簡四《昭王毀室》等，學者提出左尹、官名、青天、日中、楚王、君王左右之大臣、君王左右之值日之官、您或他之代詞、主審

官的通稱等說法，但一般都把「見」隸定為「視」（單育辰：《占畢隨錄之七》，孟蓬生同意單育辰此說，見其《〈君人者何必安哉〉剩義掇拾》），這裡「見〈視〉日」恐怕本義是指君王身邊的大臣，但其實是作為一種委婉用語，就是指楚王。濮茅左亦有討論，另可參王寧、沈培等學者相關論述。

[7] 軙，濮茅左讀為「罕」，少意。李天虹讀為「曷」。通假（《補說》）。陳偉指出，字亦見於楚簡《平王與王子木》簡1，而楚竹書《楚柬王泊旱》之「旱」字所從，亦與此字近似，故提出讀為「安」說（《再讀》）。按：陳說較合理，「安」即「焉」，表疑問，哪裏。

[8] 又（有）飤（司），一般學者將「飤田」連言，指食田。但如此則整句話卻沒有主語。故依田何先生意見，以「又（有）飤」連讀，解為「有司」。

[9] 貞，濮茅左讀為「鼎」。董珊解釋說「有食田五鼎」指有食田采邑和五鼎這一級別的貴族。陳偉讀為「町」。張崇禮讀為「畛」。此從單育辰、李天虹之說，讀為「頃」。按：《國語·晉語四》：「公食貢，大夫食邑，士食田。」則食「田五貞（頃）」者當指級別不高的官吏或土地不多的貴族，屬於食田不多的「士」。這表示一個很低等的官吏或臣子。下文言此有司「竿、瑟衡於前」，范戊是說楚國中一個低級官吏或貴族都經常歡歌快活，而君王您擁有整個楚國，卻不聽鍾鼓之聲，范戊是把一般貴族、甚至低級官吏、貴族，同君王作對比，言下之意是說君王沒有整日無所事事、縱情娛樂，這是君王一個美德。

[10] 阮，濮茅左讀為「管」。趙平安認為戰國時期「瑟」字異體字很多，本字即郭店楚簡《六德》簡30「🔲」字之變。🔲，濮茅左釋作「奐」，讀為「掬」，捧取。何有祖改讀為「衡」。按：前字趙說可從，後字從何說。

[11] 眚，濮茅左讀為「姓」。董珊釋「貞」讀為「正」，百正即百官。

[12] 矦（侯）子，濮茅左謂封子為侯。但當時楚國並沒有這種制度和習慣，整理者濮茅左先生所舉也是漢代例證，所以這個解釋恐怕不確切。陳偉指出，「侯子」與「宮妾」對言，疑讀為「后子」或「後子」，指妃嬪之類（《初讀》）。顧莉丹認為「侯子」當指諸侯之女入於楚王之後宮者，「侯子」當與「宮妾」對舉，故將其理解為楚王僅有妻妾三人似更妥帖。按：陳偉先生意見可從。

[13] 土，濮茅左指通「杜」。杜門而不出，乃懲有罪者。此指楚王養

而不教，致使一子犯法，受「杜門而不出」之懲罰。又見《管子·輕重丁》、《國語·晉語》、《國語·楚語上》等。

[14] 州徒之樂，整理者把「州」理解為先秦時代的一個「編戶齊民」的組織管理單位；徒，或為「撤」，聚集。復旦讀書會疑「州徒」為「優徒」，指俳優之輩。董珊認為「州徒之樂」是州里一般徒眾的娛樂活動。張崇禮謂即民間樂舞、世俗樂舞（《釋讀》）。孟蓬生疑「州徒」讀為「州土」，指境內之土地山川，「州土之樂」即遊觀田獵之樂。田何謂「州徒（州之徒眾）」。林文華認為「州徒之樂」即「周土之樂」或「周都之樂」，其意代表周王朝之樂舞，也是象徵王者禮制的樂舞。凡國棟疑「州」為人名，或即《國語·周語下》為周景王論樂的伶州鳩；「州徒之樂」就是伶州鳩之徒所傳之樂。按：把「州徒之樂」解釋為娛樂活動的見解都和下句「君王龍（隆）其祭而不為其樂」中的「祭祀」不合；周王朝的樂舞按情理不可能「天下莫不語（御）」。既然是「天下莫不語（御）」，那麼肯定有民間性質，而且應該是楚地風俗性的東西，但君王既然「龍（隆）其祭」，則它又是祭祀性的樂舞。這裡的「樂」應該是禮樂，而不是娛樂或單純音樂。李天虹先生指出「州徒之樂」與音樂的關係，並與《墨子·三辯》對讀，良有啟發，而宋華強指出此樂當既有祭祀性又包含音樂內容，甚至他提出「州徒」就是這種祭祀性兼音樂性的行為，讀為「禱雩」，天旱求雨的祭祀。「樂」屬於儀式化和制度化甚至神聖化的禮樂王化政制的重要組成部分，它已經被統治者賦予了太多的政教內涵和使命。而下文講先王以「州徒之樂」為「目觀」，表面是說先王好於美聲美景享受，但又讚美先王「安邦、利民」，故這種「州徒之樂」作為民情、民風的體現，乃是先王用以瞭解民情民意、關心百姓以便施行相應教化、作為國家治理的重要政制手段，與孔子眼中王道詩教「興、觀、群、怨」中的「觀」有一定的聯繫。下文言「君王隆其祭而不為其樂」，表面是說君王不參與、甚至廢止那些娛樂性的聲色活動，其實乃是指君王只重視祭祀鬼神、害怕鬼神抑或有望於鬼神，卻並不真正用這些禮樂作為關心、瞭解百姓的政治手段。是否如宋華強理解為「雩」祭，則另需考釋。

[15] 語，此從復旦讀書會讀為「御」。

[16] 龍，濮茅左讀為「隆」，指不禮，濫祭淫祀；或讀為「淡」。史德新讀為「襲」，因循、沿襲（《補說》）。暫從整理者說。

[17] 奐，字寫作 ，濮茅左析字從戶從刃從从，或從戶從眾，眾在戶下，會聚集之意，疑「聚」之或體。復旦讀書會釋为「所」。季旭昇釋为「塞」，或讀为「毽」。張崇禮讀为「馭」。讀为「所」與文義不合，故復旦讀書會疑兩個本子均有脫漏或增衍。孟蓬生認为「所」可讀为「姻」，吝惜之義。蘇建州先生讀「所」为「忤」。張新俊讀「所」为「邪」。李天虹疑「所」可讀为「固」。按：正如孟蓬生先生所言，「」與「聚」、「所」均有一定距離，從字形上看，隸作「奐」應該更为合理，而此字正與從「人」「所」聲的「御」相合，張崇禮謂此乃「馭人」之「馭」的專字，字形分析可參看蘇建洲先生《也說〈君人者何必安哉〉「人以君王为所以囂」》一文。郭店簡《尊德義》篇有云：「君民者，治民復禮民，余曷知？送勞之，軌也。为邦而不以禮，猶御之亡（策）也。」正讀为「御」。這裡是形象地比喻君王的治國之法就像車夫馭馬，但從上下文看並不是如張崇禮所言是「緊緊控制民眾」，此乃是指君王治國为邦不以禮，背離先王之法，主要是指君王不尊重、順應民意，不關心民眾自己的生活，而只顧著把民眾綁在自己野心的戰車上。

[18] 戲，整理者讀为「囂」，喧嘩貌。復旦讀書會釋为「傲」。董珊讀为「徼」，意思是巡行邊界；「人以君王为聚以囂」意是民眾認为君王为發動戰爭而作为聚斂，因此節儉而盡省聲色耳目之樂。季旭昇也讀为「徼」，訓为「求」或「徼名」。張崇禮讀为「敖」，孤傲義，指傲慢，不能與民眾和同；「馭以敖」，指象車夫馭馬一樣，緊緊控制民眾。劉信芳也讀为「敖」，但指楚君王另一具有一定區別意義的稱名。《左傳》昭公十三年「葬子干于訾，實訾敖」，注：「不成君，無號謚者，楚皆謂之敖。」（《試說（之二）》）孟蓬生認为「戲」可讀为「矯」，矯飾、矯情之義；李天虹解釋「矯」为「拂逆」。陳偉讀为「倨」（《再讀》）。按：此從孟蓬生、李天虹讀为「矯」，但訓解從李天虹說。《淮南子·俶真》「賢人之所以矯世俗者，聖人未嘗觀焉」高誘注：「矯，拂也。」又有謂「行非先王之法曰矯」。「今君王盡去耳目之欲」，乃「行非先王之法」。

[19] 乍，整理者釋通「作」。季旭昇讀为「作」，興起。孟蓬生讀为「詛」，即詛祝，請求鬼神加禍於人。，董珊疑從「隹」聲讀为「悴」、「瘁」，訓为「憂」，句意謂民人勞作而無所娛樂，使之憂勞。季旭昇析字左從「言」，右下從「隹」，右上一筆疑为省筆，復原後似可視为從「萑」，

全字疑為「讙」字。「民作而思讙之」，意思是：人民有能力了也會想要享受歡樂。蘇建洲讀為「佚」，休佚（《札記一則》）。孟蓬生讀為「崇」。劉信芳隸定為「䜭」，讀為「應」（《試說（之二）》）。單育辰讀為「勸」（《之八》》）。史德新讀為「宣」。按：「勸」或「崇」比較吻合語意。

[20] 夨，字作⿱ ，整理者隸定為「長」，復旦讀書會、何有祖、黃人二、鍾易翬、張崇禮等皆從之，單育辰更進一步認為當是「長」的訛寫。董珊讀為「荒」。季旭昇、伊強先生從之。伊強又疑「荒年」為古書之「荒寧」，指荒廢縱樂。沈之傑先生隸定為「夨」，釋為「望」，趙平安從之。孟蓬生也讀為「望」，認為「望年」即「希望長壽」之義。

[21] 言，讀為「然」，不必贅述。罩，整理者解釋為敗德。復旦讀書會認為「罩」當讀為「懌」，「懌」與下句「安」對應，是「悅懌」之義。董珊把隸定為「擇」，讀為「釋」，「言不敢擇身」是說話時不敢顧及自己的身家性命安全。林文華認為整理者讀作「斁」或「殬」符合文義，但有厭棄之意。

[22] 可，讀為「何」，安，整理者如字讀，安全；才，讀為「哉」。董珊讀為「然」。按：兩說似都有道理，但「然」說似更合此處語氣。

[23] 幹（乾）渼（溪），從復旦讀書會、何有祖先生所釋。文獻對楚靈王殞命於乾溪之事多有記載，如《左傳·昭公十三年》：「……乃求王，遇諸棘圍，以歸。夏，五月，癸亥，王縊於芊尹申亥氏。申亥以其二女殉而葬之。……他年，芊尹申亥以王柩告，乃改葬之。初，靈王卜，曰：『余尚得天下。』不吉，投龜，詬天而呼曰：『是區區者而不余畀，余必自取之。』民患王之無厭也，故從亂如歸。」《公羊傳·昭公十三年》亦云：「靈王為無道，作乾溪之臺，三年不成。……眾罷而去之，靈王經而死。」《國語·楚語上》：「靈王虐，白公子張驟諫。王患之，……七月，乃有乾溪之亂，靈王死之。」《史記·楚世家》芊尹申無宇之子申亥曰：「吾父再犯王命，王弗誅，恩孰大焉。」乃求王。遇王饑於釐澤。奉之以歸。夏五月癸丑，王死申亥家。申亥以二女從死，並葬之。」太史公曰：「楚靈王方會諸侯於申，誅齊慶封，作章華臺，求周鼎之時，志小天下，及餓死於申亥之家，為天下笑。」（《史記·楚世家》）《晏子春秋內篇·諫下第二》、《韓非子·十過》、《新論》、《淮南子·泰族》、《新序·善謀第九》等從不同角度提及楚靈王敗亡於乾溪之事。

[24] 云，陳偉讀為「隕」，劉信芳也指出《國語·楚語上》有「芋

尹申亥從靈王之欲，以隕於乾溪」的記載（《試說（之二）》）。爾（或薔），整理者隸定為「爾」，但屬下讀；復旦讀書會連「云」字讀為「云爾」；季旭昇先生從之，認為「云爾」在這裡是死亡的一種避諱說法。羅小華隸定為「薔」，認為「乾溪」、「云薔」均為地名，「云薔」確切地望待考。蘇建洲接受羅小華釋為「薔」意見，但讀為「顛」。李天虹傾向於隸定為「薔」，讀為「崩」，九店簡「箇」用為「稟」。劉信芳從之，並讀為「稟」，訓為「祿」，謂「隕稟」是殞命的委婉語（《試說之二》）。陳偉讀為「璽」，「隕璽」，喪失權力義（《再讀》）；董珊先生疑讀為「殞匶」，據文獻記載「匶」似指先匶其葬。按：前字從何有祖先生讀為「殞」，指死亡。後字從李天虹先生釋作「薔」，讀為何字暫存疑待考。

《君人者何必安哉》乙本

軋（范）戊曰：「君王又（有）白玉三回（圍）而不戔（察），命為君王戔（察）之，敢告於見〈視〉日。」王乃出而【乙1】見之。王曰：「軋（范）乘，虗（吾）軏（焉）有白玉三回（圍）而不戔（察）才（哉）？」

軋（范）乘曰：「楚邦之中又（有）飤（食）【乙2】田五貞（頃），沅（管）（衡）於前；君王有楚，不聖（聽）鼓鍾之聖（聲），此元（其）一回（圍）也。珪=（珪玉）之君，百【乙3】貞之主，宮妾呂（以）十百數；君王又（有）楚，矦（侯）子三人，一人土（杜）門而不出，此元（其）二回（圍）也。州徒【乙4】之樂，而天下莫不語（御），之〈先〉王虍=（之所）呂（以）為目觀也；君王龍（隆）其祭而不為元（其）樂，【乙5】此元（其）三回（圍）也。先王為此，人胃（謂）之安邦，胃（謂）之利民。含（今）君王聿（盡）去耳【乙6】目之欲，人呂（以）君王為炅（御）以戲（敖或矯）。民又（有）不能也，禜（鬼）無不能也，民乍（詛）而思（使）【乙7】之，君王唯（雖）不夃（望）年，可也。戊行年屯（七十）矣，言（然）不敢睪（懌）身，君人者何必安才（哉）！

傑（桀）、【乙8】受（紂）、幽、厲，萬（厲）殘（戮）死於人手，先君靄（靈）王幹（乾）溪（溪）云（殞）蕭（或莒），君人者何必安哉！【乙9】」

第二節 《君人者何必安哉》「軣（范）戊」考

對《君人者何必安哉》的研究，首先要面臨的就是有關歷史人物和史實的探尋問題。

文獻中的人物「軣（范）戊」，整理者認為即本篇後文中的「軣（范）乘」，或讀為「范申」，即歷史上的「范無宇」。復旦大學出土文獻與古文字研究中心研究生讀書會也認為，「軣（范）戊」與後文對話中的「軣（范）乘」當為一人，「戊」與「乘」可能是一名一字；讀書會中還有學者指出，「戊」可通「茂」，「乘」可用作「勝」，「勝」亦有「盛」義，「茂」、「盛」同義，故古書常連用，「戊」和「乘」作為名與字或者即因為此〔註1〕。不過整理者認為「戊」當讀為「叟」，即稱呼老者或長者所用。何有祖先生指出「戊」為「范乘」自稱，《禮記·曲禮》有云：「父前子名，君前臣名。」〔註2〕復旦研究生讀書會意見認為其人究竟是誰尚有待進一步考證。董珊先生提出，范戊、范乘既有可能就是整理者所肯定的楚芋尹申無宇，即諸子書所記的「范無宇」，但也有可能范無宇之子申亥，目前都不可論定〔註3〕。

關於本篇中的楚王，整理者認為當是楚昭王。董珊也認為篇中的「君王」是楚昭王的可能性甚大，其二子為惠王及子良〔註4〕。而劉信芳先生認為該楚王看來不是一位昏君，因約束自己，被「人」（貴族）貶稱為「敖」，而他不能對威脅王室的貴族下手，應是楚王室處於微弱時期的一位楚王。「君王唯（雖）不妥（長）年，可也」，可能是在位時間不長的一位楚王。能滿足以上條件者，目前所能見到的文獻不足徵。僅就相對弱勢及在位時間較短的條件來看，靈王而後，平、昭、惠、簡以及宣、威、懷的可能性

〔註1〕復旦大學出土文獻與古文字研究中心研究生讀書會：《〈上博七·君人者何必安哉〉校讀》，復旦大學出土文獻與古文字研究中心網2008年12月31日。
〔註2〕何有祖：《〈上博七·君人者何必安哉〉校讀》，簡帛網，2008年12月31日。
〔註3〕董珊：《讀〈上博七〉雜記（一）》，復旦網2008年12月31日。
〔註4〕董珊：《讀〈上博七〉雜記（一）》，復旦網2008年12月31日。

不大，其在聲、悼、肅三楚王之間乎？〔註5〕在同篇論文注中，劉先生又提
出：「該楚王為子比的可能性尚不能完全排除，子比為恭王子，靈王死後「立
比為王」，稱「初王比」（《史記・楚世家》）。子比在位時間很短，以致被史
家忽略。」〔註6〕

本篇中的「靶（范）戍」與「靶範）乘」，學界基本認同為一人，沒
有異議。在沒有確切史料證據的情況下，范乘究竟是誰確實不好定論。我
們認為，范戍或范乘很有可能就是整理者所說的范無宇。《史記・楚世家》、
《左傳》稱申無宇，而《國語》以及子書如《新書》中則稱之范無宇。歷
史上的申無宇，確實是一位能言敢諫、見微知著、公私分明、重民愛國的
智者。

《左傳・襄公三十年》：

> 楚公子圍殺大司馬蒍掩而取其室。申無宇曰：「王子必不免。
> 善人，國之主也。王子相楚國，將善是封殖，而虐之，是禍國也。
> 且司馬，令尹之偏，而王之四體也。絕民之主，去身之偏，艾王
> 之體，以禍其國，無不祥大焉！何以得免？」

申無宇認識到賢能之士對於國家和百姓的重要性，譴責在位者爭權奪
利、擅殺國士的自私行為。

《左傳・昭公四年》：

> （楚子）遷賴於鄢，楚子欲遷許於賴，使鬥韋龜與公子棄疾
> 城之而反，申無宇曰：「楚禍之首，將在此矣。召諸侯而來，伐國
> 而克，城竟莫校，王心不違民，其居乎！民之不處，其誰堪之！
> 不堪王命，乃禍亂也。」

楚子欲築城於邊境，且遷移其民，申無宇認為「民之不處，其誰堪之」，
民才是國家的根本，而重民的關鍵在於不勞民，如果過度勞民，必然會帶
來禍患。

《左傳・昭公七年》：

> 二月（楚靈王六年，公元前535年），楚子之為令尹也，為王
> 旌以田，芊尹無宇斷之曰：「一國兩君，其誰堪之。」

〔註5〕劉信芳：《竹書〈君人者何必安哉〉試說》（之二），復旦網2009年1月6日。
〔註6〕劉信芳：《竹書〈君人者何必安哉〉試說》（之二）一文注〔12〕，復旦網2009
年1月6日。

申無宇為了維護國家的一君之體制，不惜開罪於當時輕浮而強勢的令尹楚公子圍，也就是後來的楚靈王。顯然，他並不願意插足楚王室內部的紛爭，但他還是要極力去維護一個國家的公理、公益，用自己的方式勸阻令尹打著王旗出獵，批評其蔑視楚王的囂張行徑。

《左傳·昭公七年》又記載：

> （楚公子圍，即楚靈王）及即位，為章華之臺，納亡人以實之。無宇之閽入焉，無宇執之，有司弗與，曰：「執人於王宮，其罪大矣。」執而謁諸王，王將飲酒，無宇辭曰：「天子經略，諸侯正封，古之制也。封略之內，何非君土？食土之毛，誰非君臣？故《詩》曰：『普天之下，莫非王土？率土之濱，莫非王臣。』天有十日，人有十等，下所以事上，上所以共神也。故王臣公，公臣大夫，大夫臣士，士臣皂，皂臣輿，輿臣隸，隸臣僚，僚臣僕，僕臣臺。馬有圉，牛有牧，以待百事。今有司曰『女胡執人於王宮，將焉執之？』周文王之法樂《有亡荒閱》，所以得天下也。吾先君文王，作《僕區》之法，曰，盜所隱器，與盜同罪，所以封汝也。若從有司，是無所執逃臣也。逃而捨之，是無培臺也，王事無乃闕乎？昔武王數紂之罪，以告諸侯曰：紂為天下逋逃主，萃淵藪，故夫致死焉。君王始求諸危而則紂，無乃不可乎？若以二文之法取之，盜有所在矣。」王曰：「取而臣以往，盜有寵，未可得也。」遂赦之〔註7〕。

文獻的核心不是說申無宇斤斤計較一兩個逃亡的閽人問題，而是他敢於據理駁斥楚王踐踏國家法律的非理性行為，以及不顧國家、臣民合理利益的不明智舉動。

《左傳·昭公十一年》：冬十一月，楚子滅蔡，用隱大子於岡山。申無宇曰：「不祥，五牲不相為用，況用諸侯乎？王必悔之。」申無宇對楚子用人作祭祀品的行為也極不滿意，一方面，是對楚子不尊重他國、諸侯，特別是盟國的非明智外交策略的不齒，因為在當時，要稱霸諸侯，是必須贏得眾多諸侯國的支持和擁護的，如楚莊王滅陳又復陳，圍鄭克鄭又存鄭，當時滅亡這些國家是需要充分理由的，否則會遭到其他國家的聯合反

〔註7〕此事在《史記·楚世家·靈王》也有記載：（靈王）七年，就章華臺，下令內亡人實之。

對。吞併其他國家、統一天下的想法，只是到戰國後期才成為一股為大家所接受的潮流。另一方面，這也是他以人為本、尊重生命的進步人文思想的反映。總之，「仁」和「禮」，依然是上層社會所尊重和維護的行動準則。

《左傳·昭公十一年》：

> 十二月，楚子城陳、蔡、不羹，使棄疾為蔡公。王問於申無宇曰：「棄疾在蔡何如？」對曰：「擇子莫如父，擇臣莫如君。鄭莊公城櫟而置子元焉，使昭公不立，齊桓公城谷而置管仲焉，至於今賴之。臣聞五大不在邊，五細不在庭。親不在外，羈不在內。今棄疾在外，鄭丹在內，君其少戒！」王曰：「國有大城，何如？」對曰：「鄭京櫟實殺曼伯，宋蕭亳實殺子游，齊渠丘實殺無知，衛蒲戚實出獻公。若由是觀之，則害於國。末大必折，尾大不掉，君所知也。」

范無宇論國都之外不可為大城之言在《國語·楚語上》（卷十七）有更為詳盡的展開〔註8〕：

> 靈王城陳、蔡、不羹，使僕夫子晳子問於范無宇，曰：「吾不服諸夏而獨事晉何也，唯晉近我遠也。今吾城三國，賦皆千乘，亦當晉矣。又加之以楚，諸侯其來乎？」對曰：「其在志也國為大城，未有利者。昔⋯⋯皆志於諸侯，此其不利者也。

> 「且夫制城邑若體性焉，有首領股肱，至於手拇毛脈，大能掉小，故變而不勤。地有高下，天有晦明，民有君臣，國有都鄙，古之制也。先王懼其不帥，故制之以義，旌之以服，行之以禮，辯之以名，書之以文，道之以言。既其失也，易物之由。夫邊境者，國之尾也，譬之如牛馬，楚暑之出納至，蛇之既多，而不能

〔註8〕又見《新書·大都》篇昔楚靈王問范無宇曰：「我欲大城陳、蔡、葉與不羹，賦車各千乘焉，亦足以當晉矣。又加之以楚，諸侯其來朝乎？」范無宇曰：「不可！臣聞大都疑國，大臣疑主，亂之謀也。都疑則交爭，臣疑則並令，禍之深者也。今大城陳、蔡、葉與不羹，或不充不足以威晉，若充之以資財、實之以重祿之臣，是輕本而重末也。臣聞：『尾大不掉，末大必折。』此豈不施威諸侯之心哉？然終為楚國大患者，必此四城也。」靈王弗聽，果城陳、蔡、葉與不羹，實之以兵車，充之以大臣。是歲也，諸侯果朝。居數年，陳、蔡、葉與不羹，或奉公子棄疾內作難，楚國雲亂，王遂死於乾溪宇守亥之井。為計若此豈不痛也哉？悲夫！本細末大，弛必至心，時乎，時乎！可痛惜者此也。

掉其尾，臣亦懼之。不然，是三城也，豈不使諸侯之心惕惕焉。」
子晢覆命，王曰：「是知天咫，安知民則？是言誕也。」右尹子革
侍，曰：「民，天之生也。知天，必知民矣。是其言可以懼哉！」
三年，陳、蔡及不羹人納棄疾而弒靈王。

雖然范無宇把耦國之害與禮制之因說得十分清楚，但楚靈王並沒有聽進去。結果築城之後的第三年，陳、蔡、不羹三城的人接納楚靈王的叔叔公子棄疾，起兵叛亂，把楚靈王給逼死了。可見申無宇的遠見卓識。

鄭國叔段在京邑發展勢力，被杜預稱之為「據大都以耦國」，這個「耦國」，也就是杜預在《左傳·桓公十八年》注中所說的「都如國」，就是指某封邑的規模和國都一樣大，封邑足以與一國之中央抗衡，形成實質上的兩君對峙的局面。自平王東遷以來，地方諸侯乃至執政大臣等勢力擴張，加之周天子甚至諸侯國都對各封邑的控制力日漸減弱，僭越就成了最為常見的現象，終致禮崩樂壞、天下大亂，而封地的城邑規劃超過周朝禮制的規定正是最嚴重的表現之一。到了孔子時代，新築建的城池日多，而大都耦國的例子也就司空見慣了，孔子也曾經致力於維護周禮、消除耦國，《公羊傳·定公十二年》載孔子拆毀叔孫氏和季孫氏采邑的城牆，理由就有「邑無百雉之城」。

從申無宇反對一國兩君的越禮行為和清醒認識到耦國之害來看，他和當時許多有識之士一樣，是真心要維護一個國家的內部穩定和健康發展的。申無宇顯然不是迂腐地固執堅持一成不變的舊禮，而是認識到「民」才是國家存在和發展的根本，「城」並不是一國實力的象徵，相反，如果邊境之城大於國都，導致失去控制，反而會給國家帶來禍害，何況這些地方還是滅他國奪來的土地，滅他國而築城、設縣本身就是非常危險的舉動。《晉書》卷五十之《庾翼列傳》：

昔申無宇曰「五大不在邊」，先儒以為貴寵公子公孫，累世正卿也。又曰「五細不在庭」，先儒以為賤妨貴，少陵長，遠間親，新間舊，小加大也。不在庭，不在朝廷為政也。又曰：「親不在外，羈不在內。今棄疾在外，鄭丹在內，君其少戒之。」叔向有言：「公室將卑，其枝葉先落。」

需要指出的是，申無宇講「尾大不掉，末大必折」，並不如叔向那樣從強調「公室」、「貴賤」等等級禮制出發，而是很現實的考慮問題，完全是

一個國家治理的智慧體現，而不是對禮制刻意維護。顯然，申無宇並不是一個迂腐、頑固地守禮而違情背理的人。

史料中對申無宇何時亡故未作交待，但另外有兩則文獻提及申無宇及其子申亥：

《左傳·昭公十三年》：

> 王聞群公子之死也，自投於車下，曰：「人之愛其子也，亦如余乎？」侍者曰：「甚焉。小人老而無子，知擠於溝壑矣。」王曰：「余殺人子多矣，能無及此乎？」右尹子革曰：「請待於郊，以聽國人。」王曰：「眾怒不可犯也。」曰：「若入於大都而乞師於諸侯。」王曰：「皆叛矣。」曰：「若亡於諸侯，以聽大國之圖君也。」王曰：「大福不再，只取辱焉。」然丹乃歸於楚。王沿夏，將欲入鄢。芋尹無宇之子申亥曰：「吾父再奸王命，王弗誅，惠孰大焉？君不可忍，惠不可棄，吾其從王。」乃求王，遇諸棘圍以歸。夏五月癸亥，王縊於芋尹申亥氏。申亥以其二女殉而葬之。……他年，芋尹申亥以王柩告，乃改葬之。

相似的記載又見於《史記·楚世家》：

> （楚靈王十二年）芋尹申無宇之子申亥曰：「吾父再犯王命，王弗誅，恩孰大焉。」乃求王。遇王饑於釐澤。奉之以歸。夏五月癸丑，王死申亥家。申亥以二女從死，並葬之。

無宇認為楚靈王即位前用王旗是僭越，把旗子砍斷，是為一犯王命。靈王即位，為章華之臺，收聚逃亡臣妾安置其中，無宇發現有自己的閽人，堅持要進入抓人，是為二犯王命。兩次都獲得赦免（見《左傳》昭公七年）。從文獻中所記錄的申無宇之子申亥的言行來看，似乎申無宇在楚靈王死之前已經亡故。不過，這並不絕對，但申無宇在靈王時是一個頗受楚王和其他貴族尊重的有識之賢人是可以肯定的。

因此，我們也不能排除本篇中的范戊、范乘是申無宇之子的可能性。這也存在兩種情況，一種可能就是范戊、范乘為申亥，另一種可能是范戊、范乘為范無宇的另一個兒子。有可能范戊之「戊」和申亥之「亥」一樣，乃是以天干地支為名或字。這在當時比較常見，如沈尹戌，有的地方作沈尹戊，還有公子申，公子丙，公子辰，司馬卯，等等。

當然，前揭申無宇的這種形象：人格和思想特點是和《君人者何必安

哉》中的范戊、范乘十分接近的。

　　本篇中范乘提到楚邦先王「不聽鍾鼓之聲」、「隆其祭祀而不為其樂」等，人們認可這些，認為是安邦利民的好品行，並要求當今君王能考慮百姓的要求和心聲，不能沉迷於耳目之欲，因為百姓才是鬼神的代表或代言，范乘以自己快七十歲的高齡，也不敢「懌身」，即不敢沉於一己的安逸和享樂，范乘還舉桀、紂、幽王、厲王以及先君楚靈王亡身敗國為警戒，告誡楚王不可荒淫享樂，否則也可能有「戮死於人手」的禍害發生。可以說，范乘說話的語氣雖然有些委婉，但這裡抬出歷史上著名的亡國亡身的活生生例子作為前車之鑒，顯然是相當嚴厲的。而這種雖仍以鬼神為說辭、又以民為邦本的思想顯然是以公益和民心為核心的，同君主個人得位與否的天命舊思想根本不同，也和前舉傳世文獻和史料中記載的申無宇形象無疑是相吻合的。當然，同早期與君王直接對抗、毫不婉轉的申無宇多少有些不同，作為數朝老臣，本篇中范乘的說話語氣、風格相對要委婉一些，並運用了一定的說話策略和比喻等修辭，不再是那麼直接、明白。但在別有慧心的諫言策略背後，體現的是一如既往的剛直、勇敢的忠良性格和富於歷史學識與修養的智者人格。

第三節　《君人者何必安哉》主旨及創製年代考

　　關於本篇的主旨，整理者濮茅左先生認為「靶（范）乘指君三違祖道」，「一國之君，政不治，民不愛，子不教，耽樂無度，荒淫廢德」〔註9〕。單育辰先生起初認為范戊是稱讚楚王，「君王您盡去聲色耳目之欲，人們認為這種行為可以徼福……人作事而使鬼神觀看他們的行為（以此來定人之賞罰）。君王您即使不能得到高齡，也可以了（言鬼神也會以其他方式償其品行。）我范戊快七十歲了，然而也不敢使身體悅樂安逸。統治人民的君王何必就是安全的呢？然後范戊又舉出幾個荒淫享樂的君王卻身死國亡的記載再次說明統治人民的君王不一定就是安全的。」〔註10〕單先生後來又作了一定的修正，提出：「現在君王您盡去聲色耳目之欲，人們認

〔註9〕馬承源主編：《上海博物館藏戰國楚竹書（七）》，上海古籍出版社，2008年12月，第192頁。

〔註10〕單育辰：《占畢隨錄之七》，復旦大學出土文獻與古文字研究中心網2009年1月1日。

為這種行為可以徼福。人有不能做到的事，鬼神卻沒有不能做到的事，人作事而使鬼神依據他們的行為來勸善罰惡。君王您現在雖然不是高齡之人，也可以（做這樣儉約之舉）。我范戊快七十歲了，然而也不敢使身心安逸（此語隱含的意思是：我這樣的老年人尚不敢安逸身心，何況年輕人呢）。統治人民的君王怎麼就一定是安全的？然後范戊又舉出幾個荒淫享樂的君王卻身死國亡的記載再次說明統治人民的君王不一定就是安全的來告誡君王還是應該儉約為好。」〔註11〕綜合來說，單先生是認為本篇中范乘對當今君主的作為既不乏肯定之意，又有一定的警戒動機，范乘的進諫用心內含其中。

陳偉先生也肯定本篇中范戊在前面對當今楚王多有襃揚，「如果說范戊有批評，那是在說楚王盡去耳目之欲，作得太過分」〔註12〕。蘇建洲先生也指證，「楚昭王悖忤先王的聽鍾鼓之樂、御幸女色、極目遊觀的作為」〔註13〕，言下之意也是認為本篇對當今楚王多有美譽了。

董珊先生的意見是：「本篇的思想，反對居上位者過分節儉，提倡有等級制度的耳目聲色娛樂，以此豐富生活，娛樂鬼神，拉動內需，唯此始合於先王安邦、利民的宗旨。在先秦文獻中，與此可以比較的，大概唯有《管子·侈靡第三十五》一篇。」〔註14〕。這種理解別具一格。

張崇禮先生認為，范戊說君王有三個白玉環，沒有缺口，我來給君王把白玉環弄個缺口出來。但范戊的本意並不在於此，觀後文可知，三回玉乃是比喻楚王三種似乎是完美無缺的德行。而范戊指出，正是這些所謂的美德使得楚王失去了民心。范戊通過深入的分析，指出了楚王的錯誤，也就是把三個完美的回玉都打破了。先王不棄世俗之樂舞，能夠與民同樂，故國家安定，人民親附。今王去耳目之欲，嚴苛待民，民眾不堪其嚴格控制之苦，認為君主不能與民和同，遂生背離之心。百姓不像鬼神那樣無所不能，不可能達到君主的要求。民眾都逃走了，君主去統治誰呢？意即不要因為嚴苛待下而落得個同樣的下場。范戊的為政思想是深刻而睿智的。

〔註11〕單育辰：《占畢隨錄之八》，復旦網 2009 年 1 月 3 日。

〔註12〕陳偉：《〈君人者何必安哉〉初讀》，簡帛網，2008 年 12 月 31 日。

〔註13〕蘇建洲：《也說〈君人者何必安哉〉「人以君王為所以戮」》，見張新俊：《「人以君王為所以戮」別釋》（復旦大學出土文獻與古文字研究中心網 2009 年 1 月 8 日）後所附海天（即蘇建洲）發言。

〔註14〕董珊：《讀〈上博七〉雜記（一）》，復旦網 2008 年 12 月 31 日。

君主理想主義的追求、過分的欲望帶來的可能會是一場災難，不能奢求社會中的每個人都大公無私。另外君主清教徒式的生活也並不值得提倡，上有所好，下必甚焉。對芸芸眾生、飲食男女來說，世俗生活的樂趣才是現實的。宗教式的狂熱和追求，帶給人類的劫難還少嗎？〔註15〕。

蘇建洲提出，先王的作為，人民以為是安邦利民。現在君王盡去耳目之欲，人民以為這是悖逆先君而且不利於天年的。人民以為昭王的作為是不盡天年的作為。范戊希望昭王不耳目之欲、放棄養身之道〔註16〕。

劉信芳先生認為：「范戊以白玉三回為話題，委婉陳辭，從大臣、封君、民俗三方面抨擊時弊，肯定君王白玉般的美德（不擺闊、不好色、不流於淫俗）。結尾處對楚國積弊太深表示憂慮，認為君王將很難幸免，能夠避免「傑（桀）受（紂）、幽、萬（厲）戮死於人手」的結局就算可以了。整篇文章對當時楚國時局的分析相當悲觀。」又說：該楚王「盡去耳目之欲」，至少是不違祖道。自春秋魯有三桓，各諸侯國或多或少都有私家勢力膨脹，王室受到威脅的情況出現。對君王的威脅往往來自貴族、貪官污吏等覬覦神器者，楚白公乃顯例。簡文中的「人」指向楚國貴族，這些「人」逾制淫樂，「宮妾以十百數」，還有「州徒之樂，而天下莫不語，先王之所以為目觀也」（這句話應該不是范戊自己的話，而是引用權貴們的話。）的欺人之談，無非是想君王昏聵於享受，私家勢力得以繼續膨脹而已。范戊表面上談「三回」，實際上是在抨擊時弊。〔註17〕

劉信芳先生把「州徒之樂，而天下莫不語，先王之所以為目觀也」定為引用權貴們的話是不妥當的。因為這和下句「君王龍（隆）丌（其）祭而不為丌（其）樂，此丌（其）三回（違）也」作為范戊的話語在語氣上對接不上。

李天虹懷疑本篇主旨是以「白玉三回」為切入點，婉諫君王：為國之道重在安邦利民，讓臣下和民眾滿意，而不在於違背常理「盡去耳目之欲」〔註18〕。

以上是幾種代表性意見，其間差異很大，甚至存在根本性的對立。當

〔註15〕張崇禮：《〈君人者何必安哉〉釋讀》，復旦網 2009 年 1 月 13 日。
〔註16〕蘇建洲：《也說〈君人者何必安哉〉「人以君王為所以囂」》，復旦網 2009 年 1 月 10 日。
〔註17〕劉信芳：《〈君人者何必安哉〉試說（之二）》，復旦網 2009 年 1 月 6 日。
〔註18〕李天虹：《〈君人者何必安哉〉補說》，復旦網 2009 年 1 月 21 日。

然，一篇新出土作品在研究的初期有這樣那樣的釋讀差異也很自然，隨著研究的深入以及前人研究的日漸增多，相信會有一個更為合理的解釋。下面我們在已有的研究成果基礎上，結合具體的史實考證，來具體分析本篇著作的內涵和中心意旨，以期給出一個更為合理的解讀意見。

軋（范）戊曰：「君王又（有）白玉三回（圍）而不戔（察），命為君王戔（察）之，敢告於見〈視〉日。」王乃出而【甲1】見之。王曰：「軋（范）乘，吾執（焉）有白玉三回（圍）而不戔（察）才（哉）？」

軋（范）乘曰：「楚邦之中又（有）飢【甲2】田五貞（頃），竽、管衡於前；君王有楚，不聽鼓鍾之聖（聽），此其一回（圍）也。珪玉之君，百【甲3】貞之主，宮妾以十百數；君王又（有）楚，侯子三人，一人土（杜）門而不出，此其二回（圍）也。州徒【甲4】之樂，而天下莫不語（御），之〈先〉王之所以為目觀也；君王龍（隆）其祭而不為其樂，【甲5】此其三回（圍）也。先王為此，人胃（謂）之安邦，胃（謂）之利民。今君王盡去耳【甲6】目之欲，人以君王為歟（御）以戲（教或矯）。民又（有）不能也，魂（鬼）無不能也，民乍而思（使）█【甲7】之，君王唯（雖）不亢（望）年，可也。戊行年七十矣，言（然）不敢睪（懌）身，君人者何必安才（哉）！桀、【甲8】受（紂）、幽、厲，厲瘳（戮）死於人手，先君靈王幹（乾）溪（溪）云（殞）繭（或菌），君人者何必安哉！【甲9】」

本篇中「回」字，整理者濮茅左先生以為是量詞，義同「塊」〔註19〕；陳偉先生讀「回」為「瑋」，認為是「稱美、珍視」之義〔註20〕；董珊先生則讀為「璺」，玉之坼也，裂紋之義〔註21〕；黃人二先生以為「回」亦可讀為「坫」，訓為「缺」，指白玉上稍有缺憾〔註22〕；孟蓬生先生認為

〔註19〕馬承源主編：《上海博物館藏戰國楚竹書（七）》，上海古籍出版社，2008年12月，第189～218頁。
〔註20〕陳偉：《〈君人者何必安哉〉初讀》，簡帛網，2008年12月31日。
〔註21〕董珊：《讀〈上博七〉雜記（一）》，「復旦大學出土文獻與古文字研究中心」網，2008年12月31日。
〔註22〕黃人二：《上博七君人者何必安哉試釋》詳：http://humika503.blog.163.com/blankEditor.html#_ftnref23.又見：《故宮博物院院刊》2009年第6期，第133頁。

本篇之「回」均假借為「違」，可直接訓為「過失」，疑「君王又（有）白玉三回而不叄（察）」即「君王有三個如白璧微瑕的小毛病不自察覺」之意〔註23〕；苦行僧讀「回」為「純」〔註24〕；王繼如先生認為「回」有邪曲之義，可以推知玉之有回當指其凸起不平〔註25〕；單育辰先生認為「回」應讀為「圍」，是一種表示周長的單位〔註26〕；張崇禮先生認為「回」簡文用為量詞，猶「環」也，「白玉三回」是指三個環形白玉〔註27〕，惜乎張先生未作具體解釋。我們認為「回」在此處，首先是個量詞。正如田河先生所言〔註28〕，「回」和「囗」、「圍」三字音近義通，均為匣母微部字，都有環繞、周匝之義。此處顯然是用「回」來形容白玉的形狀特徵。但此處「回」又不當讀為「圍」，也不等於「圍」。「圍」是表示玉、石、木、框等的周長或直徑的單位，「白玉三回」不是說有一塊周長或直徑為三圍的白玉，而是說有三塊環形白玉，因為下文明顯分「一回」、「二回」、「三回」而論之，並非整體而言說；而且，「三圍」之玉，不免過於誇張，本篇中范戊對當今楚王並沒有表現出過分的譽美或諂媚態度，因此「三圍」之說並不符合本篇范戊話語的基本含義和內在意圖。綜合來看，當如張崇禮先生所言，「回」，用如「環」，用「環」作為佩玉的量詞，在楚簡中並不難見，如包山楚簡簡213：佩玉一環。但是，在簡文中「回」又通「違」，諧音雙關，有差異、不一致之意〔註29〕。下文把君王同一般的貴族、王侯以及一般人對比論述，則此「回（違）」顯然並不是指君王違背先祖之道〔註30〕下文將進一步申論之。

簡文中，范戊首先借「君王有白玉三回（圍）」之喻而來向君王進諫。楚王不知何故，因而反問道：「范乘，吾軏（焉）有白玉三回（圍）而不

〔註23〕孟蓬生：《〈君人者何必安哉〉剩義掇拾》，復旦網，2009年1月4日。

〔註24〕復旦大學出土文獻與古文字研究中心研究生讀書會：《〈上博七·君人者何必安哉〉校讀》一文後所附苦行僧（網名）2009年1月1日的發言。復旦網，2008年12月31日。

〔註25〕王繼如：《「有白玉三回而不叄」臆解》，復旦究網，2009年1月14日。

〔註26〕單育辰：《占畢隨錄之七》「復旦網，2009年1月1日。

〔註27〕張崇禮：《君人者何必安哉》釋讀》，復旦網，2009年1月13日。

〔註28〕田河：《〈君人者何必安哉〉補議》，復旦網，2009年2月7日。

〔註29〕復旦讀書會：《〈上博七·君人者何必安哉〉校讀》，復旦網，2008年12月31日。

〔註30〕馬承源主編：《上海博物館藏戰國楚竹書（七）》，上海古籍出版社，2008年12月，191頁。

戔（展）哉？」（「戔（展、察）」參：整理者濮茅左先生讀為「殘」或者「賤」。復旦大學讀書會認為「戔」疑讀為「殘」或者「踐」，並認為讀「踐」的可能性更大一些。董珊先生認為「戔」讀為「察」。何有祖先生讀「戔」為「踐」，指履行、實現或陳列整齊貌。陳偉先生亦讀「戔」為「踐」，認為是居處、擔當之意；苦行僧讀「戔」為「薦」，認為是「籍墊」的意思；單育辰先生認為「戔」應讀為「展」，是省視的意思。王繼如先生認為「戔」有鏟削義。「戔」可以讀為「剗」。張崇禮先生認為「戔」即「殘」字，是殘缺或使殘缺的意思。田河讀為「箋」〔註31〕。

「軋」，復旦讀書會讀為「焉」；陳偉先生認為楚簡「焉」字通常寫作「安」，疑此字當讀為「烏」；李天虹先生讀為「曷」〔註32〕。從楚君的反應來看，范戌所說的「白玉三回」很明顯並非實有，范戌一方面是借「玉」作為進言的話頭和藉口，另一方面也是以「玉」來比喻美德。以「玉」為寶，進而以之來喻賢才或人的美德、崇尚「君子比德於玉」、「君子無故，玉不去身」在春秋時已經是普遍的習慣。《禮記·聘義》記載子貢問於孔子曰：「敢問君子貴玉而賤珉者何也。為玉之寡而珉之多與？」孔子回答說：「非為珉之多故賤之也；玉之寡故貴之也。夫昔者君子比德於玉焉——溫潤而澤，仁也；縝密以栗，知也；廉而不劌，義也；垂之如墜，禮也；叩之其聲清越以長，其終詘然，樂也；瑕不掩瑜，瑜不掩瑕，忠也；孚尹旁達，信也；氣如長虹，天也；精神見於山川，地也；圭璋特達；德也；天下莫不貴，道也。《詩》云：言念君子，溫其如玉。故君子貴之也。」《禮記》又說：君子比德如玉。孔子說玉有十一德，

〔註31〕馬承源主編：《上海博物館藏戰國楚竹書（七）》，第189～218頁。復旦讀書會：《〈上博七·君人者何必安哉〉校讀》，復旦網，2008年12月31日，董珊：《讀〈上博七〉雜記（一）》，復旦網，2008年12月31日。何有祖：《上博七〈君人者何必安哉〉校讀》，「簡帛」網，2008年12月31日；單育辰：《占畢隨錄之七》「復旦大學出土文獻與古文字研究中心」網，2009年1月1日；陳偉：《〈君人者何必安哉〉初讀》，「簡帛」網，2008年12月31日；參看復旦大學出土文獻與古文字研究中心研究生讀書會：《〈上博七·君人者何必安哉〉校讀》後所附水土（網名）2008年12月31日的發言。田河：《〈君人者何必安哉〉補議》，復旦網2009年2月7日。

〔註32〕分別參見復旦讀書會：《〈上博七·君人者何必安哉〉校讀》，復旦大學出土文獻與古文字研究中心網（下面簡稱「復旦網」）2008年12月31日；陳偉：《〈君人者何必安哉〉初讀》，簡帛網2008年12月31日；李天虹：《〈君人者何必安哉〉補說》，簡帛網2009年1月21日。

管子雲玉有九德，東漢許慎在《說文》中舉玉之五德：「玉，石之美，有五德，潤澤以溫仁之方也；思理自外可以知中，義之方也；其聲舒揚，專以遠聞，智之方也；不撓而折，勇之方也；銳廉而不技，潔之方也。」玉還被用來作為溝通人神鬼的祭品。《周禮集說·春官宗伯》記載：天府，掌祖廟之守藏與其禁令。凡國之玉鎮，大寶器，藏焉。若有大祭、大喪，則出而陳之。既事，藏之。玉用於祭祀，被認為是寶器，可以上同於天及鬼神。在諸子先哲們看來，玉之所以那麼精朗，恍惚有洋溢而磅礴的生命力，就在於玉吸納了天地日月山川之精華、精氣，含物精特別多。《呂氏春秋·盡數》認為精氣「集於珠玉，與為精朗」，「集於羽鳥，與為飛揚；集於走獸，與為流行」，「集於樹木，與為茂長」，「集於聖人，與為夐明」，認為精氣是使樹木茂長、玉石精朗的原因。《管子·內業》就認為：凡物之精，此則為生。下生五穀，上為列星。流於天地之間，謂之鬼神。藏於胸中，謂之聖人〔註33〕。這可能也是玉受重視、並被用來比擬人的美德或賢才以及作為祭祀物品的內在原因吧。本篇中范戊以「玉」為話頭，不僅容易引起君王好奇和重視，可能也是因為「玉」常被比喻為美德或賢才容易引動君王的虛榮心。

「敢告於見〈視〉日」，其中的「見〈視〉日」，在出土戰國楚文獻中已見十數例，如見有「左尹」、「官名」、「專指楚王」、「君王左右之大臣」、「君王左右之值日之官」、「青天」、「日中」、「您」、「他」等種種意見，但一般都把「見」隸定為「視」〔註34〕，這裡「見〈視〉日」恐怕本義是指君王身邊的大臣，但其實是作為一種委婉用語，就是指君王。這樣下句「王乃出而見之」用一「乃」字，和范戊巧以「玉」為藉口一樣，都說明了君王並不好見。

申無宇進而說：「楚邦之中，又（有）飤【甲2】田五貞（頃），竽、瑟衡於前；君王有楚，不聽鼓鍾之聲，此其一回（圍）也。」

「又（有）飤田」，一般將「飤田」連言，指食田。這樣，整句話卻沒有主語。所以此處還是贊同田何先生的意見，以「又（有）飤」連讀，解

〔註33〕更多闡釋請看裘錫圭：《稷下道家精氣說的研究》，《文史叢稿——上古思想、民俗與古文字學史》，上海遠東出版社，1996年，16～58頁。

〔註34〕單育辰：《占畢隨錄之七》，復旦大學出土文獻與古文字研究中心網2009年1月1日；孟蓬生同意單育辰此說，見其《〈君人者何必安哉〉剩義掇拾》，復旦大學出土文獻與古文字研究中心網2009年1月4日。

為「有司」〔註35〕。「貞」，一般都解讀為田畝單位，此贊同單育辰、李天虹之說，讀為「頃」〔註36〕。按《國語・晉語四》：「公食貢，大夫食邑，士食田。」則食「田五貞（頃）」者當指級別不高的官吏或土地不多的貴族，屬於食田不多的「士」。這是對「有司」的進一步限定，表示一個很低等的官吏或臣子。

范戊是說楚國中一個低級官吏或貴族都經常歡歌快活，而君王您擁有整個楚國，卻不聽鍾鼓之聲，范戊是把一般貴族、甚至低級官吏、貴族，同君王作對比，言下之意是說君王沒有整日無所事事、縱情娛樂，這是君王一個美德〔註37〕。

申無宇又說：「珪玉之君，百【甲3】貞之主，宮妾以十百數；君王有楚，侯子三人，一人杜門而不出，此其二回（圍）也。」

前半句是就一般情況而言，或者「百貞之主」指一個普通的君主，可能只是一個中小侯國的國主。後半句「侯子三人，一人土（杜）門而不出」則專門針對當今楚王。對於「侯子」，整理者解釋為：封子為侯。但當時楚國並沒有這種制度和習慣，整理者濮茅左先生所舉也是漢代例證，所以這個解釋恐怕不確切。後來陳偉先生又指出，「侯子」與「宮妾」對言，疑讀為「后子」或「後子」，指妃嬪之類〔註38〕；顧莉丹認為「侯子」當指諸侯之女入於楚王之後宮者，「侯子」當與「宮妾」對舉，故將其理解為楚王僅有妻妾三人似更妥帖〔註39〕。陳先生的理解看起來非常合理，

〔註35〕田河：《〈君人者何必安哉〉補議》，復旦網，2009 年 2 月 7 日。

〔註36〕《淮南子・道應》：「列田百頃而封之執圭。」與本篇竹書下文「珪玉之君，百貞之主」正相應。參看單育辰：《佔畢隨錄之七》，復旦大學出土文獻與古文字研究中心網 2009 年 1 月 1 日；李天虹：《〈君人者何必安哉〉補說》，簡帛網 2009 年 1 月 21 日；其他意見還有整理者以之通「鼎」，作為權力象徵，見馬承源主編：《上海博物館藏戰國楚竹書（七）》，上海古籍出版社，2008 年 12 月，198 頁；復旦讀書會讀「貞」為「正」，陳偉、孟蓬生讀為「町」，見陳偉《〈君人者何必安哉〉初讀》，簡帛網 2008 年 12 月 31 日；孟蓬生：《〈君人者何必安哉〉滕義擬拾》，復旦大學出土文獻與古文字研究中心網 2009 年 1 月 4 日；張崇禮讀為「畛」，見張崇禮：《釋〈君人者何必安哉〉的》「貞」，復旦大學出土文獻與古文字研究中心網 2009 年 1 月 11 日。

〔註37〕「瑟」字釋讀從趙平安：《談「瑟」的一個變體》，復旦網，2009 年 1 月 12 日。

〔註38〕陳偉：《〈君人者何必安哉〉初讀》，簡帛網，2008 年 12 月 31 日。

〔註39〕顧莉丹：《〈上博七・君人者何必安哉〉之「侯子」》，復旦網，2009 年 1 月 7 日。

在沒有更多資料的情況下並不好推翻，而顧莉丹之說則有些牽強。這裡，我們給出一種理解，即「侯子」還是指君王的兒子、子嗣，按照楚國慣例，王子、公子一般都將出任令尹、司馬等國家重臣，因此「侯子」可以解釋為日後必定為國家大臣而相當於一方諸侯的楚君子嗣。「土」通「杜」，「杜門而不出」乃是接受懲處的一種委婉說法，這一點整理者已經有較好論證。這個「杜門而不出」的「一人」一般理解為包括在前面所說的「侯子三人」之內，我們認為這一人乃是第四人，即當今君王的第四個兒子。後文我們將結合史實給出具體解釋。

同時，范戊實際也是隱晦地批評平王「娶淫秦女」（《史記‧楚世家》），這在史料中有明確記載。《左傳‧昭公十九年》：「王為之聘於秦，無極與逆，勸王取之，正月，楚夫人嬴氏至自秦。」平王派費無忌如秦為太子建娶妻，好色的平王竟然採納費無極的無恥建議，自娶秦女，而後不得不為太子建另娶。當然，這也成了此後費無極繼續讒害太子建、以及平王與太子建父子失和的重要因由。

范戊這句話是說一個一般國家的君主都有宮妾十個百個，但君王您卻只有子嗣四人，可見君王妻妾並不多，君王您也沒有縱情於女色，這是君王您的第二個美德。但范戊特意提出君王子嗣中有一人「杜門而不出」，卻又另含深意，范戊的意思大概是要講君王您子嗣不多，卻有一個和君王您不睦，估計是希望君王要處理好和子嗣的關係，完成對他們的良好教育，否則就會形成國家的禍患。

申無宇又說：「州徒【甲4】之樂，而天下莫不語（御），之〈先〉王之所以為目觀也；君王龍（隆）其祭而不為其樂，【甲5】此其三回（圍）也。」

「州徒之樂」，整理者把「州」理解為先秦時代的一個「編戶齊民」的組織管理單位〔註40〕。復旦讀書會疑「州徒」為「優徒」，指俳優之輩〔註41〕。而董珊先生認為：「州徒之樂，而天下莫不語（娛）之」，是說州里一般徒眾的娛樂活動，天下人都以此為樂，從「先王之所以為目觀也」句來看，是指表演一類的「娛樂」活動〔註42〕。張崇禮先生謂「州徒之

〔註40〕馬承源主編：《上海博物館藏戰國楚竹書（七）》，上海古籍出版社，2008年12月，201頁。

〔註41〕復旦讀書會：《〈上博七‧君人者何必安哉〉校讀》，復旦網，2008年12月31日。

〔註42〕董珊：《讀《上博七》雜記（一）》，復旦網，2008年12月31日。

樂」即民間樂舞、世俗樂舞〔註 43〕。凡國棟先生疑「州」為人名，或即《國語·周語下》為周景王論樂的伶州鳩；「州徒之樂」就是伶州鳩之徒所傳之樂〔註44〕。孟蓬生先生疑「州徒」讀為「州土」，指境內之土地山川，「州土之樂」即遊觀田獵之樂〔註45〕。林文華先生認為「州徒之樂」即「周土之樂」或「周都之樂」，其意代表周王朝之樂舞，也是象徵王者禮制的樂舞〔註46〕。「州土」，指境內之土地山川，是祭祀對象。田何謂「州徒（州之徒眾）」〔註47〕

　　復旦讀書會、凡國棟先生的意見以及董珊先生把「州徒之樂」解釋為娛樂活動的見解都和下句「君王龍（隆）其祭而不為其樂」中的「祭祀」不合；周王朝的樂舞按情理不可能「天下莫不語（御）」，所以林文華先生的理解也有問題。「州徒之樂」既然是「天下莫不語（御）」，那麼肯定有民間性質，而且應該是楚地風俗性的東西，但君王既然「龍（隆）其祭」，則它又是祭祀性的樂舞，而非完全的世俗性。《楚辭·九章·哀郢》：「哀州土之平樂兮，悲江介之遺風。」確實證明楚語中有「州土」一詞，但《哀郢》中的「州土」並非一個不可拆解的專有名詞，楚語中「州土」有一詞，也未嘗不可有「州徒（州之徒眾）」一詞，而且，楚簡中還出現了「州人」（《包》80、95、173、174、183）一詞。因此，孟蓬生先生讀「州徒」為「州土」並以之指境內之土地山川的意見以及整理者、田何認「州徒」為州之徒眾的意見都有道理，但孟先生把把它看成是遊觀田獵之樂卻不恰當。這還需要我們進一步辨析「州土之樂」中的「樂」到底指什麼。有人認為是娛樂，也有人主張為音樂〔註 48〕。我們認為這裡的「樂」應該是禮樂，很明顯，「州徒之樂」為歷代楚君所重視，即使是當今君王，也重視其中的祭祀性意涵，因此，其中包含了祭祀性成分，在先秦屬於儀式化和制度化甚至神聖化的禮樂王化政制的重要組成部分，它已經被統治者賦

〔註43〕張崇禮：《〈君人者何必安哉〉釋讀》，復旦網，2009 年 1 月 13 日。
〔註44〕凡國棟：《〈上博七·君人者何必安哉〉簡 4「州徒之樂」小識》，簡帛網，2009 年 1 月 3 日。
〔註45〕孟蓬生：《〈君人者何必安哉〉賸義》，復旦大學出土文獻與古文字研究中心網 2009 年 1 月 4 日。
〔註46〕林文華：《〈君人者何必安哉〉「州徒之樂」考》，簡帛網，2009 年 1 月 18 日。
〔註47〕田河：《〈君人者何必安哉〉補議》，復旦網，2009 年 2 月 7 日。
〔註48〕如李天虹傾向於把「樂」理解為音樂，而不是娛樂。李天虹：《〈君人者何必安哉〉補說》，復旦網，2009 年 1 月 21 日。

予了太多的政教內涵和使命。先秦「樂」和「禮」密不可分，許多還和祭祀融為一體，這個「樂」不會是娛樂，也不是今天所謂的音樂。無論是單純的音樂還是一般的娛樂，都和祭祀沒有關係，也和下句中先王之所以為「目觀」沒有聯繫。先王以「州徒之樂」為「目觀」，表面是說先王好於美聲美景享受（「樂」是同時作為美聲與美景而存在的）、鍾情娛樂，但從下文讚美先王「安邦、利民」來看，其內裏顯然卻是說，這種「州徒之樂」作為民情、民風的體現，乃是先王用以瞭解民情民意、關心百姓以便施行相應教化、作為國家治理的重要政制手段，與孔子眼中王道詩教「興、觀、群、怨」中的「觀」有一定的聯繫。這樣，「州徒之樂」、先王之「目觀」，以及下文中的「安邦」、「利民」說才能得到貫通理解。「州徒之樂」既然為民間性、祭祀性禮樂活動，自然，「天下莫不語」中的「語」只能解為「御」，即「用」而不是「娛」（整理者訓為「議論」，也不確。）。這裡，需要指出的是，范戊之所以以「州徒之樂」作為先王「目觀」的對象，而不是如楚靈王那樣以「章華之臺」為目觀對象〔註49〕，並以之與當世君王作對比，其用意正是要在稱美的表象中諷諫當世君王。

「其」，指「州徒」或「州徒之樂」。「君王隆其祭而不為其樂」，表面是說君王不參與、甚至廢止那些娛樂性的聲色活動，其實乃是指君王只重視祭祀鬼神、害怕鬼神抑或有望於鬼神，卻並不真正用這些禮樂作為關心、瞭解百姓的政治手段〔註50〕。

這裡，范戊把對話中的楚君和先王作了對比，是說君王不喜聲色、「目觀」之享受，自律而進取，這是君王的第三個美德。

君王既不聽「鼓鍾之聲」，當然也不會喜歡一般官吏、貴族的「竽瑟」之樂，對「州徒之樂」也不感冒。李天虹先生指出，「竽瑟」、「鼓鍾之聲」、「州徒之樂」，應該在一定程度上蘊涵著等級意味。《墨子‧三辯》載：「程

〔註49〕《國語‧楚語上》：靈王為章華之臺，與伍舉升焉，曰：「臺美夫！」對曰：「臣聞國君服寵以為美，安民以為樂，聽德以為聰，致遠以為明。不聞其以土木之崇高、彤鏤為美，而以金石匏竹之昌大、囂庶為樂；不聞其以觀大、視侈、淫色以為明，而以察清濁為聰。……若斂民利以成其私欲，使民蒿焉忘其安樂，而有遠心，其為惡也甚矣，安用目觀？……若君謂此臺美而為之正，楚其殆矣！」

〔註50〕張崇禮：「使民眾尊崇祭祀而禁止民眾樂舞娛樂。」見張崇禮：《〈君人者何必安哉〉釋讀》，復旦網，2009 年 1 月 13 日。

繁問於子墨子曰：夫子曰『聖王不為樂』。昔諸侯倦於聽治，息於鍾鼓之
樂；士大夫倦於聽治，息於竽瑟之樂；農夫春耕夏耘，秋斂冬藏，息於聆
〈瓴〉缶之樂。今夫子曰：『聖王不為樂』，此譬之猶馬駕而不稅，弓張而
不弛，無乃非有血氣者之所不能至邪？」其中「鍾鼓之樂」對應諸侯，「竽
瑟之樂」對應士大夫，「瓴缶之樂」對應農夫。簡文「竽瑟」對應「食田
五貞」者，「鼓鍾之聲」對應「君王」，與《墨子》的記載可以相比附。而
「州徒之樂」，天下人莫不享用，先王「為目觀」，大概是貴賤各色人等都
可以享用的，其在使用等級上，與所謂「瓴缶之樂」也有相通之處。或許
張崇禮先生的看法比較接近事實〔註51〕。可見，君王一點也不好美聲、美
景等個人享受，君王也不沉醉於後宮女色，如此看來，君王似乎確實是一
個不錯的君主。但范戊的話並沒有到此為止，從下面的話來看這只是范戊
話語的表象，也是范戊巧妙進諫的策略。

　　先王為此，人胃（謂）之安邦，胃（謂）之利民。含（今）
　君王盡去耳目之欲，人以君王為所以戲（傲？）。

　　「此」，董珊先生認為即下文所謂「耳目之欲」，李天虹認為可從。張
崇禮先生認為「先王為此」，指先王目觀州徒之樂，即與民同樂之意。

　　「先王為此」，當指先王用「州徒之樂」，「此」，指「州徒之樂」，但先
王用「州徒之樂」，以為「目觀」，並不是要體現與民同樂之意圖，而是尊
重、順應民情民俗，並作為自己考察民意和對百姓施行教化的手段，順應
民意，乃是利民之法；教化可淳風俗，乃是安邦之舉。所以百姓、社會輿
論才會「胃（謂）之安邦，胃（謂）之利民」。范戊的意思是說先王取順應
百姓的治國之道，而君王您則更多地抑制百姓欲望和要求，使百姓服從於
您的私心，雖然這種私心不是君王您的個人聲色享受；顯然，這位君王有
高於物慾的蓬勃野心。先王尊重這些起於民間祭祀的禮樂，作為「目觀」，
不是為個人聲色慾望滿足，而是作為瞭解民情的政制；這也是春秋一致在
沿用的禮樂、禮制，周公以來的歷代先賢之所以重視並沿用這些禮樂，因
為這些禮樂就是尊重民意、瞭解民情並教化萬民的王道之治。就作為諸侯
國的楚國而言，這些禮樂，也是楚國尊重民意、瞭解民情、教化萬民、招
攬天下之民的有力措施。今君王您表面上重視祭祀、重視鬼神，卻並不瞭

〔註51〕李天虹：《〈君人者何必安哉〉補說》，復旦網，2009 年 1 月 21 日。「語」，
　　　復旦讀書會讀為「御」，訓為「用」；董珊先生讀為「娛」。疑未能定。

解祭祀禮制的真正目的；不知只有「民」才是鬼神發揮作用的根本，也是一個國家的根本。所以君王您隆其祭而去其「樂」，盡去耳目之欲，表面看起來是不重聲色的美德，其實是違背王化之道的，也是不尊重民意、不得民心的。言外之意在於指出國家的真正根本是百姓，重視祭祀更應該重視百姓。如果一味地為了某種不可告人的野心而勞民，或者不尊重民情、民生，那就和暴虐無道或奢靡無度的桀、紂等惡王一樣會激起民變的。所以治國的根本在尊重民意，實行合於民情的「王」道，而不是脫離民情的聚斂與擴張。另一種可能是這句話乃是作為范戊前面三小段言語的總結，則「先王為此」指先王聽「鍾鼓之聲」、以「州徒之樂」為「目觀」等「耳目之欲」。但從上下文的語氣來看，前一種理解應該更為合理，這句話范戊應該還是針對前一小段「第三回」而言的，是從人們的評價上把君王與先王作進一步的對比。如果要分段的話，本句「先王為此，……人以君王為御以戲（傲？）」還屬於上一段，下一段應該從「民有不能也……」往下。但，不管如何分段，范戊都意在將當世君王與先王的行為方式和治國理念作對比。顯然，在范戊看來，人們更認可先王那種尊重和因應百姓要求的做法。

「𣄪」，整理者疑為「聚」之或體，指君王能聚人，得民心；「戲」，整理者讀為「囂」，喧嘩貌。不過整句話綜合考慮卻令人費解。復旦讀書會釋前者為「所」，釋後者為「傲」，認為：從簡文看，此句前後文意都很清楚，但「人以君王為所以戲（傲？）」不成句，頗疑兩個本子均有脫漏或增衍，致使簡文難以釋讀〔註 52〕。讀為「所」與文義不合，故有「脫漏或增衍」之疑。

董珊「人以君王為聚以囂」之「囂」讀為「徼」，意思是巡行邊界。句意是：民眾認為君王為發動戰爭而作為聚斂，因此節儉而盡省聲色耳目之樂〔註 53〕。

季旭昇先生隸定前一字為「聚」，但釋為「窶」，「窶窭」；讀後字為「徼」，疑訓為「求」或「徼名」〔註 54〕；張崇禮讀「馭以敖」，指象車

〔註 52〕復旦讀書會：《〈上博七‧君人者何必安哉〉校讀》，復旦網，2008 年 12 月 31 日。

〔註 53〕董珊：《讀《上博七》雜記（一）》，復旦大學出土文獻與古文字研究中心網，2008 年 12 月 31 日。

〔註 54〕季旭昇：《上博七芻議》，復旦網 2009 年 1 月 1 日。

夫馭馬一樣，緊緊控制民眾。「戲」，有孤傲義，指傲慢，不能與民眾和同〔註55〕。劉信芳讀「戲」為「敖」，乃楚君王另一具有一定區別意義的稱名。《左傳》昭公十三年「葬子干于訾，實訾敖」，注：「不成君，無號諡者，楚皆謂之敖。」〔註56〕

孟蓬生先生謂「所以戲」的「以」為並列連詞，與「且」用法略同；「」與「所」字、「聚」字均有一定距離，以音求之，「所」可讀為「姻」，吝惜之義；「戲」讀為「矯」，矯飾、矯情之義。蘇建州先生讀「所」為「忤」。「戲」讀為「夭」此外，還有張新俊先生讀「所」為「邪」，李天虹疑「所」可讀為「固」〔註57〕。

我們認為，正如孟蓬生先生所言，「」與「聚」、「所」均有一定距離，從字形上看，隸作「疧」應該更為合理，而此字正與從「人」「所」聲的「御」相合，乃「馭人」之「馭」的專字，字形分析可參看蘇建洲先生《也說〈君人者何必安哉〉「人以君王為所以嚚」》一文，這裡是形象地比喻君王的治國之法就像車夫馭馬，但從上下文看並不是如張崇禮所言是「緊緊控制民眾」〔註58〕。此乃是指君王治國為邦不以禮，背離先王之法，主要是指君王不尊重、順應民意和民俗，不關心民眾自己的生活，而只顧著把民眾綁在自己野心的戰車上。郭店簡《尊德義》篇有云：「君民者，治民復禮民，余曷知？送勞之，軌也。為邦而不以禮，猶御之亡（策）也。《禮記·禮運》：『故治國不以禮，猶無耜而耕也。』」與本篇簡文正相合。

另外，把「」讀為一個和「戲」並列的形容詞，作為民眾對君王「盡

〔註55〕張崇禮：《〈君人者何必安哉〉釋讀》，復旦網，2009 年 1 月 13 日。

〔註56〕劉信芳：《竹書〈君人者何必安哉〉試說》（之二），復旦網，2009 年 1 月 6 日。

〔註57〕分別見：孟蓬生：《〈君人者何必安哉〉剩義》，2009 年 1 月 4 日；蘇建州：《也說〈君人者何必安哉〉「人以君王為所以嚚」》，復旦網 2009 年 1 月 10 日；張新俊：《「人以君王為所以嚚」別釋》，復旦網 2009 年 1 月 8 日；李天虹：《〈君人者何必安哉〉補說》，復旦網，2009 年 1 月 21 日。

〔註58〕張崇禮：「御」，原字形作「」，當分析為從人所聲，乃「馭人」之「馭」的專字，這裡是指象車夫馭馬一樣，緊緊控制民眾。「敖」，有孤傲義，指傲慢，不能與民眾和同。見張崇禮：《〈君人者何必安哉〉釋讀》，復旦大學出土文獻與古文字研究中心網站，2009 年 1 月 13 日。

去耳目之欲」的評價，如釋為「聚」、「姻」、「忓」、「固」等，則按照古漢語習慣，前一字「為」純熟多餘。而把「」釋讀為名詞，把本句理解為類似於《尊德義》「為邦不以禮」的「為御以……」句式則更合古漢語語法。而且，把「」釋為「御」，則本句作為對君王為邦治國方式的一種比方，和上句評價先王乃是「安邦」、「利民」正相對應。如果把「」和「戲」讀為兩個並列的形容詞，則和上句對先王的評價不相對應。既然前面評價先王也是安邦、利民之類的政治性用語，想必與之對應的為「以戲」也多半是這類語詞。

「戲」是用來形容「為御」的，但范戊的中心意思顯然不是說君王傲慢、不與民眾和同，所以「戲」讀為「敖」恐怕並不恰當。「戲」或為名詞，從上舉《尊德義》「為邦不以禮，猶無耜而耕也」看，或即「非禮」之義，亦或「非禮」的一種表現。李天虹先生從孟蓬生先生讀「戲」為「矯」，取其「拂逆」之義。《淮南子・俶真》「賢人之所以矯世俗者，聖人未嘗觀焉」高誘注：「矯，拂也。」又有謂「行非先王之法曰矯」，結合上文「先王為此」，而「今君王盡去耳目之欲」來看，將「矯」理解為「行非先王之法」或者最貼合文意〔註59〕。

還有一種可能是把「戲」讀為「敖」，即莫敖之「敖」，為楚國官名。「敖」在楚簡中有寫著「嚻」、或「𡅜」，《淮南子・脩務訓》莫敖寫作「莫嚻」。又《曾侯乙墓》：「郊連𡅜東臣所馭政車」〔註60〕章炳麟《文學說例》：「楚國以早夭之君為『敖』，如若敖、郟敖、訾敖是也；以長官為『敖』，如莫敖、連敖是也。」本篇竹書「人以君王為御以敖」，是指君王以「敖」或莫敖為御士，人各有專長，讓為政或指揮軍隊戰鬥的人去駕御車馬，明顯不合禮制，自然車馬也駕不好。范戊藉此來形容君王治國違背先王之法，不尊重、順應百姓所有的自然之性。

在此句話中范戊委婉地指出，先王治國為邦的成功之道在於順應百姓的自然天性，尊重百姓的願望和要求。

至此，算是范戊諫言中的一小段。綜合范戊的「三回」之說來看，范

〔註59〕 「行非先王之法曰矯」，見《經籍纂詁》筱韻所記《華嚴經音義上》引《國語》賈注。李天虹：《〈君人者何必安哉〉補說》有引，復旦網，2009 年 1 月 21 日。

〔註60〕 「連敖」之釋參見裘錫圭、李家浩《曾侯乙墓竹簡釋文及考釋》，《曾侯乙墓》上冊，文物出版社 1989 年，第 512 頁。

戊的思路是通過把當世楚君分別同一般的貴族、官吏，一般諸侯以及先王作對比，總結出君王「不聽鍾鼓之聲」、不沉迷女色、不好美景美聲之「目觀」享受的三大美德。但在范戊的話裏，同時已經蘊含了對君王身上所存在問題的不著痕跡的諷刺。到下文，這種表面的稱譽和誇讚，就轉為了明白的諫言、諷諫甚至嚴厲的警告！

簡甲 6-7：「民又（有）不能也，䰜（鬼）亡（無）不能也，

民乍而囟（使）[甲7]之。君王唯（雖）不亡（望）年，可也。」

「乍」，整理者定為「作」。董珊認為「民作而囟（使）□之」中「□」字原寫作「」、「」，疑從「隹」聲讀為「悴」、「瘁」，訓為「憂」，句意謂民人勞作而無所娛樂，使之憂勞〔註61〕。

季旭昇先生提出：「民乍而囟（思）之，君王唯不亡年」是以民、君對比，意謂：人民如果有能力，也會想享樂；君王卻不知享樂，這是什麼道理呢？「乍」讀為「作」，興起也。「」字左從「言」，右下從「隹」，右上一筆疑為省筆，復原後似可視為從「崔」，全字疑為「讙」字。「民作而思讙之」，意思是：人民有能力了也會想要享受歡樂。「」字縱然不是「讙」，應該也是類似這個意義的一個字〔註62〕。

蘇建洲先生提出，簡文讀作：「民作而思佚之，君王唯不荒年，何也？」意思大約是說：人民勞作也想要休佚，君王也不是碰到年成不好，何以禁止娛樂呢？〔註63〕

董、季、蘇三說都沒有充分考慮與上一句「民又（有）不能也，䰜（鬼）亡（無）不能也」之間的聯繫。單育辰先生後來把「」改讀為讀為「勸」，就是考慮到起先讀為「歡」不好照顧到與上一句的緊密關係〔註64〕此外，張崇禮的意見是「乍」當是「亡」之誤字，意即「逃跑」。「之」，句末語氣

〔註61〕董珊：《讀《上博七》雜記（一）》，復旦大學出土文獻與古文字研究中心網，2008 年 12 月 31 日。

〔註62〕季旭升：《上博七芻議》，復旦網 2009 年 1 月 1 日。

〔註63〕蘇建洲：《〈君人者何必然哉〉札記一則》，復旦網 2009 年 1 月 1 日。

〔註64〕單育辰：《占畢隨錄之七》，復旦大學出土文獻與古文字研究中心網 2009 年 1 月 1 日；單育辰：《占畢隨錄之八》，復旦大學出土文獻與古文字研究中心網，2009 年 1 月 3 日。

詞，表詠歎語氣。民眾都逃走了，君王役使誰呢〔註65〕？。

孟蓬生讀「乍」為「詛」，義為「詛祝」，即請求鬼神加禍於人。![image]，孟蓬生讀為「祟」。這段話的意思是說：百姓雖然有不能做到的事情，而鬼神卻沒有不能做到的事情，百姓可以通過祝詛而使鬼神加禍於人（言外之意是不要輕視百姓的不滿而招致災禍）〔註66〕。

劉信芳認為![image]應隸定為「讎」，讀為「應」，簡文是說老百姓沒有辦法，只有鬼神是萬能的。老百姓詛咒搜刮民脂民膏者，會使鬼神應之以天譴來懲罰這些蠹蟲〔註67〕。

「![image]」，整理者隸定為「長」，復旦大學出土文獻與古文字研究中心研究生讀書會、何有祖先生、黃人二先生、鍾易翬先生、張崇禮先生等學者從之。單育辰先生更進一步認為當是「長」的訛寫〔註68〕。

董珊解為「君王唯不荒年，何也？」把「![image]」讀為「荒」。意思是今君王之世並非荒年，何必如此節儉呢？季旭昇、伊強先生從之。沈之傑先生隸定為「亡」，釋為「望」；趙平安從之。孟蓬生也讀為「望」，認為「望年」即「希望長壽」之義〔註69〕。

〔註65〕張崇禮：《〈君人者何必安哉〉釋讀》，復旦大學出土文獻與古文字研究中心網站，2009 年 1 月 13 日。

〔註66〕孟蓬生：《〈君人者何必安哉〉賸義》，2009 年 1 月 4 日。

〔註67〕劉信芳：《竹書〈君人者何必安哉〉試說（之二）》2009 年 1 月 6 日。

〔註68〕分別見復旦大學出土文獻與古文字研究中心研究生讀書會：《〈上博七·君人者何必安哉〉校讀》，復旦大學出土文獻與古文字研究中心網站，2008 年 12 月 31 日；何有祖：《上博七〈君人者何必安哉〉校讀》，武漢大學簡帛網，2008 年 12 月 31 日；黃人二：《上海博物館藏戰國楚竹書七君人者何必安哉試釋》，詳見 http://humika503.blog.163.com/blog/static/5726655220090503742853/；鍾易翬：〈上博七《君人者何必安哉》札記〉，武漢大學簡帛網，2009 年 1 月 6 日；張崇禮：〈《君人者何必安哉》釋讀〉，復旦大學出土文獻與古文字研究中心網站，2009 年 1 月 13 日；單育辰：〈占畢隨錄之七〉，復旦大學出土文獻與古文字研究中心網站，2008 年 12 月 3 日，2009 年 1 月 1 日。

〔註69〕分別見董珊：《讀〈上博七〉雜記（一）》，復旦大學出土文獻與古文字研究中心網，2008 年 12 月 31 日；季旭昇：《上博七芻議》，復旦大學出土文獻與古文字研究中心網站，2009 年 1 月 1 日；伊強：《〈君人者何必安哉〉札記一則》，武漢大學簡帛網，2009 年 1 月 11 日；沈之傑：《讀〈上博七·君人者何必然哉〉札記一則》，復旦大學出土文獻與古文字研究中心網站，2008 年 1 月 2 日；孟蓬生：《〈君人者何必安哉〉剩義》，2009 年 1 月 4 日；趙平安：《上博藏〈緇衣〉簡字詁四篇：一、![image]》，上海大學古代文明研究

綜合以上學者的意見來看，我們認為存在兩種可能。一是從孟蓬生先生意見，把「乍」讀為「詛」，「䰠」定為「祟」，所謂「詛」、「祟」可以和前文「鬼」相呼應，「唯」，復旦讀書會讀為「雖」，可從。至於「亾」，隸定為「亾」，釋讀為「望」，沈之傑、孟蓬生、趙平安、高祐仁等先生有較好的論證。這樣，「民又（有）不能也，祇（鬼）亡（無）不能也，民詛而思祟之，君王唯（雖）不亾（望）年，可也」這段話的大意就是，民有不能，而鬼神無所不能。民通過詛咒使鬼神降祟，（讓）君王不長壽也是可以做得到的，言外之意是「民」的詛咒會讓君王減壽，使君王不能得享天年。「可以相比附的記載可參上博六《景公瘧》。《景公瘧》所載亦見於今傳《晏子春秋‧內篇諫上》第十二章、《外篇重而異者》第七章。其文講齊景公久病不愈欲殺祝史，晏子進諫，言祝史無罪，景公為政昏苛，以致『百姓之咎怨誹謗，詛君於上帝者多矣。一國詛，兩人祝，雖善祝者不能勝也』（《晏子春秋‧內篇諫上》），說明景公久病是百姓不滿其治而詛咒所致」。而「……雖……可也」的句式，傳世文獻也不乏其例。如《禮記‧曾子問》：「孔子曰：宗子雖七十，無無主婦。非宗子，雖無主婦可也。」《禮記‧學記》：「力不能問，然後語之。語之而不知，雖捨之可也。」《呂氏春秋‧長攻》：「有功於此而無其失，雖王可也。」等等〔註70〕。所以更深一層的含意是，「民」雖然有不能做到的，但「民」卻可以上通鬼神；而且，一個百姓可以被愚弄、欺騙，千萬個百姓卻不可欺騙，其意志必然會應合於天地鬼神，所以萬民就間接成為了鬼神的代言人。當然，君王您應該順應百姓之性，關心民眾的所需所想。

另一種可能的理解是把「乍」，從整理者的意見定為「作」；「䰠」，從劉信芳先生的意見讀為「應」，「唯」，讀如字，表示轉折。「可」，讀為「何」，「君王唯不望年，何也？」是說君王您卻不希望長壽，這是為什麼呢？內在的意思是說君王不為其「樂」的做法是得不到鬼神祐助甚至可能會獲罪於鬼神的，君王也就無法盡享天年了。這樣，范戊這一小段進言的大意就是，民有不能，而鬼神無所不能；民通過自己的種種行為來力求應合鬼神，君王您卻不希望自己長壽，這又何必呢（或者「這又是為什麼

中心，清華大學思想文化研究所編：《上博館藏戰國楚竹書研究》，上海書店出版社，2002年，440頁。

〔註70〕李天虹：《〈君人者何必安哉〉補說》，復旦網，2009年1月21日。

呢」）？意思是說君王雖把祭祀儀式搞得很隆重，卻不為其「樂」，當然也不是真心對鬼神好，即心不「樂」、心無所動，自然也不能真正得到鬼神的幫助。范戊的言下之意是不能廢棄那些為百姓所喜的禮樂，否則不僅會失去民心，而且也得不到鬼神的祐助。因為，百姓可能會暫時被蒙蔽或欺騙，但鬼神是不可欺騙（即「無不能也」）的，所以君王您的「龍（隆）其祭而不為其樂」的違心欺神之態並不是可以獲得長壽（當然也包括長久的君位據有了）的明智之舉。這種理解可能更符合范戊的本意。

但不管作何種理解，范戊都意在強調尊重已經和百姓利益融為一體的禮樂的同時，希望當世君王能夠順應和尊重百姓的意願和天然要求。不過後一種理解中把鬼神、百姓同「樂」的關係結合得更為緊密，也更加接近范戊全部進言的涵義。

> 戊行年七十矣，言不敢罜（懌）身，君人者可（何）必安才（哉）！

「言」，讀為「然」，不必贅述。「安」，不少學者都從整理者讀如字，但董珊先生釋為「然」，張崇禮先生讀為「焉」，皆為代詞〔註71〕。季旭昇、蘇建洲、沈之傑亦釋為「然」〔註72〕。從上下文看，讀為代詞「然」應該更為合適，范戊口中的君王並不是一個只追求個人安逸享樂的人，范戊進諫的中心也不在此。如從前引李天虹文釋為「安全」〔註73〕，也有道理，但如果這樣，則用「豈必」可能比「何必」更符合此處語氣。

「不敢」後一字，整理者定為「罜」，意即敗德。復旦讀書會認為「罜」當讀為「懌」，「懌」與下句「安」對應，是「悅懌」之義。董珊把隸定為「擇」，讀為「釋」，「言不敢擇身」其實就是「言敢擇身」，因為年齡已甚老，所以說話時不敢顧及自己的身家性命安全。此是范戊的談話技巧〔註74〕。張

〔註71〕張崇禮：〈《君人者何必安哉》釋讀〉，復旦大學出土文獻與古文字研究中心網站，2009年1月13日。
〔註72〕季旭昇：《上博七芻議》，復旦網2009年1月1日；蘇建洲：《〈君人者何必安哉〉札記一則》復旦大學出土文獻與古文字研究中心網2009年1月1日；沈之傑：《讀〈上博七‧君人者何必安哉〉札記一則》復旦大學出土文獻與古文字研究中心網2009年1月2日。
〔註73〕單育辰：《佔畢隨錄之七》，復旦大學出土文獻與古文字研究中心網2009年1月1日，及《佔畢隨錄之八》，復旦大學出土文獻與古文字研究中心網2009年1月3日。
〔註74〕董珊：《讀《上博七》雜記（一）》，復旦大學出土文獻與古文字研究中心網，

崇禮先生認為「懌」，樂；「懌身」，即使自身安逸。結合上句，張先生認為范戊是說君主即使不長壽，也沒什麼大不了的，所以不必視聲色為猛獸。我范戊活到了七十歲，是因為嚴於律己，不近聲色，作君主的何必那樣呢？言外之意，可能是說和江山社稷比起來，個人壽命的長短應該是次要的〔註75〕。孟蓬生理解這段話的大意是：君王如果不追求長壽，固然可以如此（言外之義是如果追求長壽就不應放棄耳目之欲）。我雖然已經七十歲了，但是還不敢放棄養身之道（言外之義是不想放棄耳目之欲）。君臨百姓的人為什麼一定要如此呢？〔註76〕

我們認為，「𦣞」，復旦讀書會意見讀作「懌」，作動詞用，可從；「身」是自身、個人；「懌身」，即使自身個人安逸，但與長壽、耳目之欲、養生之道沒有關係。「君人者」，即君臨百姓的人、作百姓之主的人，此處刻意如此而不徑稱「君王」、「君主」，即意在強調君王時刻要注意自己是百姓之心，是百姓意願的化身，不能有太多的個人慾望和意志——包括個人物慾享受和個人野心等等，與范戊不敢只顧個人悅樂相呼應。以上種種解讀未能充分顧及到同上下文的聯繫，此試解如下：我范戊已經七十歲了，但還不敢只顧個人安逸，作為君臨百姓的王又為什麼要這樣呢？即君王您作為百姓的君、主，更不應該只顧及到自身個人的意願，而應該把自己的思想意志融入到百姓的意欲中，以百姓的快樂為快樂，以百姓的要求為要求，即關心百姓，尊重民意民情。引申開來看，則范戊差不多已經認識到，君主的設立是為了百姓的利益和願望而設立的，所以君主不該有太多的個人慾望、意志。

桀、受、幽、厲瘳（戮）死於人手，先君靈王幹（乾）溪（溪）

云（殞）繭（或菌），君人者何必安哉！

「乾溪」，此從復旦讀書會、何有祖先生所釋〔註77〕，文獻對楚靈王殞命於乾溪之事多有記載，如《左傳·昭公十三年》：「……乃求王，遇諸棘圍，以歸。夏，五月，癸亥，王縊於芊尹申亥氏。申亥以其二女殉而葬之。……

2008 年 12 月 31 日。

〔註75〕張崇禮：《〈君人者何必安哉〉釋讀》，復旦大學出土文獻與古文字研究中心網站，2009 年 1 月 13 日。

〔註76〕孟蓬生：《〈君人者何必安哉〉剩義》，2009 年 1 月 4 日。

〔註77〕何有祖：《上博七〈君人者何必安哉〉校讀》，簡帛網 2008 年 12 月 31 日。下引何說亦出自此文。

他年，芋尹申亥以王柩告，乃改葬之。初，靈王卜，曰：『余尚得天下。』不吉，投龜，詬天而呼曰：『是區區者而不余畀，余必自取之。』民患王之無厭也，故從亂如歸。」《公羊傳・昭公十三年》亦云：靈王為無道，作乾溪之臺，三年不成。……眾罷而去之，靈王經而死。《國語・楚語上》：「靈王虐，白公子張驟諫。王患之，……七月，乃有乾溪左亂，靈王死之。」《史記・楚世家》芋尹申無宇之子申亥曰：「吾父再犯王命，王弗誅，恩孰大焉。」乃求王。遇王饑於釐澤。奉之以歸。夏五月癸丑，王死申亥家。申亥以二女從死，並葬之。」《晏子春秋內篇・諫下第二》、《韓非子・十過》、《新論》、《淮南子・泰族》、《新序・善謀第九》等從不同角度提及楚靈王敗亡於乾溪之事。

楚靈王的作為，在當時名聲就不好，也是竹書中范戊以之為進諫、警告君王的原因，當然也被後世史家作為了反面典型。《國語・吳語》記載：申胥：「昔楚靈王不君，其臣箴諫以不入。乃築臺於章華之上，闕為石郭，陂漢，以象帝舜。罷弊楚國，以間陳、蔡。不修方城之內，逾諸夏而圖東國，三歲於沮、汾以服吳、越。其民不忍饑勞之殃，三軍叛王於乾溪。王親獨行，屏營徬徨於山林之中，三日乃見其涓人疇。王呼之曰：『余不食三日矣。』疇趨而進，王枕其股以寢於地。王寐，疇枕王以璞而去之。王覺而無見也，乃匍匐將入於棘闈，棘闈不納，乃入芋尹申亥氏焉。王縊，申亥負王以歸，而土埋之其室。此志也，豈遽忘於諸侯之耳乎？」太史公曰：「楚靈王方會諸侯於申，誅齊慶封，作章華臺，求周鼎之時，志小天下，及餓死於申亥之家，為天下笑。」（《史記・楚世家》）

「云」，此從何有祖先生讀為「殞」，指死亡〔註78〕。「![字]」，整理者隸定為「繭」，但屬下讀；復旦讀書會連「云」字讀為「云爾」；季旭昇先生從之，認為「云爾」在這裡是死亡的一種避諱說法。羅小華隸定為「菌」，認為「乾溪」、「云菌」均為地名，「云菌」確切地望待考。李天虹傾向於隸定為「菌」，讀為「崩」，九店簡「箇」用為「廩」〔註79〕。

〔註78〕陳偉先生讀為「隕」；劉信芳先生指出《國語・楚語上》有「芋尹申亥從靈王之欲，以隕於乾溪」的記載。劉信芳：《竹書〈君人者何必安哉〉試說（之二）》，復旦網2009年1月6日。

〔註79〕陳偉先生疑為「隕霊」，喪失權力義；董珊先生疑讀為「殞匿」，據文獻記載「匿」似指先匿其葬。董珊：《讀〈上博七〉雜記（一）》，復旦大學出土文獻與古文字研究中心網，2008年12月31日；羅小華：《〈鄭子家喪〉、

單純從字形看，![字]隸定為「薾」還是「薔」殊難判斷。從文意考慮，此暫從整理者意見隸定為「薾」，與「云」連讀「云爾」。傳世文獻中提及楚靈王之亡身失國一般都只提及「乾谿」而未及其他地名，故釋「云薔」為地名恐怕不確。「戮死於人手」可能是隱晦地指民變，或人們暴動。最後，范戊借桀、紂、幽王、厲王、楚靈王等史家眼中有名的反面典型「戮死於人手」的教訓，再一次警告君王不要把自身的意志、野心凌駕於百姓的要求之上，作為臣民的君主的人應該真正與民同心，這樣才會得到上天、鬼神的福祐，如果個人的私心太重，民不堪命，即使君王不貪圖享樂，也不暴虐無度，也可能因為百姓離心而招致不祥。

綜合全篇簡文可以知道，范戊認為民眾才是邦國的根本，君主正是為了滿足百姓的意願而立的，而不是反過來讓百姓為君主的意志服務。百姓是一切政治的歸宿，而不管是暴虐待民，還是為個人野心假惺惺地與民休息，都同這種政治理念相違背。如果要獲得鬼神的幫助，就應該尊重、順應人性，應合天地鬼神，不應廢棄百姓在日常生活中所習用的自然之禮樂、禮俗。范戊顯然認為，作為老百姓的主，僅僅不求個人物慾、聲色享受是不夠的，為國治邦的關鍵是真正做百姓利益和意願的代言人，順應人性人心；君主如果不真正愛惜百姓、尊重百姓的要求和利益，而抱持過多的個人野心，讓百姓犧牲自身利益而為君王的野心服務，那麼，君王也會和歷史上那些追求物慾享受以及野心膨脹、暴虐待民的君王一樣，死於非命。這種可貴的民本主義在春秋末期已經為許多有識之士所一再倡導，只不過和在本篇竹書中一樣，這種民本主義的先進政治哲學往往套在了先王、鬼神、禮樂等王道政治意識形態和禮制觀念裏面。而且，這種「因」應人心人性甚至物性自然要求的政治理念，在戰國中後期被道家、特別是黃老道家所努力發展並作了系統闡述的無為「道」治，成為超越了早期儒家政治哲學的重要思想，當然也為法家的正當性論證提供了基礎性的理論。

由此，我們還可以推測本篇竹書成書最早也不過在春秋末至戰國初期。上博簡中有竹書《柬大王泊旱》一篇，柬大王即楚簡王，而「柬大王」

〈君人者何必安哉〉選釋三則》，簡帛網 2008 年 12 月 31 日。劉信芳先生從之，並讀為「祿」，訓為「祿」，謂「隕祿」是殞命的委婉語，見劉信芳：竹書《〈君人者何必安哉〉試說》（之二）2009 年 1 月 6 日；李天虹：《〈君人者何必安哉〉補說》，復旦網，2009 年 1 月 21 日。湖北省文物考古研究所、北京大學中文系：《九店楚簡》第 118 頁注 213，中華書局 2000 年 5 月。

或「簡王」這一諡號，當起於去世以後，而楚簡王於公元前 431 年至公元前 408 年在位〔註80〕，則《柬大王泊旱》一篇當寫作於公元前 408 年之後。而根據李零的意見，上博簡中那些春秋戰國歷史故事：「它們記錄的事件，年代最晚，是到楚簡王時。它可以說明，出土這批竹簡的墓葬，年代最早也就是楚聲王（前 407～前 402）時。墓葬年代當在前 400～前 300 年之間。」〔註81〕李零先生曾經參與並通看過全部上博簡，故李先生的結論應該比較可信。如此，《君人者何必安哉》成書年代當在楚聲王以後。

那麼，本篇中的楚君會是哪個呢？

第四節　《君人者何必安哉》「君王」考

簡文中提到「先君靈王」，所以簡文中和范戊對話的君王只能是靈王之後的楚君了。《柬大王泊旱》篇中的「柬大王」正是楚簡王諡號，故陳偉先生認為「李氏所說的年代最晚者，當是指《柬大王泊旱》篇」〔註82〕。由李零先生的結論可以知道，即使是在李零先生寫下這個結論之時尚未公布的上博簡竹書中，也一樣不存在所記人物年代晚於《柬大王泊旱》的情形〔註83〕。

這樣，範圍可以進一步縮小為訾敖、楚平王、楚昭王、楚惠王、楚簡王當中的一個。

子比在位時間很短（可參看《左傳・昭公十三年》），而《史記・楚世家》直接謂：「子比為王十餘日」。所以這個對話中的楚王不太可能是子比。楚平王即位之後，「葬子干于訾，實訾敖」〔註84〕。有關楚惠王、楚簡王、

〔註80〕參看方詩銘：《中國歷史紀年表》，上海辭書出版社 1980 年 5 月，23 頁～25 頁。

〔註81〕李零：《簡帛古書與學術源流》，三聯書店 2004 年 4 月，275 頁～276 頁。

〔註82〕陳偉：《〈昭王毀室〉等三篇竹書的幾個問題》，《出土文獻研究》第七輯，30 頁～35 頁。

〔註83〕陳偉先生還根據上博簡埋葬時間和郭店簡較為接近這一事實指出，郭店簡書中記錄最晚的人物，是《魯穆公問子思》篇中的穆公與子思。子思生卒年不詳，但根據《史記・六國年表》、《史記・魯世家》，魯穆公卒年當在公元前 380 年左右，與《柬大王泊旱》的寫作上限相去不遠。見陳偉：《〈昭王毀室〉等三篇竹書的幾個問題》，《出土文獻研究》第七輯，30 頁～35 頁。

〔註84〕劉信芳先生曾認為也不能排除子比就是本篇簡文中的君王。見劉信芳：《竹書〈君人者何必安哉〉試說（之二）》，復旦網，2009 年 1 月 6 日。

楚聲王的歷史文獻很少，不好討論。上博簡《柬大王泊旱》敘述了因為大旱，楚簡王（前431～前408年在位）在大臣們的勸說下舉行郊祭等祭祀祈雨的故事，竹書中的簡王同樣沒有對神明保持足夠的敬畏之心，反而因祭祀引發的身體不適而強行終止了祭祀。太宰堅持要簡王用楚國之「常古」祭祀，因為天帝以「諸侯之君之不能治者，而刑之以旱」，認為楚簡王沒有把國家治理好引起上帝鬼神發怒；而「上帝鬼神高明甚」，只要簡王表現出足夠的誠意，就會降雨解除旱災；太宰又以百姓之疾苦勸諫簡王。和本篇簡文一致，都把百姓和鬼神聯繫起來，都反映了對於神鬼的認知存在的衝突，但《柬大王泊旱》篇所體現的簡王恐怕沒有本篇簡文中的君王那樣節儉自律。簡王元年（公元前431年），楚王即派遣楚軍深入北方齊魯之地滅莒；簡王十九年（前413年）伐魏、攻至上洛（今陝西洛南），雖為救秦，但楚國獲利不小，也可見經歷了半個多世紀修養生息的楚國又重新強大了起來。但另一面的事實又是楚國積弊日深，乃至在位僅六年的楚聲王就被盜所殺，《史記·楚世家》：「聲王六年，盜殺聲王」〔註85〕。

如果范戊確實為申無宇，那麼相比於楚昭王，我更傾向認為本篇中的楚王是楚平王。

從上舉楚靈王問專門向申無宇請教「棄疾在蔡何如」一事可以推想，此時的申無宇應該是位年紀不小的老者，否則以靈王的心性當不會對申無宇那麼客氣。而且兩年後楚靈王敗亡乾溪時遇到申無宇兒子申亥，而申亥已經有了兩個女兒，「申亥以其二女殉而葬之」，如此推想，申無宇應該至少有五十歲左右的年紀了。整理者濮茅左先生的看法是簡文所述范戊向君王進諫一事當發生在楚昭王後期〔註86〕，楚靈王死時是公元前529年，申無宇此時以五十歲計算，楚昭王即位在公元前515年，病卒在公元前489年，以公元前499年推算，申無宇也已經是八十歲高齡了，故楚昭王後期說恐不符合簡文中范戊自稱的「行年七十」一說。

楚昭王十年，伍子胥引吳軍攻入郢都，昭王倉惶出逃，楚幾乎滅國，

〔註85〕另：楚惠王，一生在位五十七年，楚簡王在位二十四年，由於文獻太少，都不好討論。近年出土《柬大王泊旱》即講楚簡王故事，歷史書上講到公元前431年，楚簡王元年，楚簡王以賈岸為大將北伐，滅莒；前413年楚簡王十九年，助秦伐魏：楚師伐魏南鄙，至上洛。

〔註86〕馬承源主編：《上海博物館藏戰國楚竹書（七）》，上海古籍出版社，2008年12月，第192頁。

直至第二年九月才得以回到郢都。此後一直致力於楚國的重建等事宜。楚昭王十二年（前 504 年），「吳復伐楚，取番。楚恐去郢，北徙都鄀」（《史記·楚世家》）。至此，昭王在位時才進入相對平穩期，歷史對楚國的有關記載也相應減少。對於一個歷經劫難、經歷過父冢被掘、父屍被鞭和亡國之痛的君主來說，應該不至於會不顧民生而追求一己的安逸或野心，當然，即使有什麼問題，相信直截了當的諫言可能更為有效，用不著採用委婉的策略；直接的建言方式也更符合當時君臣對話實際。同時，也完全不需要用桀、紂等歷史上有名的昏君、暴君來警戒他。何況楚昭王在歷史上一直是一個口碑不錯的春秋賢君，可謂是楚國的中興之主，後世楚國歷史文獻當不至於拿桀、紂、幽王、厲王來比擬他。

另外，從簡文的思想內容來看，也不符合經歷了悲痛、勵精圖治的楚昭王後期作為。

范戊曰：「君王又（有）白玉三回而不戔，命為君王戔之，敢（敢）告於見〈視〉日。」君王乃出而見之。

范戊以白玉三回作為藉口，一方面固然是該君王如下文范戊詳述的那樣並非沒有可取之處，相反還是有不少優點，但另一方面何嘗不是范戊為了達到諫言目的的良苦用心之體現。一個「乃」字，也證明這位楚君恐怕不是一個好說話的主。

但是，上博簡四《昭王毀室》、《昭王與龔之膞》等都證明楚昭王是個虛心納諫、胸懷百姓而能容下的君主。

> 昭王為室於死湝之滸，室既成，將落之。王誡邦大夫以飲酒，既型落（？）之，王入，將落。有一君子喪服冕，廷，將跖閨。稚（？）人止之曰：「君王已入室，君之服不可以進。」不止，曰：「小人之告□，將斷於今日。爾必止小人，小人將召寇。」稚人弗止，至閨。卜令尹陳省為視日，告：「僕之母（毋）辱君王，不幸僕之父之骨在於此室之階下。僕將。亡老……以僕之不得並僕之父母之骨，私自（坿？）。」卜令尹不為之告。「君不為為僕告，僕將召寇。」卜令尹為之告……曰：「吾不知其爾墓，爾姑須既落，焉從事。」王徙居於坪（厲），卒以大夫飲酒於坪（厲），因命至俑（偯）毀室〔註87〕。

〔註87〕馬承源主編：《上海博物館藏戰國楚竹書（四）》，上海古籍出版社，2004

　　僅僅是因為一「君子」要來祭奠亡父，昭王竟然道歉，並將與諸大夫飲酒的地點改作他處，還把新建的宮室拆除。這恐怕不僅僅是同病相憐的原因，大概也是在復國的戰鬥經歷中真正理解了民眾的巨大力量和民心所向對於君位保持的重要作用。吳軍破郢後，昭王倉惶出亡，途中數次遇險，被雲夢人射傷，繼而差點被郧公的弟弟殺掉，最後逃到隨國，也險些被出賣。後來依靠申包胥從秦國乞求來的秦軍的幫助，特別是楚國民眾同仇敵愾、合力復國的決心，昭王才得以回到郢都並復位。也因此，才有昭王如此容忍臣民的若谷虛懷。《昭王與龔之脾》則記載了昭王對在吳師入郢之役中「暴骨」的「楚邦之良臣」的體恤之情〔註88〕。能如此愛惜百姓的君王當然與《君人者何必安哉》中范戊所諷諫的不能順應百姓之情的君王完全不同。

　　《國語·楚語》又記載楚昭王回郢後對在逃亡途中想要殺掉昭王而為其父報仇的郧公弟弟鬬懷以及保護自己的郧公都加以賞賜，並且在子西提出「君有二臣，或可賞也，或可戮也。君王均之，群臣懼矣」的時候回答道：「夫子期之二子耶？吾知之矣。或禮於君，或禮於父，均之，不亦可乎！」意思就是說郧公兄弟他們有一個對君王有禮，有一個對父親有禮，我同樣對待他們，不是也可以嘛！並不以鬬懷曾經對他有過敵意就揪著不放。昭王對於在出逃途中不願意用船載自己過河、並且指責昭王「亡國」的藍尹亹，在復國之後也能夠大度諒解〔註89〕。

　　最能體現昭王是一位仁德之君的事件莫過於在重病時他仍不願意把自己的疾病通過禳祭等手段轉移給大臣，也不願因為自身的疾病而去做違禮的祭祀活動：

　　　年12月，179頁～190頁。

〔註88〕見馬承源主編：《上海博物館藏戰國楚竹書（四）》，上海古籍出版社，2004年。

〔註89〕《國語·楚語》：吳人入楚，昭王出奔，濟於成臼，見藍尹亹載其孥。王曰：「載予。」對曰：「自先王莫墜其國，當君而亡之，君之過也。」遂去王。王歸，又求見，王欲執之，子西曰：「請聽其辭，夫其有故。」王使謂之曰：「成臼之役，而棄不穀，今而敢來，何也？」對曰：「昔瓦唯長舊怨，以敗於柏舉，故君及此。今又傚之，無乃不可乎？臣避於成臼，以儆君也，庶悛而更乎？今之敢見，觀君之德也，曰：庶意懼而鑒前惡乎？君若不鑒而長之，君實有國而不愛，臣何有於死，死在司敗矣！惟君圖之！」子西曰：「使復其位，以無忘前敗。」王乃見之。

是歲也，有雲如眾赤鳥，夾日以飛，三日。楚子使問諸周大史。周大史曰：「其當王身乎！若禜之，可移於令尹、司馬。」王曰：「除腹心之疾，而置諸股肱，何益？不穀不有大過，天其夭諸？有罪受罰，又焉移之？」遂弗禜。

初，昭王有疾。卜曰：「河為祟。」王弗祭。大夫請祭諸郊，王曰：「三代命祀，祭不越望。江、漢、睢、章，楚之望也。禍福之至，不是過也。不穀雖不德，河非所獲罪也。」遂弗祭〔註90〕。

昭王認為大臣都是自己的股肱，不可移禍，寧可自己病重亡身；並認為如果自己沒有重大的過錯，上天就不會讓他夭折，有罪就應當受到懲罰，又能移給誰呢？言下之意就是他認為自己有過錯，所以給楚國帶來禍患，應當承擔責任和處罰。昭王的這種表現，以至於聽到這些的孔子都忍不住感歎：「楚昭王知大道矣！其不失國也，宜哉！《夏書》曰：『惟彼陶唐，帥彼天常，有此冀方。今失其行，亂其紀綱，乃滅而亡。』又曰：『允出茲在茲。』由己率常可矣。」〔註91〕能得到如此高的評價，古往今來的君主都不多見。當然，昭王對孔子也是推崇備至的，不僅興師救助處於困厄中的孔子，甚至還一度要以地七百里封孔子。《史記·孔子世家》：「孔子自葉返於蔡，三歲，吳伐陳，楚救陳，軍於城父。聞孔子在陳蔡之間，楚使人聘孔子。孔子將往拜禮。陳蔡大夫謀曰……於是乃相與發徒役，圍孔子於野……於是使子貢至楚，楚昭王興師迎孔子，然後得免，昭王將以書社地七百里封孔子。」可見，昭王是真心希望獲得聖賢教誨的。

昭王一心為了楚國的復興，對待君位和自身個人得失榮辱反而看得很淡，所以即使在復國之後依然能夠不計較臣子百姓對於他毫不客氣的指責和批評，一直到臨死之前，他還在耿耿於懷於自己在位時楚國屢次兵敗於吳國的慘痛教訓，指責自己不夠稱職。他一生也的確都處於和吳國較量的痛苦當中。所以為了楚國的大業著想，在臨終時他一再要求把王位傳給自己的兄弟而不是尚年幼的兒子：

〔註90〕《左傳·哀公六年》)（《史記·楚世家》亦有記載：楚昭王病甚，昭王問周太史，太史曰：「是害於楚王，然可移於將相。」將相聞是言，乃請自以身禱於神。昭王曰：「將相，孤之股肱也，今移禍，庸去是身乎！」弗聽。卜而河為祟，大夫請禱河。昭王亦不許。

〔註91〕《史記·楚世家》：孔子在陳，聞是言，曰：「楚昭王通大道矣。其不失國，宜哉！」

《左傳·哀公六年》：

秋七月，楚子在城父，將救陳。卜戰，不吉；卜退，不吉。王曰：「然則死也！再敗楚師，不如死。棄盟逃仇，亦不如死。死一也，其死仇乎！」命公子申為王，不可；則命公子結，亦不可；則命公子啟，五辭而後許。將戰，王有疾。庚寅，昭王攻大冥，卒於城父。子閭退，曰：「君王捨其子而讓，群臣敢忘君乎？從君之命，順也。立君之子，亦順也。二順不可失也。」與子西、子期謀，潛師閉塗，逆越女之子章，立之而後還。

《史記·楚世家》也記錄：

昭王病甚，乃召諸公子大夫曰：「孤不佞，再辱楚國之師，今乃得以天壽終，孤之幸也。」讓其弟公子申為王，不可。又讓次弟公子結，亦不可。乃又讓次弟公子閭，五讓，乃後許為王。將戰，庚寅，昭王卒於軍中。子閭曰：「王病甚，捨其子讓群臣，臣所以許王，以廣王意也。今君王卒，臣豈敢忘君王之意乎！」乃與子西、子綦謀，伏師閉塗，迎越女之子章立之。

難以想像，這樣一位已經背負著國破家仇的仁君賢主，會有臣子拿桀、紂、幽、厲以及楚靈王來批評他！

簡文「侯子三人」之說，不好考證。說靈王之後符合「三子」條件的楚王只有昭王之說，並沒有確切史料證據，歷史上對不少楚王子嗣問題的史料都付之闕如，並沒有詳細記載。

那麼，簡文所記載的事件會不會發生在昭王早中期呢？應該也不會。

楚昭王即位時尚年少。《左傳·昭公二十六年》記載：九月，楚平王卒。令尹子常欲立子西，曰：「大子壬弱，其母非適也，王子建實聘之。」《史記·楚世家》則稱：十三年，平王卒。將軍子常曰：「太子珍少，且其母乃前太子建所當娶也。」欲立令尹子西〔註92〕。

進一步，我們可以考察昭王生年。

《左傳·昭公十九年》記載楚平王派費無極如秦為太子建娶妻：「王為之聘於秦，無極與逆，勸王取之，正月，楚夫人嬴氏至自秦。」無極勸王自娶，此秦女即楚昭王生母。《左傳》的記載是楚平王六年（魯昭公十

〔註92〕據《左傳》定公四年及六年，子西為令尹是在子常奔鄭之後，平王卒時為令尹者仍是子常。

九年）秦女被迎娶回楚國，則楚昭王熊珍（或軫）至遲也要在平王六年年底才有可能出生。不過《史記・楚世家》與此有異：「平王二年，使費無忌如秦為太子建取婦。婦好，來，未至，無忌先歸，說平王曰：『秦女好，可自娶，為太子更求。』平王聽之，卒自娶秦女，生熊珍。更為太子娶。」《史記》以平王二年為楚娶秦女之年，但就熊珍生年而言，《史記》本身並未交待。《史記》可能只是為了敘述的簡略和方便，才把「生熊珍」一事直接放在平王「自娶秦女」一事之後，免得在下文再度起頭敘述。所以不能依據《史記》而把平王二年定為楚昭王生年。如此，若以魯昭公十九年、楚平王六年（公元前 523 年）為準，則下據楚平王十三年卒，此時楚昭王熊珍才七、八歲。

另外，楚平王卒時，關於立新君的情況史家有如下記載：

> 九月，楚平王卒。令尹子常欲立子西，曰：「大子壬弱，其母非適也，王子建實聘之。子西長而好善。立長則順，建善則治。王順國治，可不務乎？」子西怒曰：「是亂國而惡君王也。國有外援，不可瀆也。王有適嗣，不可亂也。敗親、速仇、亂嗣，不祥，我受其名。賂吾以天下，吾滋不從也。楚國何為？必殺令尹！」令尹懼，乃立昭王。（《左傳・昭公二十六年》）

> 十三年，平王卒。將軍子常曰：「太子珍少，且其母乃前太子建所當娶也。」欲立令尹子西。子西，平王之庶弟也，有義。子西曰：「國有常法，更立則亂，言之則致誅。」乃立太子珍，是為昭王。（《史記・楚世家》）

因此，昭王年少即位，至為明顯。當然，昭王在位前期應該不至於有數個子女。

而且，靈王之後有些楚王兒子多於三人，故存在這樣一種可能，即該楚王終其一生兒子數超過三人，但在范戊進諫時有些王子、公子尚未出生，惟有三人或四人。例如，楚平王，據可靠的史料就能統計出大子建、子西（公子申）、子結〔註93〕、子閭（公子啟）、以及惠王章，公子申（子西）為平王庶長子。前揭《左傳・哀公六年》即記載有楚昭王臨終時要求把君位傳給子申、子結、子閭，而三人固辭不許。其中子西、子結、子閭，

〔註93〕疑即子期，馬驌《左傳事緯》前集卷七《春秋名氏譜》。

據《左傳》哀公六年杜預注，三公子皆非昭王弟而為昭王兄；《左傳》昭公二十六年杜預注謂子西是平王長庶子；《國語・楚語下》亦謂子西是平王之子、昭王之庶兄。《左傳》文公元年楚令尹子上謂「楚國之舉，恒在少者」，《左傳・昭公十三年》叔向答韓宣子之問時曾經說到：「羋姓有亂，必季實立，楚之常也。」（《史記・楚世家》亦有引）按照楚國嗣君「立少」的史學界說法，他們均年長於昭王的可能性還是比較大的。

惠王即位後，白公勝作亂，殺死了作為令尹的子西，逼子閭為王，子閭不從，亦被殺。此事件在《左傳・哀公十六年》、《史記・楚世家》、《國語・楚語下》中均有記載。

這些是有關平王子嗣的歷史記錄。如此看，簡文所敘范戊向君王進言之事就也有可能發生在楚平王時期。

楚共王於公元前 590 年至公元前 560 年在位，即位時尚年幼，年僅十歲，而平王為共王幼子，則平王出生最早也只能在公元前 570 年前數年。至公元前 528 年楚平王即位，中經楚康王十五年，郟敖五年以及楚靈王十二年。又據《史記・楚世家》：初，共王有寵子五人，無適立，乃望祭群神，請神決之，使主社稷，而陰與巴姬埋璧於室內，召五公子齋而入。康王跨之，靈王肘加之，子比、子晳皆遠之。平王幼，抱其上而拜，壓紐。故康王以長立，至其子失之；圍為靈王，及身而弒；子比為王十餘日，子晳不得立，又俱誅。四子皆絕無後。唯獨棄疾後立，為平王，竟續楚祀，如其神符。此事也記載於《左傳・昭公十三年》，謂「初，共王無冢適，有寵子五人，無適立焉，乃大有事於群望」。即是說共王無嫡子，於是使用了這個辦法來決定誰繼承王位。從常理推想，這件事當發生於共王後期。其時平王尚小，那麼，平王可能出生更在公元前 560 年前數年。以此推算，楚平王即位時大約三十幾歲。即使共王以玉璧選王位繼承人這個事實不可靠，楚平王即位時也不過四十幾歲，依然合於簡文所謂「君王唯（或「雖」）不長（或「望」）年」一說。

如果此事發生在楚平王即位後，特別是楚昭王尚未出生時也是可能的。「侯子」可以重新理解為日後必定為國家重臣而相當於一方諸侯的兒子，「一人土（杜）門而不出」，指另有一個兒子，卻被廢或者忤逆君王而受到懲罰。結合楚平王及其大子建的史實來看，「侯子三人，一人土（杜）門而不出」這句話就好理解了。

　　平王即位初，大子建還是受到重視的，並被作為繼承人來培養：「楚子之在蔡也，鄀阜（鄖）陽封人之女奔之，生大子建。及即位，使伍奢為之師。費無極為少師……」（《左傳·昭公十九年》）可惜有費無極（或「費無忌」）的讒言之害，可能大子建與費無極關係也處得不好，費無極雖為小人，但還是深謀遠慮的，知道日後要是大子建做了君王，自己一定沒好果子吃，所以乘大子建羽翼未豐，就不停地想辦法在平王面前說大子建的壞話。《左傳》如是記載：「費無極為少師，無寵焉，欲譖諸王。」（《左傳·昭公十九年》）後來楚平王將本來是給大子建禮聘的秦女自己強娶過來這件事又給楚平王與其子建之間的關係埋下了不和的更大禍根，《史記·楚世家》云：無忌又日夜讒太子建於王曰：「自無忌入秦女，太子怨……」以至於不久費無極勸平王派大子建出居城父時平王竟然很快答應，當然，費無極的藉口很高明，有效地迎合了平王的野心和極度膨脹的欲望，「費無極言於楚子曰：『晉之伯也，邇於諸夏，而楚辟陋，故弗能與爭。若大城城父而置大子焉，以通北方，王收南方，是得天下也。』王說，從之。故太子建居於城父。」（《左傳·昭公十九年》）近年出土的望山竹簡《平王與王子木》就記載了大子建（字子木）出居城父時的一個小故事〔註94〕。平王的多疑以及他自身依靠在蔡地的經營和不光彩篡位奪權的經歷又使得他很輕易地相信費無極的讒言：大子建將要依靠城父外叛！《左傳·昭公二十年》對這件事有明確記錄〔註95〕：

　　　　費無極言於楚子曰：建與伍奢將以方城之外叛。自以為猶宋、鄭也，齊、晉又交輔之，將以害楚。其事集矣。王信之，問伍奢。

　　　　伍奢對曰：君一過多矣，何言於讒？王執伍奢。使城父司馬奮揚殺大子，未至，而使遣之。三月，大子建奔宋。

　　「一人土（杜）門而不出」一說，很可能只是范戊的一種委婉說法，指的正是平王與大子建之間的這種緊張關係以及大子建受到平王監禁等懲罰的情況。只是不能肯定此時大子建是否已經被平王外派到城父守邊。正

〔註94〕湖北省文物考古研究所，北京大學中文系編：《望山楚簡》，中華書局，1995年。

〔註95〕《史記·楚世家》：無忌又日夜讒太子建於王曰：且太子居城父，擅兵，外交諸侯，且欲入矣。平王召其傅伍奢責之。伍奢知無忌讒，乃曰：「王奈何以小臣疏骨肉？」無忌曰：「今不制，後悔也。」於是王遂囚伍奢。乃令司馬奮揚召太子建，欲誅之。太子聞之，亡奔宋。

是因為發生了平王和太子建不睦這樣的事情，范戊才會在諫言中特別提到君王的「侯子」問題，表面讚揚了君王不沉迷於女色，與一般的君主──「百貞之主」宮妾成群不同，卻在悄然之中點出了楚平王家室以及繼承人培養中存在的巨大問題，希望引起楚平王的警惕。如此推論，則簡文記錄的范戊進諫之事很有可能就發生在楚昭王尚未出生、而太子建為費無忌讒言所害而不被平王所喜的那一段時間。按照上引《左傳》等史家的記載，則竹書中所敘述的范戊進諫上限當在平王二年之後，下限則在平王七年三月「大子建奔宋」這段時間，如果可以確定楚昭王出生在平王六年之後，甚至還可以把范戊進諫時限定在平王六年至平王七年三月之間，即公元前523年至前522年三月之間。

范戊可能是諷喻楚平王「嬖淫秦女」的無恥行徑，同時提醒楚君，聽信小人讒言終致父子關係緊張，甚至相互敵視，希望君王能認清自身問題之所在；並且認真處理好與各子嗣的關係，對他們有一個良好的教育。事實上平王在對待太子建問題上的失敗，最終的確釀成了大悲劇。平王聽信費無極之言，使太子建逃亡國外，也成為唐、蔡、吳聯合攻破楚郢都的緣由之一；殘殺伍奢父子，逼走伍子胥，更是激起後者強烈的復仇決心，最終帶領吳軍幾覆滅楚國；同時也間接造成了太子建的兒子白公勝之亂，楚國再一次陷入內亂之中。

本篇簡文范戊口中的君王應該是比較關心國家政事的，且自律節儉，既不聽「鍾鼓之聲」，不用「州徒之樂」，當然也不會天天「竽瑟衡於前」，妻妾又不多。而從歷史文獻看，楚平王自身也確實比較自律節儉，在早期也確實知道要施惠於民。如楚昭王二年，沈尹戌曾經對令尹子常說平王「溫惠共儉，有過成、莊，無不及焉」（《左傳・昭公二十七年》）。

可以說平王初年是比較平穩無事的時期，平王本人也能夠收斂自律，並且比較注意施惠於百姓。這些正是本篇簡文中范戊所說的君王美德。《史記・楚世家》云：「平王以詐弒兩王而自立，恐國人及諸侯叛之，乃施惠百姓。復陳蔡之地而立其後如故，歸鄭之侵地，存恤國中，修政教。」意思是說平王害怕引起國人及諸侯不滿與叛變，所以討好百姓、諸侯。當然，平王收斂自律是可以肯定的。但另一方面，在司馬遷看來，平王動機並不單純，而是另有圖謀。《左傳・昭公十三年》亦云：「平王封陳、蔡，復遷邑，致群賂，施捨寬民，宥罪舉職。」《昭公十三年》又云：「吳滅州來，

令尹子旗請伐吳。王弗許，曰：『吾未撫民人，未事鬼神，未修守備，未定國家，而用民力，敗不可悔。州來在吳，猶在楚也。子姑待之。』」「子姑待之」一句，鮮明提示了平王潛在的巨大野心。楚平王弒靈王和諸兄而即位，國內政情不穩，因此其治世初年，以討好民眾為務。《左傳·昭公十四年》：「夏，楚子使然丹簡上國之兵於宗丘，且撫其民。分貧，振窮；長孤幼，養老疾，收介特，救災患，宥孤寡，赦罪戾；詰奸慝，舉淹滯；禮新，敘舊；祿勳，合親；任良，物官。使屈罷簡東國之兵於召陵，亦如之。」

但是，楚王的這些舉動以及其「美德」並沒有真正得到民心。這是為什麼呢？因為平王實在是個有野心的人，他只是在等待時機成熟，其志在擴張的想法與乃兄並無區別。楚平王有限度地討好百姓的做法並不能改變史家對他的總體評價。如太史公曰：「棄疾以亂立，嬖淫秦女，甚乎哉，幾再亡國！」（《史記·楚世家》））《左傳·昭公二十四年》記載：楚子為舟師以略吳疆。沈尹戌曰：「此行也，楚必亡邑。不撫民而勞之，吳不動而速之，吳踵楚，而疆場無備，邑能無亡乎？」後吳滅巢及鍾離，沈尹戌又說：「亡郢之始，於此在矣。王一動而亡二姓之帥，幾如是而不及郢？《詩》曰：『誰生厲階，至今為梗？』其王之謂乎？」沈尹戌把亡城亡國的禍害直接歸罪於楚平王。這些都是和本篇竹書中的君王以及主題相吻合的。

楚靈王、平王時代都致力於對外擴張，野心勃勃。靈王得罪國內貴族和百姓，又得罪陳、蔡等諸侯，致使其幾個兄弟的叛亂輕易獲得成功，而這一切的根源就在於靈王不顧實際地野蠻用兵和尋求擴張。平王害怕鬼神作祟和國內貴族不親附，而息兵數年，但他志在對外擴張，故不斷築新城。其實百姓不僅並沒有得到真正的休養生息，反而是一種勞民之舉，同時又引起周邊諸侯的高度緊張和敵視。平王治世時期，建築城邑較多，見於《左傳》者如下：

平王六年（前 523 年）

> 十九年，春，楚工尹赤遷陰於下陰，令尹子瑕城郟。

> 楚子為舟師以伐濮。費無極言於楚子曰：「晉之伯也，邇於諸夏；而楚辟陋，故弗能與爭。若大城城父，而寘太子焉，以通北方，王收南方，是得天下也。」王說，從之。故太子建居於城父。

> （《左傳·昭公十九年》）

楚人城州來。(《左傳·昭公十九年》)

平王十年（前 519 年）：

楚囊瓦為令尹，城郢。(《左傳·昭公二十三年》)

平王十二年（前 517 年）：

楚子使薳射城州屈，復茄人焉；城丘皇，遷訾人焉。使熊相
禖郭巢，季然郭卷。(《左傳·昭公二十五年》)

平王不斷築新城，是為其擴張作準備，也是其擴張的表現。這一點，
在春秋時代是不得人心的。不僅不合周代舊「禮」，也為許多賢者所不齒，
當時就遭到不少批評。他在位期間就有人提出了嚴厲警告，而且幾乎每一
次平王的築城舉動都在史書中有批評的記錄。

《左傳·昭公十九年》：

楚人城州來。沈尹戌曰：「楚人必敗。昔吳滅州來，子旗請伐
之。王曰：『吾未撫吾民。』今亦如之，而城州來以挑吳，能無敗
乎？」侍者曰：「王施捨不倦，息民五年，可謂撫之矣。」戌曰：
「吾聞撫民者，節用於內，而樹德於外，民樂其性，而無寇讎。
今宮室無量，民人日駭，勞罷死轉，忘寢與食，非撫之也。」

《左傳·昭公二十三年》：

楚囊瓦為令尹，城郢。沈尹戌曰：「子常必亡郢。苟不能衛，
城無益也。古者，天子守在四夷；天子卑，守在諸侯。諸侯守在
四鄰；諸侯卑，守在四竟。慎其四竟，結其四援，民狎其野，三
務成功。民無內憂，而又無外懼，國焉用城？今吳是懼，而城於
郢，守已小矣。卑之不獲，能無亡乎？昔梁伯溝其公宮而民潰，
民棄其上，不亡，何待？夫正其疆場，修其土田，險其走集，親
其民人，明其伍候，信其鄰國，慎其官守，守其交禮，不僭不貪，
不懦不耆，完其守備，以待不虞，又何畏矣？《詩》曰：『無念爾
祖，聿修厥德。』無亦監乎若敖、蚡冒至於武、文，土不過同，
慎其四竟，猶不城郢。今土數圻，而郢是城，不亦難乎？」

《左傳·昭公二十五年》：

楚子使薳射城州屈，復茄人焉；城丘皇，遷訾人焉。使熊相
禖郭巢，季然郭卷。子大叔聞之，曰：「楚王將死矣。使民不安其
土，民必憂，憂將及王，弗能久矣。」

《平王問鄭壽》也是記錄發生在平王時期的一篇簡書。「平王以詐弒兩王而立」,「禍敗因重於楚邦」,所以平王感到他自己有些不對,「懼鬼神以為怒」,而問鄭壽,「吾何改而可?」即自己如何改善才好?鄭壽建議平王應當「毀新都戚陵、臨陽」〔註96〕,殺左尹宛和少師無忌;並警告要是不如此,平王和楚邦會有難。顯然,他已經預見到這種野心必將會激起諸侯的強烈敵視,給楚國帶來災難。但平王依然沒有答應。

這種在邊境築新城的作為直到楚昭王時仍然被視為一種不智之舉。楚昭王四年(前512年),吳國公子掩餘、燭庸逃亡到楚國,楚昭王封給他們大量土地,為他們修城,使其與吳王闔閭為敵。子西認為,經歷楚靈王、楚平王兩代的揮霍,楚國已不宜與吳國為敵,且認為這只會激怒吳國,昭王不聽。果然,吳王加強了對楚國的攻勢,頻繁襲擊楚國。

平王不斷建新都邑,不僅勞民,而且會引起相鄰諸侯國的恐慌,是「挑諸侯」,引起與其他諸侯國的紛爭,當然得不到其他諸侯國的外交支持。本篇簡文中的范戉批評君王不以百姓之「樂」為樂,何嘗不是對平王野心膨脹、志在擴張而不顧百姓要求做法的強烈譴責。

此外,平王信用讒匿之臣左尹宛和少師費無忌,至平王後期已經引起國人的強烈不滿。楚昭王二年,沈尹戌曾經言於令尹子常曰:「夫無極,楚之讒人也,民莫不知,去朝吳,出蔡侯宋,喪太子建,殺連尹奢,屏王之耳目,使不聰明。……所以不獲諸侯,邇無極也。」(《左傳‧昭公二十七年》)當然,這裡把罪過都讓某一姦臣來擔當顯然並不公允。平王本人確實有不少優點,但平王畢竟不是一個傻子或低能兒,導致楚昭王時期楚幾乎滅國的種種作為都是平王本人同意並親自主導的,多疑而野心膨脹又正是他容易聽信讒言的內在原因。

可見,這個楚王是固執而有自己的堅持的,這個堅持就是其自身的擴張意志。而范戉之所以要通過稱美君王美德的方式來進諫,恐怕也正在於此。

因此,總體看來,簡文中所表現的君王形象和傳世與出土文獻中的楚

〔註96〕簡文「毀新都戚陵、臨陽」,都不見史書,可能失傳。按,「戚陵」為望山楚簡 1-116 所見「戚陵君」所封。望山一號墓的墓主悼固為楚國王族,出自楚悼王,戚陵君應為悼固家族中的一個先君。平王所築的戚陵後為王族的一個封邑。

平王是比較吻合的。

不說伍子胥在吳得勢之後，單就此前的平王在位時期，平王也沒有停止對吳國的挑釁。平王不斷在邊境築城，引起他國警惕。事實上平王時期吳楚之間的戰爭時有發生：

平王四年（前 525 年）：

> 吳伐楚，……大敗吳師，獲其乘舟餘皇。……楚人從而殺之。楚師亂，吳人大敗之，取餘皇以歸。（《左傳·昭公十七年》）

平王十年（前 519 年）：

> 吳人伐州來，楚薳越帥師，及諸侯之師。奔命救州來。吳人御諸鍾離，子瑕卒，楚師熸。……戊辰晦，戰於雞父。……楚師大奔。（《左傳·昭公二十三年》）

> 楚太子建之母在郹，召吳人而啟之。冬十月甲申，吳太子諸樊入郹，取楚夫人與其寶器以歸。……楚囊瓦為令尹，城郢。（《左傳·昭公二十三年》）

> 十年，楚太子建母在居巢，開吳。吳使公子光伐楚，遂敗陳、蔡，取太子建母而去。楚恐，城郢。……楚王聞之怒，發國兵滅卑梁。吳王聞之大怒，亦發兵，使公子光因建母家攻楚，遂滅鍾離、居巢。楚乃恐而城郢。（《史記·楚世家》）

平王十一年（前 518 年）：

> 冬，吳滅巢。（《春秋·昭公二十四年》）

> 楚子為舟師以略吳疆。……吳人踵楚，而邊人不備，遂滅巢及鍾離而還。（《左傳·昭公二十四年》）

現在，我們再來看看本篇簡文的主旨。在本篇簡文中，范戊，也就是申無宇，藉口楚平王有白玉三回，而向平王諫言；范戊為了自己的進諫能夠被平王聽得進，首先以白玉為喻，指出平王有三個美德。從這三個比喻中，我們知道，同歷史上的暴虐奢靡的君王相比，平王確實有些優點，比如並不特別喜好美景、美聲等物質享受，也沒有完全沉迷於美色之中，與傳世文獻中反映的比較自律而節儉的形象近似。但范戊在表面讚譽平王的同時，卻暗示了平王行為的種種不當，如信用小人，將本為太子建所聘的秦女自納為妃，導致父子失和。至於不用州徒之樂，則更反映平王不尊重

風俗、罔顧禮制以及百姓願望。范戊還拿先王作對比，同時又用歷史上著名的桀、紂、幽王、厲王、楚靈王被人民推翻的教訓來警告楚平王，希望楚平王能夠改弦更張，尊重人們利益，也讓楚國真正強大起來，而不是把楚國和楚國人們作為實現個人野心的工具。

　　從體例上講，本篇屬於類似《國語》的「語」類歷史體裁，在先秦歷史著作中很常見，單在已經公布的上博簡中屬於楚國的史「語」就有《昭王毀室》、《昭王與龔之脾》、《柬大王泊旱》，《申公臣靈王》，《景平王問鄭壽》、《平王與王子木》、《鄭子家喪》等。綜合梳理這些文獻，相信可以進一步把握「語」體史學文獻在先秦發展的歷史過程和特點。

第四章 《凡物流形》研究

第一節 《凡物流形》甲本校釋

　　《凡物流形》有甲乙本，甲本有簡 30 枚，大都比較完整，完簡長度大約 33.6 釐米，對照乙本來看，甲本少數簡首尾有殘損、缺字以及部分抄漏、抄錯情況，但可據乙本補足（參見表一）。甲本第三簡背面寫有「凡物流形」四字，係取簡文首句四字作為篇題。可見這是一篇獨立著述。計篇題、合文、重文，甲本書寫共 846 字，乙本殘損嚴重惟存 21 支簡，完整簡長 40 釐米，共 601 字（合文、重文計 2 字）。乙本有不少抄漏、抄重現象，另外，從抄寫風格上看，甲本書法疏朗，乙本更為工整，甲本的抄手抄寫錯訛很多，而乙本則要相對穩定。顯然，兩個本子書手非一人。關於甲乙本之間的抄寫關係問題，學界有過討論。顧史考先生從甲本存在的個別衍文、脫文等現象提出甲本抄乙本，甲本似可視為據乙本為底的一種副本〔註1〕。但李松儒先生在對甲乙兩本的字跡作了對比研究後認為，甲本抄自乙本的情況是不太可能的〔註2〕。我們推測先是《凡物流形》甲本的抄手根據一個底本進行抄寫，然後另一抄手在甲本基礎上進行改抄成乙本；不過，乙本和甲本同時抄寫同一底本的可能也不能排除。我們將在簡

〔註1〕顧史考：《〈凡物流形〉下半篇章解》，復旦大學出土文獻與古文字研究中心網 2009 年 07 月 16 日。

〔註2〕李松儒：《〈凡物流形〉甲乙本字跡研究》，復旦大學出土文獻與古文字研究中心網 2009 年 06 月 05 日。

序排列、釋讀等方面吸收綜合學者研究成果，對簡文校釋如下：

《凡物流形》甲本〔1〕

誾（聞之曰：）[2] 凢（凡）[3] 勿（物）流型（形）[4]，系（奚）[5] 尋（得）而城（成）。流型（形）城（成）豊（體），系（奚）尋（得）而不死。既城（成）既生，系（奚）寡（顧）而鳴（名）[6]。既果（本）既槿（根）[7]，系（奚）逡（後）（1）之系（奚）先。侌（陰）邦（陽）之尻（處），系（奚）尋（得）而固 [8]。水火之咊（和），系（奚）尋（得）而不亘（危）[9]。

誾（問）之曰：民人流型（形），系（奚）尋（得）而生。（2）流型（形）城（成）豊（體），系（奚）遊（失）而死 [10]。又（有）尋（得）而成，未智（知）左右之請（情）[11]。天陛（地）立冬（終）立愳（始），天墜（降）五厇（度），虗（吾）系（奚）（3）臭（衡）系（奚）從（縱）[12]。五既（嘰—氣）竝（并、齊？）至，虗（吾）系（奚）異系（奚）同 [13]。五言才（在）人，箸（孰）為之公 [14]。九囿（囿？）出誨（敏？），箸（孰）為之佳（封？）[15]。虗（吾）既長而（4）或（又）老，箸（孰）為狄（侍）奉 [16]。禗（鬼）生於人，系（奚）古（故）神累（盟—明）[17]。骨＝（骨肉）之既林（靡），亓（其）智（知）愈暲，亓（其）夬（慧）—系（奚）窐（適），箸（孰）智（知）（5）亓（其）疆（彊）[18]。禗（鬼）生於人，虗（吾）系（奚）古（故）事之 [19]。骨＝（骨肉）之既林（靡），身豊（體）不見，虗（吾）系（奚）自飤（食）之 [20]。亓（其）坴（來）亡厇（度、託？）（6）虗（吾）系（奚）旹（時）之窔（窟？），祭焄系（奚）迀（升）[21]。虗（吾）女（如）之可（何）思（使）歠（翼—飽）[22]。川（順）天之道，虗（吾）系（奚）已（以）為頁（首）。虗（吾）既尋（得）（7）百眚（姓）之咊（和），虗（吾）系（奚）事之，昭天之累（明）系（奚）尋（得）[23]。禗（鬼）之神系（奚）飤（食）。先王之智—

系（奚）備。

　　䎽（聞）之曰：「迀（升）（8）高從埤，至遠從邇。十回（圍）之木，其釪（始）生如蘖（蘖）[24]。足牉（將）至千里，必從釪（寸）釪（始）。日之有（9）耳（珥），牉（將）可（何）聖（聽）。月之又（有）軍（暈），牉（將）可（何）正（征）[25]。水之東流，牉（將）可（何）涅（盈）。日之釪（始）出，可（何）古（故）大而不習（燿）。亓（其）人（入）（10）申（中），系（奚）古（故）少（小）雁（焉―而？）暲（障）攷（頭？）[26]。

　　䎽（問）（之曰）：天筲（孰）高與（歟），堕（地）筲（孰）猿（遠）與（與―歟）。筲（孰）為天，筲（孰）為堕（地）。筲（孰）為靐（雷）（11）神，筲（孰）為嚚（帝？霆？）[27]。土系（奚）尋（得）而坪（平），水系（奚）尋（得）而清。卉（艸―草）木系（奚）尋（得）而生，（12A）含（禽）獸系（奚）尋（得）而鳴。（13B）夫雨之至，筲（孰）雺【而】灖之，夫卣（風）之至，筲（孰）颮（披）飍（拂？）而迚之[28]。

　　睧（聞）之曰：戠（察）道，坐不下筲（席）；耑（端）曼（冕）（14），箸（圖？）不與事[29]。之〈先〉[30]智（知）四海（海），至聖（聽）千里，達見百里。是古（故）聖人尻（處）於其所，邦豖（家）之（甲16）危俴（安）靡（存）忘（亡）[31]，惻（賊）悤（盗）之复（作）∠可先智（知）∠。睧（聞）之曰：心不剩（勝）心，大蹢（亂）乃复（作）；心女（如）能剩（勝）心，（26）是胃（謂）少（小）散（徹）[32]。系（奚）胃（謂）少（小）散（徹）？人白為戠（察）。系（奚）㠯（以）智（知）其白？終身自若。能募（寡）言虗（乎），能釩（一）（18）虗（乎）[33]。夫此之胃（謂）省（少―小）城（成）。曰：百眚（姓）峀＝（之所）貴唯君＝（君，君）峀＝（之所）貴唯心＝（心，心）峀＝（之所）貴唯釩（一）。尋（得）而解之，上（28）方（賓）於天，下番（蟠）於困（淵）[34]。坐而思之，每（謀）於千里；记（起）而甬（用）之，練（通）於

四海（海）[35]。睧（聞）之曰：至情而智（知）（15），戳（察）智（知）而神，戳（察）神而同，【戳（察）同】而僉（儉？），戳（察）僉（儉？）而困，戳（察）困而遝（復）[36]。氏（是）古（故）陳為新，人死遝（復）為人，水遝（復）（24）於天。咸〈凸（凡）〉百勿（物）不死女（如）月[37]，出惻（則）或（又）內（入），冬（終）則或（又）慇（始），至則或（又）反。戳（察）此言，记（起）於𢓊（一）耑（端）（25）。睧（聞）之曰：𢓊（一）生兩=（兩，兩）生厽=（三，三）生四，四城（成）結[38]。是古（故）有𢓊（一），天下亡（無）不又（有），亡（無）𢓊（一），天下亦亡（無）𢓊（一）又（有）。亡【目】（21）而智（知）名，亡耳而睧（聞）聖（聲）；卉（草）木尋（得）之以生，含（禽）獸尋（得）之以𤝔（犵—鳴）。遠之步（薄？）（13A）天，忘（忻〔邇〕）之矢（施）人[39]。是古（故）（12B）察道，所以攸（修）身而訂（治）邦豪（家）。睧（聞）之曰：能戳（察）𢓊（一），則百勿（物）不遞（失）；女（如）不能戳（察）𢓊（一），則（22）百勿（物）具（具）遞（失）。女（如）欲戳（察）𢓊（一），卬（仰）而視之，𥄗（俯）而𤼈（癸〔揆〕）之，母（毋）遠悆（求），𢫤（度）於身旨（稽）之[40]。得一（23）而惷（圖）之，女（如）併天下而虘（沮／取）之；尋（得）𢓊（一）而思之，若併天下而訂（治）之，守𢓊（一）以為天埅（地）旨（稽）[41]（17）。是故𢓊（一），虘（咀）之又（有）未（味），敓（嗅）之又（有）敓（臭），鼓之又（有）聖（聲）[42]；忻（近）之可見，遠之可操；搽（握）之則失，敓之則（19）高（槁），測之則滅[43]。戳（識）此言，记（起）於𢓊（一）耑（端）。睧（聞）之曰：𢓊（一）言（焉）而冬（終）不賹（窮）[44]，𢓊（一）言（焉）而又（有）眾（20），𢓊（一）言（焉）而萬民之利，𢓊（一）言（焉）而為天埅（地）旨（稽）。搽（握）之不淫（盈）搽（握），專（敷）之亡（無）所𢎦（容）[45]；大（29）之以智（知）天下，少之以訂（治）邦家（30）。

【校釋】

[1] 此以復旦讀書會釋文為底本，參考諸家看法，對簡文加以校釋，形成《凡物流形》甲本釋文。甲本所缺則據乙本補之，補足者以【】標明。第三簡背面寫有「凡物流形」四字，係曹錦炎先生取簡文首句四字作為篇題。

[2] 䎽，整理者以為「聞」字異體，文中讀為「問」。謹按：楚簡中「聞」「問」可通用，而先秦文獻中問句中有「問曰」「問……曰」「問於……曰」等句例，不見「問之曰」這種連讀的語法用例。而曹峰（2010：74）認為《凡物流形》的大部分內容並非原創，或者來自前人或經典，故他主張「聞之曰」。

[3] 凥（凡），字作，整理者（整理者觀點均見《上海博物館藏戰國楚竹書（七）》第 221～284 頁《凡物流形》曹錦炎所作注釋，下不一一作注。）隸定為凥，為「凡」字之繁構。復旦讀書會（下引復旦大學出土文獻與古文字研究中心研究生讀書會文字均見《〈上博（七）‧凡物流形〉重編釋文》〔鄔可晶執筆〕，見復旦大學出土文獻與古文字研究中心網站，2008 年 12 月 31 日，不一一注出。）注為「品」，並引《周易‧彖上傳第一‧乾卦》：「雲形雨施，品物流形」為證。《說文‧二部》：「凡，最括也。」《說文‧品部》：「品，眾庶也。」「凡物」與「品物」意同。《左傳‧莊公二十九年》：「凡物不為災，不書。」《管子‧內業》：「凡物之精，此則為生，下生五穀，上為列星。」出土文獻《郭店‧成之聞之》：「是故凡物在疾之。」

[4] 流形，整理者隸定作「流型」，讀作「流形」；「凡物流形」，謂「萬物受自然之滋育而運動變化其形體」。廖名春（2008）訓「流」為「具、生」，吳國源（2009）訓為「化」，「流形」即「具有形質」。季旭昇（2009B）訓為「傳」，引申為「化」。按：此指萬物在自然中自身顯現、生成。

[5] 系（奚），疑問詞。

[6] 𡗜（顧），字作，整理者釋為「寡」字的省體，讀為「呱」，義為「小兒哭」。復旦

讀書會讀「顧」而未釋，廖名春（2008）亦讀為「顧」，解作「念」。鳴，整理者釋「鳴」，指「鳴叫」，引申為「喊叫」，此指「嬰兒啼哭聲」。陳偉（2009A）讀為「名」，義為「命名、稱謂」。謹按：此處討論的並非是

絕對客觀主義的物，而是針對天地萬物的生成及其與人的關係而言。故此
處「顧」宜釋作「念」，「鳴」宜釋作「名」。

[7] 甲本 1 簡和乙本 1 簡均有字作之形，整理者隸定為「枈」，讀
為「拔」；復旦讀書會隸定為「本」；楊澤生（2009A）則進一步讀為「末」；
來國龍（2010）隸定為「柏」，讀為「齘」，而把「根」讀為「斷或齗」，謂
文中指「老人掉牙和嬰兒出乳牙」；後劉中良（2011）指出字上部不應解
作「臼」，而當解作「坎」，讀此字為「本」，指樹幹而非樹根。其說可從，
具體可參看其碩士論文 30～32 頁。

[8] 陰陽，顯然並非指男女兩性，而是對萬物的兩兩相對的一種概括，
由此可知其創作不會太早。簡文發問：陰陽相對為什麼宇宙、社會就得以
堅固或穩固？《周易》「咸」卦，實際以兩性組成家庭而社會穩固為例而說
之。

[9] 咊，即「和」。昷，從復旦讀書會讀為「危」。《周易》言水火既
濟，即水火相交。

[10] 民、人同義。遊，讀為「失」。簡文與下句一起是對「人」因何
而為人產生疑問，即對人的獨特性在哪裏好奇。人與其他萬物一樣有形體，
但有了形體就成了人嗎；又因什麼東西的喪失而死呢？

[11] 又，整理者讀為「有」，李銳（2009B）讀為「或」。「有」說可
從。左右，整理者認為指「方位」，指「左面和右面」。陳惠玲（2009）認
為「左右」與「法則」有關，在文中同於「陰陽」。王中江理解為「主導、
造就」。吳國源（2009）認為「左右」指「支配或促成形質體貌的原由」。
情，整理者釋「請」，意為「請求」。復旦讀書、廖名春（2008）、李銳先生
等皆釋為「情」。陳惠玲（2009）解釋「情」為「自然運作的規律」，廖名
春（2008）釋作「情實」。簡文是探討事物得以成其所是的那個樣子或結果，
到底是在怎樣的情境和前因後果中發生的，先秦哲學裏並不刻意追問一個
「主導」或主宰。

[12] 厇（度），字作，整理者隸定為厇，「宅」字古文，通「度」。
五度，引《鶡冠子·天權》：「五度既正，無事不舉。」陸佃注：「左木、右
金、前火、後水、中土是也。」對看下文，知「五行」說可從。劉中良又
引《淮南子·兵略訓》：「詘伸不獲五度。」高誘注：「五度，五行也。」為
證。橫縱，整理者釋為「縱橫」，意為「縱向與橫向，亦以南北為縱，東西

為橫」。陳偉（2009B）認為「衡」有「違逆、對抗」義。有學者認為此處「衡縱」可能與「五行相生相剋」的觀念有關。謹按：簡文「縱橫」或指順、逆，即不知何從。與下文「吾奚異奚同」之「異同」意近。

[13] 齊、字作遊，整理者隸定為「竝」，釋作「並」；孫飛燕（2009A）釋「齊」。按：「並」「齊」均可。

[14] 言，字作 ，整理者讀「言」；五言，指「仁、義、禮、智、信五德之言」。李銳（2008）隸定為「音」；宋華強（2009B）亦讀為「音」。廖名春（2008）認為「五」是虛數，表示「多」，「五言」指「各種各樣的說法，即毀譽」。吳國源（2009）認為「五言」指「政教號令」，句義為「政教號令在於人，孰能秉公而行？」公，整理者訓「公正、公平」，李銳（2008）讀為「頌」。

[15] 九図（囿）出誨（畝？），箒（孰）為之佳（封？）。囿，字作 ，整理者隸定為「區」，指「一定的地域範圍。」何有祖（2008）讀作「有」，「九有即九州，文中指天下」。季旭昇（2009A）認為字從口從又聲，即「囿」，通「域」，九域即九有，全天下之義。季說為是。

出，整理者釋「出」；何有祖（2008）疑讀作「拙」。

畝，字作 ，整理者釋作「誨」，即「勸諫的話」。何有祖（2008）讀為「謀」，「拙謀，即笨拙的計謀」。復旦讀書會、季旭昇（2009A）讀為「謀」。凡國棟（2009A）讀為「牧」，義為「統治、監察或治民之人」；李銳（2009B）讀為「海」，「九有出海」，意指「九州的範圍在海之外」。全句意為：「既然說九州已經超出了海內，那麼誰碰到過呢？」沈培（2009A）則讀作「畮（畝）」，「出畝」指「出去耕作」。此暫從「畮（畝）」說，此指進行田畝的劃分。《說文》：「六尺為步，步百為畝。」《周禮・地官・大司徒》：「不易之地，家百畝。」《前漢・食貨志》：「理民之道，地著為本，故必建步立畝。」

封，字作 ，整理者釋作「逆」；李銳（2008）認為是「逢」字之省訛，訓為「迎」。何有祖（2008）讀作「縫」，意指「補合」。復旦讀書會隸定作佳，先疑為「逢」，後又疑應為「封」之異體。凡國棟（2009）、范常喜（2009）均從之釋而讀為「封」，義為「疆域、分界」或「劃界分封」；范常喜（2009）認為：句子大意是「九州之人均在各自謀劃領地，誰為他們劃界分封呢？」沈培（2009A）解全句義為「九域之人出於田畝，那麼

誰給他們劃分田界呢？」謹按：「封」說為佳，此為動詞，即劃定土地界限。

[16]侍，字作■，整理者釋作袄，讀為「侍」；復旦讀書會釋為「箭」，讀為「薦」。

[17]明，整理者隸定為㮰，讀為「盟」，復旦讀書會讀為「明」。按：「神明」即神而明，《周易·繫辭上》：「化而裁之，存乎變；推而行之，存乎通；神而明之，存乎其人。」

[18]糜，即「爛」意。彰，字作■，整理者隸定為「暲」而讀為「障」；李銳（2008）認為「暲與章通」；復旦讀書會釋「彰」。

慧，原字作■，整理者釋「夬」，讀「缺」，訓「缺失、殘缺」。張崇禮（2009）讀為「決或訣」，釋為「別」；復旦讀書會釋為「慧」。今從讀書會意見。

適，字作■，整理者釋「適」，復旦讀書會隸定為，讀「適」。張崇禮（2009）訓為「往」。季旭昇（2009A）讀為「敵」。

就整句話來說，整理者解釋為「鬼永別人世之後，到哪裏去了？」季旭昇（2009A）解為：「身體既然已經不存在了，智慧又何所依託呢？類同於『皮之不存，毛將焉附』？」

疆，整理者解為「強壯」。季旭昇（2009A）亦釋為「強」，宋華強（2009）訓為「邊際、止境」。張崇禮（2009）讀如字，意為「疆域，疆土」。按：疆，當指範圍、疆域，即問鬼活動的疆域。

[19]事，事奉。

[20]自，整理者訓為「自己」。蕭聖中（2009）認為「表從由來之義，奚自，猶言何從」。蕭說可從。

食，整理者訓為「食，即供給食物」。甚確。

[21]度，整理者隸定為「凥」讀「託」，義為「寄託、憑藉」；孟蓬生（2009）讀為「所」；廖名春（2008A）以為「亡度」指「不一定，難以預料」。此從廖說。

待，字作■，整理者隸定為「旹」，讀為「時」。李銳（2008）讀為「待」。

窟，字作■，整理者以為「塞」字異體。復旦讀書會隸定為塞，連下句為讀。李銳（2008）認為字從六得聲，讀為「祝」，指「用言語向鬼神祈禱求福」，又疑讀為「竈」或「造」。羅小華（2008）、孟蓬生（2009）

認為此字從穴，聖聲，穴為贅加形旁，義為「墓穴」。季旭昇（2009B）隸定為從穴、左聲，讀為「隋，是古代的一種祭祀」。劉信芳（2009A）認為從穴六聲，讀為「櫅」，意為「櫅祭，祭祀天神之禮」。也有學者讀作「醮」。凡國棟（2009）認為字從坒省聲，疊加勺作聲符，讀為「祔」，指「一種在宗廟內將死者神主附於先祖旁的祭祀行為」。宋華強（2009A）認為「可能是『窀』字異體。其義則當如孟先生所釋，指墓穴」。此暫從宋說。

煮，原字作，整理者隸定為「異」，讀為「禩」。單育辰（2009）隸定為「異」，讀為「祀」。季旭昇（2009B）讀為「煮」，指「祭祀時的香氣」。蕭聖中（2009）以為當指「祭品」。孟蓬生（2009）讀為「饌」，指「祭品」。此從季說。

升，原字作，整理者釋进，讀「升」；郭永秉（2009）在復旦讀書會《重編釋文》討論區釋為「逐」。整理者意見可從，簡文下文有「迚（升）高從埤」。

[22] 使，整理者釋「思」，訓「思念、懷念」。復旦讀書會解為「使」。

飽，字作，整理者隸定為饗，從食卯聲，「飽」字古文；劉信芳（2009A）認為字從飤卯聲，為「餾」之異構，讀為「留」，義為「停留」；復旦讀書會釋為歇。字當為「飽」。

[23] 和，原字作，整理者釋「和」，意為「和睦、和諧」。吳國源（2009）讀為「利」。「和」說是。

昭，字原作，整理者讀為「敬」，連下句讀為「敬天之盟奚得？」顧史考（2009B）連上句為讀，從押韻方面疑讀之為「重」。高祐仁（2009）以為此字左旁為「東或重」，讀為「通」，訓為「貫通」；叢劍軒（2009）分析為從支昏聲，讀為「旻」，「旻天」指「天」。蘇建洲（2009B）隸定為，為「造」字異體，通「昭或崇」，屬下句，讀「昭天或崇天」。復旦讀書會（2010：275）以為：「釋『敬』非是，學者多已指出。應釋何字，待考。」按：此字隸定、釋讀難定，此暫從蘇說，讀為「昭」。

[24] 蘖，字原作，整理者隸定為，「蘖」之異體字。復旦讀書會隸定為「薛」，亦讀為「孽」：「古書中指初生的木條之詞，既可以寫作『蘖』，也可以寫作『孽』。為避免誤解，此處以括注『蘖』為妥。」

[25] 耳，整理者釋「耳」，讀為「珥」，指出「古占星術認為日珥與

人事有關」。

　　軍，整理者讀為「量」。宋華強（2009A）讀為「輪」。

　　征，整理者讀作「征」，訓「征伐」；宋華強（2009）讀為「征」，解為「長征」；廖名春（2008）讀為「證」。「征伐」說為是。

　　[26]耀，原字作 ，整理者隸定為碞，讀為「耀」。宋華強（2008）、復旦讀書會讀為「炎」，義為「熱」。暫從整理者說。

　　方，原字作 ，整理者隸定作「雁」。蘇建洲（2009C）認為字從廣，佳（封）聲，讀為「方」，訓為「才、這才」。復旦讀書會（2010：275）也認為：「整理者說釋為『雁』，不可信。蘇建洲先生聯繫甲本簡4、乙本簡4的『佳』改釋為從『廣』『封』聲之字甚有啟發性。疑此字可能應釋為『佳』，跟簡4的字相比，只不過把『土』與『豐』穿插在一起，字的上部贅加二橫畫而已。」孫飛燕（2009B）引劉建民之說讀為「焉」，義同「而」。蕭聖中（2009）讀「雁」為「顏」，義為「顯著」。暫從孫飛燕、劉建民意見。

　　障，字作 ，整理者隸定為「暲」，通「障」，義為「遮蔽」。

　　頭，原字作 ，整理者釋為豉，讀為「樹」，引申為「屏」，義為「遮蔽」。宋華強（2009）讀為「煬脰／頭」，意為「炙烤著頭項」。李銳（2008）讀為「數」，與下面「聞」字連讀，意為「屢聞」。廖名春（2008）讀為「屬」，連下文「屬問」意為「連問」。孫飛燕（2009B）讀為「暑」，義為「炎熱」。蕭聖中（2009）讀為「毒」，指「極盛的熱氣」，「小、雁、暲、豆分別指日中的小、顯、亮、熱」。按：學界分歧很大，或為一表示疑問語氣的詞，如下文「歟」之訛。

　　[27]帝，字作 ，整理者隸定為啇，通「商」，讀為「電」；復旦書會讀為「霆」；陳偉（2009A）讀為「帝」，指「上帝」。

　　[28]雩，字原作 ，整理者釋為「雩」：「『雩』，古代為祈雨而舉行的祭祀。《說文》：『雩，夏祭樂於赤帝以祈甘雨也。』」宋華強提出：「古文字『雩』下部皆從『於』， 下部不從『於』，而是從 。……可以隸定為『霊』，從『雨』、『垂』聲，在簡文中疑可讀為『唾』。」劉中良（2011：33）則指出此字下部不是」垂「，而是「芌（華）」，釋讀仍從整理者意見。

　　瀌，見於甲15簡和乙9間，但字形差異不小且模糊。整理者隸定為

「漆」:「引申為『黑』。……簡文此處指雨之至時天氣變暗。」郭永秉（2008）
隸定為從「水」從「廌」，讀作「薦」，指「祭祀時獻牲」。宋華強也贊同郭
氏的隸定，但讀為「津」。劉中良讀作「瀳」，並引《說文·水部》:「瀳，
水至也。從水，薦聲，讀若尊。」《說文解字注》:「水至也。至，疑當作屰。
屰，大也。廣韻曰:水荒曰溭。溭者，瀳之異文。《周易》曰:水溭至。習
坎，溭雷震。《釋言》:薦，再也。薦同溭。」按:劉說是。簡文是說雨是
誰雩祭而到來的呢，與下句談「風之至」相對應。另外，劉中良提出雩、
瀳二字之間，或漏一「而」字，可從。

　　颮（披）飆（拂？），此亦從劉中良（2011:35～36頁）之說，即與《莊
子·天運》可對讀:「雲者為雨乎？雨者為雲乎？孰隆施是？孰居無事淫樂
而勸是？風起北方，一西一東，有上彷徨，孰噓吸是？孰居無事而披拂是？
敢問何故？」成玄英疏:「噓吸，猶吐納也。披拂，猶扇動也。北方陰氣，
起風之所，故云北方。夫風吹無心，東西任適，或彷徨而居空裏，或噓吸
而在山中，拂披升降，略無定準。孰居無事而為此乎？蓋自然也。」兩者
皆討論風、雨的形成問題。只不過《莊子·天運》歸結到「自然」，而《凡
物流形》則推論到「一」。

　　[29] 察，簡文中屢見，比較清晰的如甲本簡 20 作圖。整理者隸
定為嶯，讀「識」，訓為「知道、瞭解」；復旦讀書會疑讀為「守、持」；
楊澤生（2009B）讀為「執」；何有祖（2008）釋為「察」；曹錦炎、徐在
國（2009）釋為「訾」，認為字從言，圖（截）聲，疑為「察」字異體。
按:此字在包山楚簡、郭店楚簡、上博楚簡都有出現，如何釋讀學界爭論
也很大。此暫從「察」說。

　　端冕之冕，原字為圖，整理者釋為「文」，復旦讀書會（2010:283）
釋作覓；廖名春（2008）釋為「冕」。按:「端冕」亦見今本《武王踐阼》:「王
齋三日，端冕，奉書而入，負屏而立。」

　　圖，整理者隸定作「箸」，通「書」。曹峰（2009）讀為「佇」；顧史
考（2009A）讀為「圖」，義為「圖謀」。

　　與，整理者訓為「參與」；凡國棟（2009C）讀為「預」，義為「預先、
事先」。整理者意見可從。

　　[30] 先，字為圖，整理者釋「之」，連上讀「不與事之」；復旦讀書
會認為是「先」之訛，連下文讀為「先知四海」。可從。

[31] 危，字作整理者隸定為，讀為「厚」，復旦讀書會隸定為，讀為「危」。

安，字作，整理者隸定為傏，讀為「虎」，李銳（2008）讀「乎」，復旦讀書會改隸定為，讀為「安」。

存，原字作，整理者隸定為「廌」，通「存」。

[32] 徹，原字作，整理者隸定為散，讀為「徹」，義為「通達、通曉」。楊澤生（2009B）認為「小徹即小的境界」。謹按：所謂「心不勝心」「心女（如）能勅（勝）心」「人白為察」「心之所貴唯一」，乃是先秦「心術」、心性論之語，可與《管子》之《心術》《內業》《白心》等篇以及《荀子·解蔽》「虛壹而靜」說、《大學》「誠心正意」說等對讀。

[33] 肌（一），、，整理者曹錦炎先生隸定作「豸」，讀為「貌」；復旦讀書會隸定為肌，沈培（2008）、李銳、復旦讀書會讀為「一」；孫合肥（2009）隸定為兒，「兒」為疊加之聲符；楊澤生（2009A）隸定為「䖵」，即「乙（鳦）」。按：關於此字如何釋讀，學界爭辯不休，後有更多學者加入討論，或提出新見，或補充新材料，以「一」說最得大家贊同，此從之。《管子·內業》云：「搏氣如神，萬物備存。能搏乎？能一乎？能無卜筮而知吉凶乎？能止乎？能已乎？能勿求諸人而得之己乎？思之，思之，又重思之。思之而不通，鬼神將通之。非鬼神之力也，精氣之極也。」《管子·心術下》：「專於意，一於心，耳目端，知遠之近。能專乎？能一乎？能毋卜筮而知凶吉乎？能止乎？能已乎？能毋問於人而自得之於己乎？故曰：思之。思之不得，鬼神教之。非鬼神之力也，其精氣之極也。」與此相近。至於「尊君」之說，戰國時代已經成為一股潮流。

[34] 賓，字作，整理者誤釋為「視」；復旦讀書會隸定為宀，讀為「賓」；李銳（2009A）提出是「賓」字初文，讀為「眤」，意為「視、審視」；鄔可晶（2009A）訓「賓」為「至」。鄔說為是。

蟠，整理者原釋為「番」，「審」字的省體；復旦讀書會讀「播」；宋華強（2009B）讀為「蟠」，義為「至」。

淵，字原作，整理者釋為「國」字異構；復旦讀書會讀為「淵」。今隸定為困，讀為「淵」。

[35] 通，作，整理者隸定為練，讀為「陳」，指「軍隊作戰時的戰鬥隊形，即陣法」。宋華強（2009A）改隸定為緬，讀為「敷或布」。季

旭昇（2009A）隸定作「紳」，讀為「申、伸」，意為「伸張」。蘇建洲（2009A）隸定為練，從系東聲，讀為「通」。

　　[36] 情，整理者據乙本所補。李銳（2009B）讀「情」為「精」。廖名春先訓為「多」；後讀為「靜」，「至靜而智」，是說達到靜，做到靜，就會有智。謹按：「靜」說是。《呂氏春秋·君守》云：「得道者必靜。」而《莊子》《荀子》等先秦典籍皆伸言之。另外，「情」還可讀為「清」。不惟關尹「貴清」，先秦不少文獻言及精神、心靈和生命境界時皆尚「清」。如，郭店楚簡《五行》：「不仁，思不能清」「仁之思也清，清則察，察則安。」《性自命出》認為「道始於情，情生於性，始者近情，終者近義。」「至情而知」是指情動則心必有所動，必有所悟。

　　俭，整理者釋作「僉」，讀為「險」，義「危險」。秦樺林（2009C）讀如本字，訓為「同」；後更正為「儉」，並引《老子》「我有三寶，一曰慈，二曰儉，三曰不敢為天下先」為證。沈培指出：「僉訓同，意為皆，是副詞」。

　　「察困而復」，此即《周易·繫辭》「窮則變」之義，即認識、聞「道」重又回到起點。關於此段，後面我們還要論述。

　　[37] 此處分歧頗多，異見迭出，最大者在「天」後一字如何釋讀與斷句。大體上一種看法是「天」後之字讀為「咸」，連讀。如整理者釋「天咸」，即「天一」，為「太一」的異稱，並引郭店楚簡《太一生水》為說。凡國棟（2009D）徑釋為「天式」，指「咸池」。陳峻志（2009）認為「天咸」為「咸池」的異名。宋華強（2009）認為「天咸」為「天一」的異名，又懷疑「咸」讀為「坎」。另一種是釋「凡」，下讀。復旦讀書會起初釋「咸」，屬上讀；後從何有祖（2008）《〈凡物流形〉札記》改釋為「凼」，屬下讀「凡百物不死如月」，新、人、天正好押真部韻。

　　[38] 兩，字作█，整理者隸定為「亞」，讀為「惡」；沈培釋為「兩」。

　　四，字原作█，整理者隸定為「弔」，釋為「善」。沈培（2009A）認為是「四」字，由於抄手草率為之，屬於訛字。復旦讀書會釋為「女」，疑讀為「母」；後復旦讀書會（2010：278）又認為：「沈培先生結合文義考慮，認為係『四』字之誤抄（《上博（七）校讀拾補》，『古道照顏色——先秦兩漢古籍國際學術討論會』論文，2009 年 1 月）。其說可信。下句『女（母？）成結』的『女』亦當改為『四』。」秦樺林（2009A）隸定為「母」，認為即

指道家文獻的「氣」。此從「四」說。

結，整理者訓為「結束、完結」；秦樺林（2009A）以為「結」有「聚合、凝聚」之義，此處表示「萬物流形成體的聚合狀態」。這和《老子》「道生一，一生二，二生三，三生萬物」是基本一致的。所以，「一」在此就如同《老子》中「道」和「一」的雙重身份與地位。

[39] 步，字作，整理者釋「戈」，為「弋」之繁體，指「用帶繩子的箭來射獵」。復旦讀書會疑讀為「弋」。羅小華（2008）隸定為，讀為「箭」。陳偉（2009A）讀「察」。宋華強（2009D）釋為「步」，讀為「薄」，訓為「至」。

近，字作，整理者釋為「悗，無心貌」。復旦讀書會認為字從宀從斤從心，與「遠」相對。陳偉（2009A）認為字從尼從心，讀為「邇」。此從「近」說。

施，字作，整理者釋為「矢」，義為「施布、施行」。復旦讀書會隸定為，讀為「薦」。宋華強（2009D）讀為「施」，「施人」等於「施於人」。

[40] 仰，字作，整理者釋為「丩」，通「糾」，義為「聚集」；復旦讀書會釋為「卬」，讀為「仰」。

俯，，整理者、復旦讀書會釋「任」；陳偉（2009A）釋「伏或俯」；陳冬冬（2010）隸定為「仾」，讀為「俯」；劉洪濤（2010）認為字從「宀」從「付」聲，是「府」之異體。今從「俯」。

揆，，整理者釋「伏」，義為「守候」。復旦讀書會認為：「字正在韻腳，當與『視』、『旨（稽）』同屬脂部。劉剛先生釋為『癸』、讀為『揆』（《讀簡雜記·上博七》。復旦大學出土文獻與古文字研究中心網，2009年1月5日）。」陳偉（2009A）認為是「望」的異體字。劉信芳（2010）讀為「尋」，「揣度以求」之義。今從「揆」說。

度，字作，整理者隸定為乇，「宅」字古文，讀為「託」，義為「憑藉」。復旦讀書會讀為「度」。

[41] 抯，，整理者隸定為虘，讀為「抯」，訓為「取」。

治，字作，整理者「訣」，通「決」，義為「決定、判斷」。復旦讀書會改隸定為詷，讀為「治」。

守，字作，整理者釋為「此」；張崇禮（2009B）讀為「守」；鄔可晶（2009B）釋為「肘」，讀為「守」。此從「守」說。

　　［42］咀，字原作█，整理者認為是盧字的繁體，即「且」字，通「挘」，訓為「取」；復旦讀書會改讀為「咀」。

　　嗅，字作█，整理者隸定為歇，「畀」字繁構；復旦讀書會讀為「嗅」；李銳（2009C）釋「齅」，亦讀為「嗅」；宋華強（2009B）認為字形為從「鼻」省，從「口」，從「竺」聲，可能是「嗅」或「齅」的異體。

　　鼓，原字作█，整理者隸定為「食」，復旦讀書會讀為「鼓」。

　　［43］操，字作█，整理者釋為「操」，通「躁」，義「急迫」。復旦讀書會讀為「操」。

　　握，字作█，曹錦炎釋挬，讀為「錄」，義為「收錄，錄用」；復旦讀書會從之；孫飛燕（2009A）讀為「握」；李銳（2008）讀為攦，訓為執。

　　測，整理者釋為「測」，訓「測量」；蕭聖中（2009）訓為「盡、極」；復旦讀書會讀為「賊」。今從「測」。

　　［44］終，字原作█，整理者釋「禾」，讀為「和」；復旦讀書會認為是「夂」的錯字，讀為「終」；宋華強（2009）讀為「何」，訓為「應和」。禤健聰（2009）隸定作，讀為「藜」，訓為「饑」。蘇建洲（2009D）讀為「力」，訓為「功」。今從「終」說。

　　［45］專，整理者讀為「敷，分別，區分」；孫飛燕（2009A）讀為「敷」，意為「布，施」。

　　容，字作█，整理者隸定為勻，「均」字異體，意為「均分，公平」；孫飛燕（2009A）認為字從今，讀為「容」。

《凡物流形》乙本

　　凸（凡）勿（物）流型（形），系（奚）尋（得）而城（成）。流型（形）城（成）豊（體），系（奚）尋（得）而不死。既城（成）既生，系（奚）募（顧）而鳴（名）。既果（本）既槿（根），系（奚）遙（後）之系（奚）先。会（陰）邦（陽）之厚（處），(1)系（奚）尋（得）而固。水火之咊（和），系（奚）尋（得）而不亘（危）。

　　聞（問）之曰：民人流型（形），系（奚）尋（得）而生。流

型（形）城（成）豐（體），系（奚）遊（失）而死。又（有）尋（得）而成，未（2）智（知）左右之情。天墬（地）立冬（終）立懇（始），天隆（降）五卮（度），虗（吾）系（奚）奐（衡）系（奚）從（縱）。五既（氣）竝至，虗（吾）系（奚）異系（奚）同。五言才（在）人，箮（孰）為之（3）公。九區出誨（誨），箮（孰）為之佳（封？）。虗（吾）既長而或（又）老，箮（孰）為狀（侍）奉。禩（鬼）生於人，系（奚）古（故）神畏（盟—明）。骨＝（骨肉）之（4）既林（靡），亓（其）智（知）愈暲，亓（其）夬（慧）—系（奚）窒（適—敵），箮（孰）智（知）亓（其）疆（彊）。禩（鬼）生於人，虗（吾）系（奚）古（故）事之。骨＝（骨肉）之既林（靡），身豐（體）不見，虗（吾）系（奚）自飤（食）之。亓（其）坴（來）亡卮（託），[虗（吾）系（奚）岢（時或待）]（5）之窒，祭員系（奚）迸（升）。虗（吾）女（如）之可（何）思歙（饜—飽）。川（順）天之道，虗（吾）系（奚）已（以）為頁（首）。虗（吾）既尋（得）百眚（姓）之咊（和），虗（吾）系（奚）事之。敬天之畏（明）系（奚）尋（得）。（6）禩（鬼）之神系（奚）飤（飼、食）。先王之智—系（奚）備。

馘（聞）之曰：「迸（升）高從埤，至遠從邇。十圍之木，其訇（始）生如蘖（蘖）。足將至千里，必（7）從寸訇（始）。日之有耳（珥），牭（將）可（何）聖（聽）。月之又（有）軍（暈），牭（將）可（何）正（征）。水之東流，牭（將）可（何）涅（盈）。日之訇（始）出，可（何）古（故）大而不昭（燿）。亓（其）人（入）申（中），系（奚）（8）

系（奚）尋（得）而清。卉（草）木系（奚）尋（得）而生，含（禽）獸系（奚）尋（得）而鳴。夫雨之至，箮（孰）雩漆之，夫凸（風）之至，箮（孰）颮（披）飆而迸（屏）之。

暗（聞）之曰：（9）毃（察）道坐不下箬（席），峁（端）曼（冕）

（10）箸不與事，之〈先〉智（知）四海（海），至聖（聽）千里，
達見百里。是古（故）聖人尻（處）於其所，邦（11A）〔豪（家）
之□□〕廌（存）忘（亡）、惻（賊）惌（盜）之复（作）∠可先
智（知）∠。聒（聞）之曰：心不勝（勝）心，大毆（亂）乃复（作）；
心女（如）能勝（勝）心，□（19）

　　□智（知）其（13A）白？終身自若。能募（寡）言虖（乎），
能貼（一）虖（乎）。夫（13B）此之冐（謂）省（少）城（成）。
曰：百眚（姓）乑=（之所）貴唯君=（君，君）乑=（之所）貴唯
心=（心，心）乑=（之所）（20）貴唯貼（一）。尋（得）而解之，
□（21）

　　□下番（蟠）於淵。坐而思之，每（謀）於□（10B）

　　情而智（知），戠（察）智（知）而神，戠（察）神而同，戠（察）
同而僉（險），戠（察）僉（險）而困，戠（察）困（還）而返（復）。
氏（是）古（故）陳為新，人死返（復）為人，水返（復）（17）
於天。咸〈凸（凡）〉百勿（物）不死女（如）月，出惻（則）或
（又）內（入），冬（終）則或（又）慇（始），至則或（又）反。
戠（察）此言，记（起）於貼（一）岩（端）。聒（聞）之曰：貼（一）
生兩□（18）

　　戠（察）貼（一），則百勿（物）不遊（失）；女（如）不能戠（察）
貼（一），則百勿（物）具（具）遊（失）。女（如）欲戠（察）貼（一），
印（仰）而視之，**芯**（俯）而**𢫽**（癸〔揆〕）之，母（毋）遠怵（求）
厇（度），（15）於身旨（稽）之。得一而耆（圖）之，如併天下而
虘（抯／取）之；尋（得）貼（一）而思之，若併天下□（12）

　　□虘（咀）之又（有）未（味），敓（嗅）之又（有）敓（臭），
鼓之又（有）聖（聲）。□（13C）□之可操，搽（握）□（14A）

　　□於貼（一）岩（端）。聒（聞）之曰：貼（一）言（焉）而
冬（終）不鹼（窮），貼（一）言（焉）而又（有）眾，貼（一）

－163－

言（焉）□（14B）

為天陞（地）旨（稽）。捼（握）之不涅（盈）捼（握），專（敷）之亡（無）所鉤（容）；大之以智（知）天下，少之以訂（治）邦。□（22）

第二節　關於《凡物流形》的篇題

首先是首字的釋讀問題。目前學界有一些爭論。整理者將甲本第三簡背面「🐦」隸定為「占」，把甲本第一簡殘字讀為「凸」，認為「占」或「凸」即「凡」字。淺野裕一先生隸定為「凸」，也讀為「凡」字〔註3〕。吳國源也認為「凸」即「凡」字，為概括之辭，當訓為「皆」，一切。「凡物」即「萬物」〔註4〕。季旭昇則先把字釋為「凡」的異體，再破讀為「品」這個詞。認為「凡」與「品」音義皆近，「凡」奉紐侵部，「品」滂紐侵部，可通。就義而言，「凡」有最括、總舉之意，「品」有眾庶之意，亦近〔註5〕。王連成則把「凸」釋為「同」或「戚」〔註6〕。郭靜雲隸為「挦」，但這個字我們並不認識，可視為「招」（搯）的異文。根據《龍龕手鑒·手部》，「招」、「搯」都為「旅」的異體字。而「旅」在先秦文獻中具有「眾多」的意思，如《左傳·昭公三年》曰：「小人之利也，敢煩里旅。」杜預注：「旅，眾也，不敢勞眾為己宅。」《楚辭·劉向〈九歎·離世〉》亦曰：「去郢東遷，余誰慕兮？讒夫黨旅，其以茲故兮？」王逸注：「旅，眾也。」則「招物流形」即「眾物流形」的意思〔註7〕。

本篇甲本第一簡殘缺，但第三簡簡背有篇名，該字（還有甲本14簡）

〔註3〕淺野裕一：《〈凡物流形〉之整體結構》及《〈凡物流形〉的結構》，武漢大學簡帛網，2009年1月23日；及其《〈凡物流形〉的結構新解》，武漢大學簡帛網，2009年2月2日。

〔註4〕吳國源：《上博簡〈凡物流形〉零釋》，清華大學簡帛研究網，2009年1月1日。

〔註5〕季旭昇：《上博七芻議三：凡物流形》，復旦大學出土文獻與古文字研究中心網2009年1月3日。

〔註6〕王連成：《上博七同物流形：開篇釋義》，簡帛研究網，2009年1月5日；《上博七戚物流形「道言篇」釋義》，簡帛研究網，2009年1月31日。

〔註7〕郭靜雲：《上博七〈？物流形〉篇名考》，本文初稿首發於2010年2月13日簡帛研究網站。本文發布日期為2010年2月17日。

寫「（字形）」，乙本第一字（以及乙本簡18）寫「（字形）」。曹錦炎先生認為，該字左上部是「凡」字偏旁，故讀為「凡」。但是把上博簡七中的「（字形）」或「（字形）」直接釋讀為「凡」有一些問題難以迴避。如甲本第三簡背和乙本第一簡的字形與甲本第14簡和乙本第9簡寫法有不同。

　　一上示三王則指出：1.暉甫先生指出，《凡》簡中字形下從「口」，而先秦古文字中「呂」下面不可能出現「口」的字形，將相關筆劃隸定為「呂」本身就是錯誤的。2.《龍龕》中的字形，「搯」和「挏」，劉呈緹先生已經指出「搯」除去「呂」的字形是「臼」的訛變。而「挏」是「搯」的進一步省訛。這一點稍為查閱楷書構件的相關研究便可明白。有此兩點，即便語音再密合，其相關證據已經不能形成完整的證據鏈。釋「旅」之說自然難以成立〔註8〕。

　　「凡」在甲骨文中寫「（字形）」；金文西周早期天亡簋作「（字形）」（《集成》4261）；中期（字形）簋作「（字形）」（《集成》4322）；晚期散氏盤作「（字形）」（《集成》10176）；戰國晚期新鄭虎符作「（字形）」（《集成》12108）。簡文曾侯乙墓第120簡作「（字形）」（多一筆劃）；包山第2、137、153、204簡作「（字形）」，從「凡」、「力」，應隸為「（字形）」，讀無「凡」。上博二《從政》甲第9簡作「（字形）」，隸定為「（字形）」，或可讀為「凡」。今提供一些字形，以為參考〔註9〕：

〔註8〕郭靜雲：《上博七〈？物流形〉篇名考》一文後的跟帖討論。陳燿森《從〈挏物流形〉以說儒道早期同流》一文認為甲本篇題的「（字形）（挏）」字，與乙本首句第一字的「（字形）」（呂、同），甲本首句第一字的「（字形）」並不完全相同而為一詞，而是存在一種派生或化生關係，可備一說。
〔註9〕此表中文字為程少軒先生所收集，特此致謝。

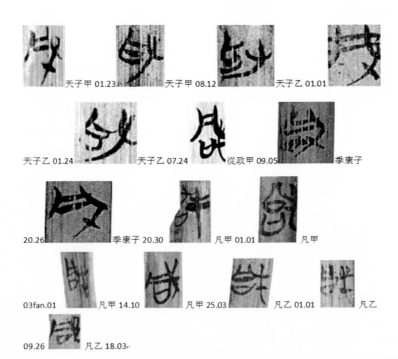

天子甲 01.23　天子甲 08.12　天子乙 01.01

天子乙 01.24　天子乙 07.24　從政甲 09.05　季康子

20.26　季康子 20.30　凡甲 01.01　凡甲

03fan.01　凡甲 14.10　凡甲 25.03　凡乙 01.01　凡乙

09.26　凡乙 18.03

　　這裡取「凡—品」之說。這個字應該是從戈凡聲，或加「口」當是其繁構。字從戈，又可能是干犯之「犯」的本字。從讀音上講，「凡」、「犯」和「品」並滂旁紐、同侵部疊韻，故讀為「品」是有道理的。

　　其次是「流形」二字的含義與文法關係以及篇題的涵義問題。曹錦炎先生的解釋：「型」，讀為「形」，「凡物流形」指「萬物運動變化其形體」。此理解是根據《周易·乾·彖》曰：「雲行雨施，品物流形。大明終始，六位時成。」高亨注：「流形謂運動其形體。此二句言天有雲行雨降，萬物受其滋育，始能運動形體於宇宙之間。」〔註10〕。然而本篇後言：「流形成體」，故在本篇的觀念中「形」與「體」是有分別的，高亨解釋「運動其形體」不妥。

　　「物」一般認為有其「形」和「體」。《莊子·天地》說：「物得以生謂之德；……留動而生物，物成生理謂之形。」那麼「形」就是事物生成後表現出來的樣子或情態，而「體」指生長成一個整體的事物本身，是從一種實體論的概念來說的。從生成論和過程論的角度看，事物有一個「流形成體」的過程，物之「形」從最初萌生到最後消亡都在不斷變化，從事物顯現出來的「形」變我們可以把握到事物成長、發展而成其「體」的過

<hr />

〔註10〕高亨：《周易大傳今注》，濟南：齊魯出版社，1979 年版，32～33 頁。

程。換句話說，因為世界整個都在變化，故事物本身的變化我們只能通過其變動不已的「形」才能把握到。

「上下未形，何由考之？……馮翼惟像，何以識之？」（《楚辭·天問》）洪興祖《補注》引《淮南子·天文訓》：「古者未有天地之時，惟像無形。」「形」是完成的定狀，「像」是未定型之前的暫時之貌。《老子·四十一章》：「大象無形。」《二十一章》：「道之為物，惟恍惟惚。恍兮惚兮，其中有象。」正是此意。戴震遍考群經，解《繫辭》之「形而上」、「形而下」為形之前與形之後，與此相合〔註11〕。形之前為道，為太極；形之後為器、物，器、物有形，仿之而成像。

《周易正義》對「品物流形」之句的解釋是：「品類之物，流佈成形」。《管子·水地》言：「男女精氣合，而水流形。」注謂：「陰陽交感，流佈成形也。」。《禮記·孔子閒居》：「地載神氣，神氣風霆，風霆流形，庶物露生，無非教也。」「風霆流形」即「風霆生形」。廖名春先生解釋：「流」，具、生。「流形」，具有形質〔註12〕。因此，「流形」更恰當的意思應該是「流佈成形」。而篇題「凡物流形」的涵義就是追問、探討萬物是如何流佈成形的。「流」指如氣或水一般地活動變化狀態，乃是形象地表明自然萬物的存在與變化情形。而且，它還表明萬物始終處於一種無法固定、恒定的無定無形中。而「成形」乃是凝固為定在、此在，即瞬間定形下的「有」。雖然篇題中的「形」應該是名詞，但只有返源到作為動詞的情況下，先秦物論哲學中的「形」觀念才能得到更好的理解。《楚辭·天問》：「上下未形，何由考之？」；《淮南子·原道》：「故音者，宮立而五音形矣；味者，甘立而五味亭矣；色者，白立而五色成矣；道者，一立而萬物生矣。」由此，表明「形」不僅是對應於我們的眼光的可見之「形」或「體」，而是指一種相對於我們全部感官和意識中的事物的此在狀態，即在我們的意向性中開顯的結果。其次，它表明，這個「流形」乃是由動態性的流變不已在瞬間中凝固成形，事物如何得其形、成形？這就是篇題所要概括的問題。當然，我們如果以這樣一種非形而上學的思維來切入，那麼，我們顯然再不會把篇題所要追問的哲學問題簡單看成一種所謂的「宇宙生成論」

〔註11〕戴震：《孟子字義疏證》，中華書局 1961 年版，22 頁。
〔註12〕廖名春：《凡物流形》校讀零札（一），清華大學簡帛研究網，2008 年 12 月 31 日。

或「宇宙發生論」〔註13〕。我們將在後文結合文獻內容作進一步探討。

第三節 關於《凡物流形》簡序與編聯

《凡物流形》經過整理者的辛勤勞動，已經形成了一個較好的編聯模式，隨後許多專家進一步提出了不少改進意見。總體說來，甲本各簡排序情況而言，從第一到十一簡的排序得到大家的一致認同，差別在十一簡之後。十一簡之後各家的簡序如下：

第一種	第二種	第三種	第四種	第五種	第六種	第七種
11	11	11	11	11	11	11
12A	12A	12A	12A	12A	12A	12A
13B	13B	13B	13B	13B	13B	13B
14	14	14	14	14	14	14
13A	15	15	16	16	16	16
12B	24	24	26	26	26	26
22	25	25	18	18	18	18
23	21	21	28	28	28	28
17	13A	13A	15	15	15	13A
27	12B	12B	24	24	24	12B
16	26	22	25	25	25	22
26	18	23	21	21	21	23
18	28	17	13A	13A	13A	17
28	16	26	12B	12B	12B	15
15	22	18	22	22	22	24
24	23	28	23	23	23	25
25	17	16	17	17	17	21
21	19	19	19	19	19	19
19	20	20	20	20	20	20
20	29	29	29	29	29	29
29	30	30	30	30	30	30
30	剔除 27 簡	剔除 27 簡	剔除 27 簡	剔除 27 簡	剔除 27 簡	27

〔註13〕 林碧玲，《〈上博七·凡物流形〉簡 1-2 之宇宙生成論試解》，華梵大學中文系第八屆「生命實踐學術研討會」，臺北 2009 年 11 月。同時，林文把篇題中的「形」看成是動詞也未必恰當。

第一種是復旦讀書會、鄔可晶意見〔註14〕，即：

1＋2＋3＋4＋5＋6＋7＋8＋9＋10＋11＋12A＋13B＋14＋13A＋12B＋22＋23＋17，27，6＋26＋18＋28＋15＋24＋25＋21，19＋20＋29＋30

　　對照乙本來看，簡13A＋12B前為簡14的意見不可取。與甲本簡14對應有乙本簡10A的「識道，坐不下席，端文（冕）」八字，此在乙本為簡首。如果按照復旦大學出土文獻與古文字研究中心研究生讀書會的意見，其後當補充30字的簡13A＋12B「而知名，無耳而聞聲。草木得之以生，禽獸得之以鳴，遠之弋（？）【13A】天，近之矢人，是故」，與簡10A合計38字，已足乙本一簡之數。而且，其下若再接甲本簡22的「識道，所以修身而治邦家。聞之曰：能識一，則百物不失；如不能識一，則」，而其中的「識一，則百物不失；如不能識一，則」，見於乙本簡15開頭。乙本簡15為完簡，則勢必「識道，所以修身而治邦家。聞之曰：能」數字落單。故知14＋13A＋12B的順序不可信。

　　第二種是李銳意見：

1-11、12A＋13B、14-15、24-25、21、13A＋12B、26、18、28、16、22-23、17、19-20、29-30

　　第三種是李銳再調整後的意見：

1-11、12A＋13B、14-15、24-25、21、13A＋12B、22-23、17，26、18、28，16，19-20、29-30

　　李氏雖然認為復旦研究生讀書會的28＋15編聯非常巧妙，但他卻沒有採用。二是他對此篇佚文的缺簡推測有點過度。例如認為：「甲本簡16及乙本簡11A其下當有缺簡，因此，筆者以為甲本不缺簡的預設也就不可靠了。」

　　李銳又認為據乙本簡11A、19，甲本簡16與簡26不可銜接。他發現乙本簡11A「箸不與事，先知四海，至聽千里，達見百里。是故聖人凥於其所，邦」似乎無法與任何簡相連，則甲本簡16也就不能和任何簡相連，故糾正了以簡16連接簡22的原有編聯意見。然而他根據簡11A其下約存7釐米的書寫空間（原11B為8.1釐米，此簡當與簡4拼合，扣除地腳留白1釐米）、最多可補7個字的情況，提出「甲本簡16及乙本簡11A其下當有

〔註14〕復旦大學出土文獻與古文字研究中心研究生讀書會：《〈上博（七）‧凡物流形〉重編釋文》，復旦大學出土文獻與古文字研究中心網，2008年12月31日。

缺簡，因此，筆者以為甲本不缺簡的預設也就不可靠了」〔註15〕。但這個意見並不絕對可靠，在乙本簡 11A 補「家之危安」四字是可能的。按照顧史考先生的意見，乙本簡 11A 契口位置並不在整理者原定的「達」字與「見」字之間，而應在「至」字與「聖」字之間，則乙本簡 11A 所缺字正是三、四個字〔註16〕。將乙本簡 19 上半段移到簡 11B，合 8.1 釐米；補「家之危」三字亦可；且乙本簡 19 上下兩半的斷處在「惻」字，上為「則」，下為「心」，正可拼連起來。如此，甲本簡 16 與簡 26 正可銜接。

對於簡 13A 前後的編聯問題，李銳氏曾將 21 簡與 13A 簡連讀，為此他補上的「目」字也非常準確。13A 簡後是 12B、22 簡，四簡連讀後即：

　　聞（聞）之曰：一生兩，兩生厽（參），厽（參）生女（母？），女（母？）城（成）

　　　結。是古（故）又（有）一，天下亡（無）不又（有）；亡（無）一，天下亦亡（無）一又（有）。亡【21】〔目〕而智（知）名，亡（無）耳而？聞（聞）聖（聲）。卉（草）木（得）之以生，含（禽）獸（得）之以鳴），遠之弋（施）【13A】天，忻（近）之箭（薦）人，是古（故）【12B】執道，所以攸（修）身而（治）邦（家）。？（聞）之曰：能執一，則百勿（物）不失；女（如）不能執一，則【22】

這樣連接比較恰當。

第四種是顧史考意見。顧先生也同意將甲本第 14 簡下接到甲本第 16 簡，亦即乙本 10a 與 11a 合併為一簡〔註17〕。

第五種是王中江意見：

1-11→12A＋13B→14→16→26→18→28→15→24→25→21→13A→12B→22→23→17→19→20→29→30

關於簡 14 如何接簡 16 的問題，王中江先生把簡 16「箸不與事」中的「箸」釋讀為「舒」，別具一格。

王中江先生又認為簡 17 同簡 19 是能夠連接起來的，17 簡說「一」，

〔註15〕李銳：《〈凡物流形〉釋讀再續》（再訂版），清華大學簡帛研究網 2009 年 1 月 3 日。

〔註16〕顧史考：《〈凡物流形〉下半篇章解》，復旦網 2009 年 07 月 16 日。

〔註17〕顧史考：《上博七〈凡物流形〉上半篇試探》，2009 年 05 月 24 日。

最後一句是「此一以為天地稽」；簡 19 也說「一」，第一句為「是故一」，兩者非常連貫，讀起來通順自然。「是故一」之後進一步描述「一」的特性，也同上文相呼應。這也說明前述李銳意見在簡 17 之後編聯簡 26，已經沒有必要〔註 18〕。

第六種為李松儒根據字跡所得出的結論〔註 19〕。

綜合來看，簡 12、簡 13 是整理者各用兩段殘簡拼合而成的，這個拼合併不正確。不僅從字跡看 12A 與 13B 應拼合為一支整簡，13A 與 12B 應拼合為一支整簡，而且從竹簡形制及內容看，這四段殘簡剛好應該交替綴合，這一點，復旦讀書會的意見中已經指出，此後也得到大家的一致贊同。關於 27 簡，李銳先生已言：「此簡字形似與其他不類（試將此篇相關字與簡 18、20、25 之『言』字，簡 16 之『聖』字，5、6、9、10、16、18 之『其』字比較），疑非本篇。」〔註 20〕一般都贊同把簡 27 剔除，其中單育辰先生還認為《凡物流形》甲本簡 27 與其他簡字跡也不一致，編聯也不一致。簡 27 應屬於上博六《慎子曰恭儉》〔註 21〕。

在存在諸多斷殘簡和缺字缺簡的情況下，竹簡之間的編聯無法做最好的定論，各種意見也都是一種可能的猜測，不好說其一定都不恰當，不過有些問題可以再探討。比如，第一種意見的問題在於第 14 簡和第 13A 簡之間顯然無法直接銜接，其實幾個大段落之間都沒能夠銜接起來，只好認為在 17 簡之後、16 簡之前、21 簡之後、19 簡之前等地方都存在殘簡缺簡。第二種意見中第 14 簡「聞之曰：察道，坐不下席，端冕」和 15 簡「賓於天，下播於淵」顯然無法銜接。故李銳只好懷疑整理者定簡 14 為「完簡」說的正確性，而在第 14 簡末補一「上」字〔註 22〕，實誤。第三種則在諸多殘字缺簡的情況下也大體能解釋得通。第四、五、六種意見其實基本相同，只是各人在分章與缺簡的認識上有所不同。第七種則利用缺簡而分出太多章節，打斷了其內在的有機聯繫，不好理解。

〔註 18〕王中江：《〈凡物流形〉編聯新見》，簡帛網 2009 年 3 月 3 日，該文又發表在清華大學簡帛研究網 2009 年 3 月 3 日。

〔註 19〕李松儒：《〈凡物流形〉甲乙本字跡研究》，簡帛網 2009 年 6 月 5 日。

〔註 20〕李銳：《〈凡物流形〉釋文新編（稿）》，孔子 2000 網站，2008 年 12 月 31 日。

〔註 21〕單育辰：《占畢隨錄之九》，復旦大學出土文獻與古文字研究中心網站 2008 年 01 月 19 日。

〔註 22〕李銳：《〈凡物流形〉釋讀》（續），清華大學簡帛研究網 2009 年 1 月 3 日。

再次，本篇簡文的結構相對比較鬆散，可能類似於《管子》四篇，其中有後人的再解釋，甚至有可能有抄寫者本人的某種解讀在裏面，把「經」和「解」甚至「傳」都混在一起，這給編聯帶來困難。最重要的是，李松儒先生研究發現，不僅甲乙本字跡風格明顯不同，非一人所抄寫，而且甲本本身也存在著兩種不同的字跡，應該也是由兩個抄手來完成的。其中 A 組字跡形體略長，字與字之間間距較大；B 組字跡則形體略短〔註23〕。

屬於 A 組字跡的竹簡有：

簡 1-11、簡 12（第 1～20 字）、簡 13（簡尾 9 個字）、簡 14、簡 15（第 1～33 字）、簡 16、簡 18、簡 25（第 1～24 字）、簡 26、簡 28。

具備 B 組字跡特徵的竹簡有：

簡 12（第 21 字～簡末）、簡 13（第 1～20 字）、簡 15（第 34～40 字）、簡 17、簡 19-24、25（第 25 字～簡末）、簡 29、簡 30。

這樣看來，前舉第四、五、六種簡序排列都正確。

同時，兩組在用字習慣、摹寫習慣上也都有明顯的不同。

這樣，如果忽略分章等小問題上的分歧，學界對甲本簡文《凡物流形》簡序意見基本達成如下共識：

1-11、12A、13B、14、16、26、18、28、15、24、25、21、13A、12B、22、23、17、19、20、29、30……。

但是，我們提出一個修改意見，即把簡 22、23、17 這一段移至篇尾，形成如下簡序：

1-11、12A、13B、14、16、26、18、28、15、24、25、21、13A、12B、……19、20、29、30……22、23、17。

這種編聯意見的長處是簡 17 是完簡，到簡 17 剛好結束，比較符合簡 17 末句語氣。而且，從全篇簡文內容看，作者認為，「察道」、「執一」，則能把握萬物，成為「先知四海」的聖君、賢王，最後就能治理天下，所以「察道」、「執一」的最終目的還在於「修身而治邦家」，簡 22、23、17 正好總結「能察一，則百物不失」，百物變化盡在掌握，則可「君」萬物，並以「察道，所以修身而治邦家」一言概括，與全篇論述思路吻合。

簡序、編聯問題解決之後，又需要對其整體結構作進一步的瞭解。

〔註23〕李松儒：《〈凡物流形〉甲乙本字跡研究》，簡帛網 2009 年 6 月 5 日。